NCS 직업기초능력

직업윤리

경쟁의 새로운 패러다임

이관춘 저

학지사

머리말: 직업의 새로운 스펙, 직업윤리

이 책은 현재 필자가 방송강의 중인 한국방송통신대학교 프라임칼리지 재직자기초과정의『NCS 기반 직업윤리』의 내용을 바탕으로 쓴 것이다. 또한 이보다 앞서 같은 대학교에서 강의했던 필자의『직업의식과 직업윤리』의 주요 내용을 NCS 기반 직업윤리에 맞추어 추가하였다. 방송강의 내용을 굳이 책으로 펴낸 이유는 단지 대학 강의자료의 필요성 때문만은 아니다. 과거에도, 그리고 지금 이 순간에도 돌이킬 수 없는 불행을 초래하는 우리 사회의 수많은 사건·사고들의 원인이 바로 이 책에서 다루고 있는 구체적인 근로윤리 및 공동체 윤리의 실종이란 점을 새삼 논의해야만 할 필요성을 절박하게 느끼고 있기 때문이다.

제목이 보여 주듯 이 책의 특징은 국가직무능력표준NCS: National Competency Standards에 맞추어 새롭게 개발된 'NCS 기반 직업윤리' 교재라는 점이다. 직업윤리가 NCS의 직업기초능력으로 규정되었다는 것은 예비 직업인인 대학생이나 직장인 모두 새겨 보아야 할 중요한 패러다임의 변화라 할 수 있다.

NCS란 산업현장에서 직무를 성공적으로 수행하기 위해 요구되는 능력지식·기술·태도 혹은 역량을 국가적 차원에서 표준화한 것이다. 직무능력은 산업부문별로, 수준별로 다를 수 있다. 직업이나 직무 유형에 따라 다르고 직업 내 계층에 따라 차이가 날 수 있다. 서비스 산업과 제조업 부문의 직무능력이 같을 수 없으며 회사 내 경영층과 일선 직원에게 요구되는 직무능력 또한 다를 수밖에 없다. 그렇지만 어떠한 직종이나 직무, 계층이든 관계없이 성공적인 직장생활을 위해 공통적으로 요구되는 핵심역량이 바로 직업윤리란 것을 범국가적으로 인식하고 있는 것이다.

주목할 것은, NCS가 국가적 차원에서 표준화된 것이라고는 하지만 직업윤리를 공통된 직무능력으로 선정한 주체는 국가나 대학이 아닌 산업체라는 점이다. 산업별인적자원개발협의체SC를 포함한 산업계 단체나 산업현장에서 우수한 성과를 내고 있는 전문가들이 주도적으로 참여하여 직업윤리를 공통된 기초역량으로 제안했다는 점이다. 직업윤리가 모든 산업현장의 직무를 성공적으로 수행하기 위해 필요한 공통된 능력이 된 것이다.

그렇다 보니 직업윤리의 내용 구성도 직무에 직결되는 윤리적인 의식과 가치 및 태도 변화에 초점을 맞추는 방향으로 변화가 이루어졌다. 이러한 변화를 반영한 것이 한국산업인력공단에서 NCS 용으로 제작한 직업윤리 매뉴얼이다. 이 책은 한국산업인력공단의 직업윤리 매뉴얼에서 제시한대로, 제1부 직업윤리능력단위와 하위능력능력단위요소인 제2부 근로윤리, 제3부 공동체윤리로 구분하고, 3개의 능력단위가 제시하는 수행준거인 각각의 학습목표 역시 그대로 따랐다. 그러나 학습목표를 달성하기 위한 이 책의 내용은 대부분 새롭게 구성하였다. 학습목표의 효과적 달성을 위해 필요하다고 판단된 실제 사례들과 그에 관련된 간략한 핵심적인 윤리 이론들을 제시하는 데 초점을 맞추었다.

* * *

직업윤리가 산업현장에서 직업기초능력으로 요구된다는 것, 그리고 대학에서 직무능력으로서 직업윤리를 배우는 이유는 무엇이며, 또 어떤 의미가 있는 것일까? 크게 두 가지 측면에서 생각해 볼 수 있다.

먼저, 직무능력으로서 직업윤리를 학습하는 이유다. 흔히 직무능력이라 하면 지식Knowledge과 스킬Skill 그리고 태도Attitude를 지칭한다. 직업윤리를 굳이 어느 하나에 포함시킨다면 태도에 관련된 능력이 될 것이다. 그러나 이때까지 대부분의 직업현장에서 가시적可視的인 지식과 스킬은 중요시되었던 반면, 구성원 개개인이 가지고 있는 가치나 태도에는 그다지 관심을 쏟지 못해 온 것이 현실이었다. 신입사원을 뽑을 때도 지원자의 학력이나 점수, 직무에 맞는 기술과 스킬이 우선적인 선발기준이었다. 입사한 후에도 변함은 없었다. 목표달성 혹은 성과위주의 직업 환경에서 윤리란 별로 도움이 되지 않는, 그저 '액자 속의 좋은 말'로 폄훼되기가 일쑤였다.

그러나 1980년대 이후부터 상황은 급변했다. 기업경영에서 윤리라는 수식어가 붙게 되고 직업 전반에 걸쳐 윤리가 강조되기 시작했다. 사람들이 갑자기 윤리적으로 바뀌어서가 아니다. 직업 환경이 윤리적으로 바뀌었기 때문이다. 더 정확히 말하면 비도덕적인 기업경영자, 비윤리적인 직장인은 더 이상 살아남을 수 없게끔 직업 환경이 변했기 때문이다. 이른바 정보화, 세계화가 불러온 투명성 혁명 때문이다. 과거에는 저울 눈금을 속이는 상술이 이익을 가져왔다면, 이제부터는 정직하게 파는 게 오히려 이익이 된다는 것을 비즈니스의 '이기적 유전자'가 깨닫기 시작한 것이다.

이러한 인식에 불을 붙인 것이 1982년 9월 발생한 존슨앤존슨Johnson&Johnson사의 타이레놀 독극물 사건이었다. 나아가 2000년대 들어서자마자 발생한 앤론Enron, 월드컴Worldcom, 타이코Tyco 등과 같은 미국 거대 기업들의 회계부정 사건과 그로 인한 몰락, 2008년 9월 미국 투자은행 리먼브라더스Lehman Brothers 파산에서 출발한 글로벌 금융위기는 기업을 포함한 모든 직업에서의 윤리적 직무수행이 지속가능의 조건이자 성공의 필수조건이 된다는 점을 재삼 확인시켜 주었다.

최근 들어, 독일 폭스바겐 자동차가 배기가스 조작사건으로 천문학적인 피해보상을 하더니, 이에 질세라 일본 자동차기업들은 8곳 중 3곳이 사기 행각을 벌인 것이 들통나 기업이 존폐 위기에 몰리고 있다. 2016년 4월, 일본 미쓰비시

자동차의 25년 동안의 연비조작 행각이 드러나더니, 이어 닛산자동차의 배출가스 조작, 일본 4위 자동차 회사인 스즈키의 연비조작 등이 연이어 발각된 것이다. 직업윤리 위기가 기업 위기를 부른 것이다. 국내에서는 수많은 인명피해를 낸 세월호 사건, 수천 명의 피해자를 낸 가습기 살균제 사건 등 크고 작은 사건 · 사고들이 끊이지 않고 있다. 직업윤리가 생명이며, 안전이고, 돈(경쟁력)이란 진리를 반증하는 일상 속에 우리는 살고 있다. 직업윤리를 배워야 하는 이유가 여기에 있다.

둘째, 대학에서 직업윤리를 배운다는 것의 의미는 무엇일까? 윤리라는 프리즘으로 직장생활을 바라보는 것은 자칫 진부하게 느껴질 수 있다. 특히 윤리의 의미를 '~을 하지 말라'는 십계명과 같은 도덕규범 안에 가둘 때 윤리의 참뜻은 실종된다. 그런 규범이야 관습적이고 상식적이니 다 아는 내용이라고 고개를 돌리기도 한다. 그 결과 윤리를 알면서도 윤리적인 직무수행을 하지 않는다. 외국 자동차회사들의 사기 행각이나 국내에서 꼬리를 무는 크고 작은 사건들 모두 직업윤리를 지식으로만 알고 있던 우리 평범한 직업인들이 저지른 소행이 아닌가.

직업윤리는 지식이 아닌 가치이며, 태도이고, 행동이다. 정직과 책임의 의미를 아는 것이 윤리적인 것이 아니라 그렇게 행동하는 것이 윤리적인 것이다. 그러니 그렇게 행동할 수 있을 때까지는 직업윤리를 안다고 말할 수 없고, 또 말해서도 안 된다. NCS에서 직업기초능력으로서 목표로 하는 것이 바로 직무에서의 행동이다. 비록 윤리적 행동 평가의 어려움으로 인해 대학의 직업윤리 강의가 지식 전달 위주로 기우는 제약이 있으나 강의의 궁극적 지향은 행동이다.

한 걸음 더 나아가, 실천윤리학자인 피터 싱어Singer의 말을 빌리면, 윤리적으로 직장생활을 한다는 것은 무엇을 해야 하고 무엇을 하지 말아야 한다는 일련의 규칙을 엄격히 준수하는 것과는 다르다. 윤리적으로 직무수행을 한다는 것은 우리 각자가 지닌 삶의 양식에 대해 반성하는 것이다. 그리고 그 반성의 결과에 맞추어 행위를 부합시키고자 노력하는 것이다. 하루 중 직장에서 보내는 시간이 얼마나 긴지, 그리고 직업이 나의 인생에서 차지하는 비중이 얼마나 큰지를 생각해 본다면 윤리적인 직무수행이 결국 자신의 삶의 방식과 질을 결정한다는 것을 알 수 있다. 즉, 나는 어떠한 삶을 살기 원하는가를 결정하는 것이다. 이렇게 본다면, 직업윤리의 시대적 당위성이나 또는 지속가능 조건으로서의 윤리적 직무수행이라는 좁은 시야에서 벗어나, 윤리를 '어떻게 살아야 하는가'에 대한 사유의 토대로서 접근할 때 대학에서의 직업윤리 학습에 대한 참된 의미가 비로소 살아나게 될 것이다.

* * *

이 책의 구성은 NCS의 능력단위대로 직업윤리와 근로윤리 및 공동체윤리로 구분되어 있다. 각 능력단위에서 정한 수행준거학습목표 11개를 중심으로 학기 강의 시간에 맞춰 1강에서 13강까지로 나누었다. 제1강에서는 NCS직업윤리에 대한 오리엔테이션으로 '직무능력'의 등장배경 및 필요성에 대해 간략히 설명하였다. 참고로 마지막 수행능력평가인 기말고사 주간에 실시할 자가진단 사후평가 체크리스트는 부록에 실었다. 이 책의 내용 중 직장의 예절과 성 예절, 그리고 인용이 필요한 부분에 대해서는 한국산업인력공단의 직업윤리 매뉴얼 내용을 인용 혹은 재인용하였으나 책의 대부분은 새로운 내용으로 새롭게 접근하였다.

생텍쥐페리는 『어린왕자』에서 여우의 입을 빌려 말한다.

> "넌 네가 길들인 것에 대해 언제나 책임이 있어."
>
> "길들인다는 게 뭐야?"
>
> "길들인다는 것은 '관계를 맺는다'는 의미지."

직장에서 직무수행을 한다는 건 관련된 수많은 사람과 관계를 맺는 것이고,

그 관계에 대해 책임을 지는 것이다. 그리고 더욱 중요한 점은 어린왕자가 일러 준 대로 책임을 다함으로써 비로소 우리는 자신의 삶의 주인이 될 수 있는 것이다. 반대로, 책임을 다하지 못하는 것은 노예적 삶을 사는 것이다. 직업윤리를 머리가 아닌 가슴에 담아야 할 이유가 여기에 있다. 직업윤리는 삶의 주인이 되기 위한 학습이자 성찰인 것이다.

2016년 8월

저자

차 례

제5강: 직업윤리란 무엇인가 • 116

제2부 근로윤리

제6강: 근면한 태도 • 136

제3부 공동체윤리

〈부 록〉

제1강

NCS 직업기초능력과 직업윤리

1. 오리엔테이션: 왜 직업윤리가 직무능력인가
2. 직업윤리의 사전평가 체크리스트

시작하기

〈강의 안내〉

여러분 안녕하십니까? 이번 한 학기 동안 여러분과 함께 NCS에서 직업기초능력으로 선정한 직업윤리에 대해 함께 학습을 하도록 하겠습니다. 오늘은 본 내용에 들어가기에 앞서 먼저 직무능력이 무엇이며, 직무능력으로서의 직업윤리가 무엇인지에 대해 간단한 오리엔테이션 시간을 갖도록 하겠습니다.

학습하기

1. 오리엔테이션: 왜 직업윤리가 직무능력인가

직장을 구할 때 정말 그 자리에 필요한 능력과 자격이 무엇인지 헛갈릴 수가 있다. 그러다보니 이런저런 스펙을 쌓기 위해 많은 시간과 비용을 들이기도 한다. 게다가 그런 스펙이 과연 직업에서 필요로 하는 핵심 능력인지도 의문이 든다. 직무능력이란 말이 등장하게 된 것도 바로 이런 문제의식에서 시작되었다. 다시 말해, 각각의 직무에서 요구되는 핵심 능력이 무엇인지를 찾아내서 정해놓고 그 능력을 중심으로 사원을 선발하자는 것이다. 이렇게 되면 각 급 학교나 취업 훈련기관에서는 그러한 능력을 중심으로 교육훈련을 시키고, 취업 준비생들 역시 자신이 희망하는 분야의 직무능력 중심으로 취업 준비를 할 수 있게 된다. 아울러 기업이나 공공기관은 해당 직무에서 요구되는 역량을 갖춘 사람들을 채용할 수 있게 된다. 모두에게 효율적이며 효과적인 방법이 되는 셈이다. 실제로 호주를 비롯한 선진 여러 나라에서는 이미 직무능력 중심의 교육훈련과 채용 시스템이 활발히 운영되고 있다.

직무능력의 등장

NCS는 National Competency Standards의 약어로서 '국가직무능력표준'이라고 해석한다. 우리나라 "산업현장에서 직무를 수행하기 위해 요구되는 지식, 기술, 태도 등의 내용을 국가가 체계화한 것"이라 할 수 있다. 여기서 키워드는 'competency'란 단어다. 직무능력이라 번역했지만 '역량' 혹은 '직무역량'과 같은 의미라 할 수 있다. 직무능력competency이란 개념이 최초로 등장하게 된 것은 1950년 대 미국의 심리학자 존 플래내건(Flanagan, 1954)의 CITCritical Incident Technique이론을 통해서였다(이하는 이관춘, 김은경, 2012:149-155를 참조). 플래내건은 특정 상황에서 개인이나 조직의 성패에 핵심이 되는 요인들이 반드시 존재한다고 보고 이들을 규명하기 위한 분석적인 방법CIT을 제시한 것이다.

현재 사용되는 직무능력의 개념은 하버드대 심리학과 데이빗 맥클랜드(McClelland, 1973) 교수에 의해 구체화되었다. 그는 저명한 논문「지능 아닌 직무능력을 테스트하라Testing for competence rather than for intelligence」에서 이때까지 공공기관이나 기업에서 직원 채용을 위해 시행되어 왔던 전통적인 학문적인 시험이나 적성 혹은 지능검사는 한 개인의 직무수행을 예측하는 유용한 방법이 못 된다고 비판하였다. 대신, 현장에서 요구하는 실제 직무능력을 테스트해야 된다는 것이다.

그는 미국 보스턴의 경찰관 채용시험을 예로 든다. 세 시간 분량의 지능시험을 보는데 대부분의 내용이 직무에서 한 번도 사용되지 않을 어휘들로 구성되어 있다고 지적한다. 당연히 실제 직무에서 사용하는 어휘들을 테스트해야 한다는 것이다. 맥클랜드는 그 대안으로 직무수행을 성공적으로 하고 있는 경찰들이 직무 현장에서 사용하는 어휘들을 먼저 조사한 후, 그 어휘들을 중심으로 시험을 치러야 한다고 제안했다. 시험을 위한 시험, 혹은 경찰서장이나 고위 간부들이 생각하는 그런 어휘들을 시험 봐서는 안 된다는 것이다.

단순한 어휘 시험을 예로 들었지만, 맥클랜드가 말하는 직무능력은 특정한 직무에서 최적의 수준을 이루기 위해 요구되는 지식과 기술, 태도 등이 포함되는 복합적인 개념이다. 실제로 맥클랜드 이후 직무능력에 대한 개념은 다양하게 정의되고 있다. 조직이론가들이나 경영전략가들은 직무능력을 기업경쟁력을 확보하기 위한 원천이라고 강조한다. 조직심리학이나 산업심리학에서는 우수한 성과를 발휘하는 조직이나 개인이 보여주는 능력이자 특질로 보고 있다. 그러나 이들 모두가 공통적으로 강조하는 것은 직무능력은 '우수한 성과를 내는 조직이나 개인이 보여 주는 능력'이라는 점이다.

직무능력은 빙산을 닮았다

최근에 와서 직무능력에 대한 가장 통찰력 있는 이론을 제시하는 학자는 스펜서와 스펜서(Spencer & Spencer, 1993)다. 이들은 직무능력을 "특정한 직무 혹은 특정한 상황에서 탁월한 성과로 연결되는 한 개인의 동기와 특질, 지식, 스킬, 태도, 가치 등의 내적인 특성"이라고 정의한다. 보다 구체적으로 말하면 "뛰어난 직무수행을 보이는 고성과자high performer가 활용하고 있는 지식, 기술, 태도, 가치 등의 내적인 특성"이라 할 수 있다. 그렇다면 이런 직무능력들은 우리 안의

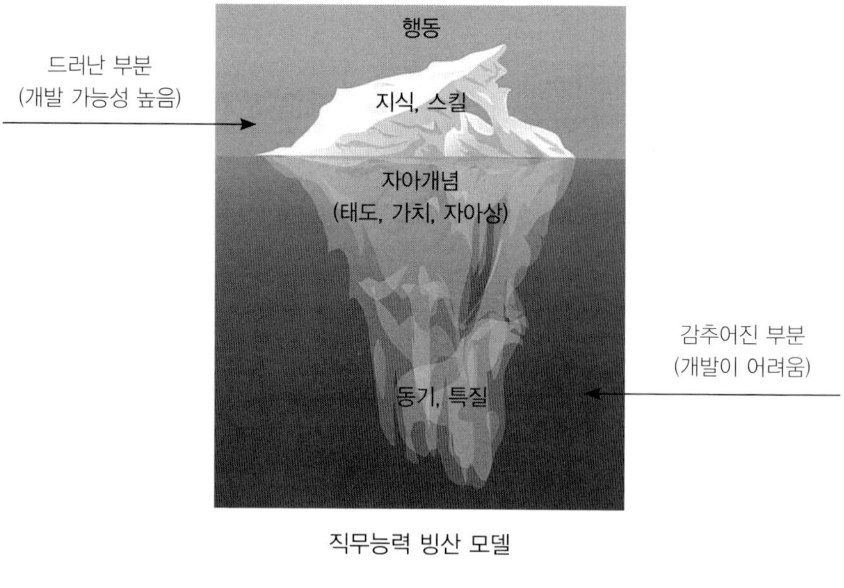

직무능력 빙산 모델

어디에 위치하는가? 또 대학을 포함한 교육기관의 교육훈련으로 과연 향상시킬 수 있는 것인가?

스펜서와 스펜서(1993:11)는 널리 알려진 직무능력 빙산모델iceberg model을 제시한다. 이 모델에 따르면 직무능력은 크게 다섯 가지의 요소, 즉 1) 지식knowledge과 2) 스킬skill, 3) 자아개념–태도attitude, 가치value, 자아상self-image–, 4) 동기motive 및 5) 특질trait로 구성된다.

빙산 그림에 나타나듯이 '지식'과 '스킬'은 수면 위로 드러나 있어 어렵지 않게 눈에 보인다. 특정 분야에 대한 지식이 있는지 없는지를 금방 알 수가 있다. 지식이 부족하면 배우면 되기 때문에 이런 직무능력은 상대적으로 개발하기가 쉽다. 이런 직무능력을 개발하는 데는 교육훈련이 가장 비용대비 효과cost-effective가 높은 방법이 된다.

지식이나 스킬과는 달리 빙산의 맨 밑바닥에는 '특질'과 '동기'라는 직무능력이 자리하고 있다. 수면 아래 가장 깊숙한 곳에 있어 개개인의 특질이나 동기는 겉으로 드러나지 않는다. 그 사람이 어떤 기질이 있는지, 어떤 동기에 의해 행동이 유발되는지를 알 수가 없다. 따라서 평가하기도 어렵고 개발하는 것도 불가능하다고 할 정도로 쉽지가 않다. 칠면조의 특질을 갖춘 사람에게 다람쥐의 행동을 훈련시킨다면 가능하겠는가?

직업윤리는 자기개념이다

수면 위도 아니고 그렇다고 빙산의 맨 밑바닥도 아닌 중간 부분에 위치하고 있는 직무능력이 있다. 태도와 가치 및 자아상을 일컫는 자기개념self-concept이다. 자기개념은 수면 아래에 있어 잘 드러나지 않듯이, 한 개인이 어떤 자아개념가치, 태도을 가지고 있는지 쉽게 알 수가 없다. 그러나 수면에서 그리 깊지 않은 곳에 있기에 때로는 겉으로 드러나기도 한다. 다시 말해, 개인의 자신감과 같은 태도와 가치는 시간이 걸리고 쉽진 않겠지만 교육훈련이나 심리치료 등으로 얼마든지 변화시킬 수 있는 직무능력이다.

자기개념은 직업윤리와 가장 밀접한 관계에 있는 직무능력이다. 성공적인 직업생활을 위한 기초능력으로서 학습하는 직업윤리는 단지 지식이나 스킬의 문제가 아니다. 직업윤리에 대한 지식이 출중하다고 반드시 윤리적인 행동을 하는 것은 아니기 때문이다. '나는 세월호 선장인가?'란 물음에 '그렇다.'라고 답하기 위해서는 선장으로서의 지식이나 스킬만을 가져서는 안 된다. 선장으로서의 가치와 태도를 갖추고 행동할 때 비로소 선장인 것이다. 선장은 있었지만 선장은 없었다는 것, 세월호 비극은 여기에서 출발했다.

직업윤리에 관한 지식을 배우는 목적은 윤리적인 가치관과 태도를 키우기 위한 것이다. 윤리적인 가치와 태도를 지닌 사람이 윤리적인 행동을 할 수 있게 된다. 다시 말해, 직장의 직무수행에 있어서 한 개인이 갖고 있는 자아개념가치, 태도이 그 사람의 윤리적인 행동을 결정하는 것이다.

2. 직업윤리의 사전평가 체크리스트

문 항	그렇지 않은 편이다	보통이다	그런 편이다
1.나는 사람과 사람 사이에 지켜야 할 도리를 지킨다.	1	2	3
2.나는 시대와 사회상황이 요구하는 윤리규범을 알고 적절히 대처한다.	1	2	3
3.나는 직업은 나의 삶에 있어서 큰 의미가 있고 중요하다고 생각한다.	1	2	3
4.나는 업무를 수행하는 중에는 개인으로서가 아니라 직업인으로서 지켜야 할 역할을 더 중요하게 생각한다.	1	2	3
5.나는 내가 세운 목표를 달성하고자 규칙적이고 부지런한 생활을 한다.	1	2	3
6.나는 직장생활에서 정해진 시간을 준수하며 생활한다.	1	2	3
7.나는 이익이 되는 일보다는 옳고 유익한 일을 하려고 한다.	1	2	3
8.나는 일을 할 때 이익이 되더라도 윤리규범에 어긋나는 일은 지적한다.	1	2	3
9.나는 조직 내에서 속이거나 숨김없이 참되고 바르게 행동하려 노력한다.	1	2	3
10.나는 지킬 수 있는 약속만을 말하고 메모하여 지키려고 노력한다.	1	2	3
11.나는 내가 맡은 일을 존중하고 자부심이 있으며, 정성을 다하여 처리한다.	1	2	3
12.나는 건전한 직장생활을 위해 검소한 생활 자세를 가지고 심신을 단련한다.	1	2	3
13.나는 내 업무보다 다른 사람의 업무가 중요할 때, 다른 사람의 업무도 적극적으로 도와주는 편이다.	1	2	3
14.나는 평소에 나 자신의 이익도 중요하지만, 국가, 사회, 기업의 이익도 중요하다고 생각하는 편이다.	1	2	3
15.내가 속한 조직에 힘들고 어려운 일이 있으면 지시받기 전에 자율적으로 해결하려고 노력하는 편이다.	1	2	3
16.내가 속한 조직에 주어진 업무는 제한된 시간까지 처리하려고 하는 편이다.	1	2	3
17.나는 내가 속한 조직에서 책임과 역할을 다하며 자신의 권리를 보호하기 위해 노력한다.	1	2	3
18.나는 업무를 수행할 때 있어 조직의 규칙과 규범에 따라 업무를 수행한다.	1	2	3
19.나는 조직생활에 있어서 공과 사를 구별하고 단정한 몸가짐을 하는 편이다.	1	2	3
20.나는 질책보다는 칭찬이나 격려 등의 긍정적인 언행을 더욱 하는 편이다.	1	2	3

참고하기

이관춘, 김은경(2012). **기업교육론**. 서울: 학지사.

McClelland, D. C. (1973). Testing for competence rather than for "intelligence." *American Psychologist, 28*, 1-14.

Spencer, L. M., & Spencer, S. M. (1993). *Competence at work: Models for superior performance*. New York: Wiley.

제1부

직업윤리

학습목표

일반목표

원만한 직업생활을 위해 지켜야 할 올바른 직업윤리를 배양할 수 있다.

세부목표

1. 윤리의 의미를 설명할 수 있다.
2. 직업의 의미를 설명할 수 있다.
3. 원만한 직업생활을 위해 필요한 직업윤리를 설명할 수 있다.

제2강

직업이란 무엇인가

1. 일과 삶의 행복
2. 직업의 의미
3. 행복한 직업생활을 위한 관점의 전환

학습개요

일은 행복한 인간 삶을 위한 필수조건임을 이해하고, 직업의 의미와 행복한 직업생활을 위한 방법을 설명할 수 있다.

학습목표

1. 일은 행복한 삶을 위한 필수조건임을 설명할 수 있다.
2. 직업의 의미를 설명할 수 있다.
3. 행복한 직업생활을 위한 관점의 전환을 설명할 수 있다.

주요용어

일, 직업, 시지포스, 의미, 즐거움, 행복의 조건, 빅 세븐

시작하기

〈사례 소개〉

이번 주는 직업윤리 과목의 첫 주제로서 먼저 직업이란 무엇인지에 대해 함께 알아보겠습니다. 일을 하지 않고 살 수 없는 것이 우리의 삶입니다. 일과 직업은 곧 우리 삶의 필수조건이라고 할 수 있습니다. 따라서 일과 직업을 어떻게 인식하느냐에 따라 우리 삶의 행복이 좌우될 수 있습니다. 먼저 '일은 삶이 준 선물'이라는 이야기 하나(장샤오헝, 2014:148-149)를 들어볼까요?

〈사례 내용〉

〈어느 늙은 거지의 소원〉

한 늙은 거지가 하릴없이 들판 한가운데 드러누워 햇볕을 쬐고 있었다.

그런데 마침 그곳에 신이 나타났다. 거지는 기회를 놓칠세라 신 앞에 엎드려 자신의 소원을 세 가지만 들어달라고 간청했다. 신이 알았다고 하자, 거지는 신이 난 목소리로 첫 번째 소원을 말했다.

"저를 부자로 만들어주십시오!"

신이 고개를 끄덕이며 손을 흔들었다. 그러자 눈 깜짝할 사이에 거지는 엄청난 부자가 됐다.

거지가 곧이어 두 번째 소원을 말했다.

"저를 다시 젊어지게 해주십시오. 젊지 않으면 아무리 돈이 많아도 제대로 즐기질 못하니까요!"

신은 이번에도 그의 소원을 들어 주었다. 20대 청년이 된 거지는 기뻐서 펄쩍펄쩍 뛰었다.

그는 마지막 소원을 말했다.

"제 마지막 소원은 평생 일하지 않고 사는 것입니다!"

신이 고개를 끄덕였다. 그 즉시, 거지는 다시 돈 한 푼 없는 늙은 거지가 되어 길가에 앉아 있었다.

"아니, 이게 어떻게 된 일입니까? 내가 왜 다시 빈털터리가 된 것입니까?"

신이 말했다.

"일은 내가 너에게 줄 수 있는 가장 큰 축복이다. 그런데 너는 방금 그 축복을 버리지 않았느냐? 그러니 빈털터리가 될 수밖에!"

〈강의 안내〉

일은 그 자체로 삶이 우리에게 준 선물이라는 이야기입니다. 무엇보다 일은 우리의 생존에 필요한 기본적인 조건을 갖출 수 있게 해주기 때문이지요. 그런데 우리는 정말 일을 할 수 있는 기회를 가진 것에 감사하고 있을까요? 일을 할 수 있음을 감사하게 생각하며 적극적으로 사는 사람도 많습니다. 반면에 일하기를 싫어하는 사람 또한 적지 않을 겁니다. 이야기 속의 거지처럼 마음속에서 이미 일은 '고생스러운 것, 피곤한 것'으로 단정하기 때문입니다. 실제로, 일을 안 하면 편히 쉴 수 있고 좋지 않으냐는 생각을 할 수도 있습니다. 하지만 매일 아무것도 하지 않고 할 일 없이 보낸다고 상상해 보십시오. 행복은커녕 얼마나 무료하고 답답하겠습니까?

'씨 없는 수박'으로 유명한 우리나라 우장춘 박사의 사위이면서 일본인들이 가장 존경하는 경영자인 이나모리 가즈오 교세라그룹 회장은 "아무런 목표도 없이 일도 하지 않고 나태하게 생활하다보면 인격적으로 타락할 뿐 아니라 자신이 가지고 있던 능력마저 썩혀버리고 만다. 인간관계에도 나쁜 영향을 미치고 인생을 살아가는 참된 의미조차 찾지 못한다. 일하는 수고로움을 아는 사람만이 잠시 동안의 안락함이 얼마나 소중한지 깨닫는다."고 말합니다.

이렇게 본다면 지금 우리에게 가장 필요한 것은 지금 하는 일을 바꾸는 것이 아니라, 일에 대한 나의 관점을 전환하는 것이 아닐까 합니다. 일이 피곤함이나 고통이 아니라 선물로 보이는 순간, 일 자체가 소중해질 뿐만 아니라 그것을 통해 행복을 얻게 될 것이기 때문입니다. 일을 선물로 바꾸는 것은 바로 나 자신의 마음가짐에 달려 있다는 이야기입니다.

그럼, 이번 시간에는 일과 우리 삶은 어떤 관계가 있는지를 살펴보겠습니다. 그리고 직업의 의미는 무엇이고, 직업생활을 성공적으로 수행하기 위해서는 우리의 관점을 어떻게 바꾸어야 하는지를 함께 생각해 보도록 하겠습니다.

학습하기

1. 일과 삶의 행복

우리는 누구나 행복하길 원한다. 여러분은 행복에 정말 중요한 영향을 미치는 것은 무엇이라고 생각하는가? 그보다 먼저, 행복에 별다른 영향을 미치지 않는 것은 무엇인지 생각해 보는 것은 어떨까?

영국의 저명한 경제학자이자 일생을 행복 연구에 바친 리처드 레이야드 교수는 다음의 다섯 가지를 제시한다(Layard, 2011:99-100).

〈행복에 그다지 영향을 미치지 않는 5가지 특징〉

첫째, 나이다. 사람들의 인생을 추적해 보면 소득의 증가와 감소, 질병의 유무에 관계없이 평균 행복도가 놀랄 만큼 안정적이다.

둘째, 성별이다. 거의 모든 국가에서 남성과 여성은 거의 똑같이 행복하다.

셋째, 외모도 별다른 영향을 미치지 못한다.

넷째, 지능지수와 스스로 평가한 신체적 · 정신적 에너지 역시 행복과 별로 관련이 없다.

마지막으로, 교육수준도 행복에 아주 적은 영향밖에 미치지 않는다. 물론 교육수준이 높아지면 소득이 증가해 행복을 높일 수는 있다.

얼핏 보기에 내가 생각하는 상식과는 다를 수도 있을 것이다. 그러나 경제학자로서 수많은 사람들의 삶의 행복도를 연구한 결과, 앞의 다섯 가지는 행복에 별 영향을 미치지 못한다는 것이다. 그렇다면 반대로 행복에 영향을 미치는 중요한 요소는 무엇일까?

1) 행복의 '빅 세븐'과 일

행복에 중요한 영향을 미치는 것은 사람마다 차이가 있을 것이다. 세계가치관조사World Value Survey는 46개국 9만 명을 대상으로 설문조사를 한 결과, 다음과 같은 7개 요소를 발견하였다. 이른바 행복에 영향을 미치는 '빅 세븐Big Seven'이다(Layard, 2011).

〈행복에 정말 영향을 미치는 7가지 특징Big Seven〉

1) 가족관계 2) 재정 3) 일(노동) 4) 공동체와 친구

5) 건강 6) 개인의 자유 7) 개인의 가치관

순서로 보면 일 혹은 노동은 세 번째다. 그러나 주목해야 할 점은 일과 노동은 원만한 가족관계, 재정 등에 직접 영향을 미친다는 점이다. 뿐만 아니라 사람들은 일을 통해 자존감을 갖게 되고 또한 사회에 공헌하고 있다는 기분을 느끼고 싶어 한다. 일을 한다는 것은 단지 먹고 살기 위해 돈 버는 것 이상이다. 그래서 일은 인간이 행복해지기 위한 필수 조건이 된다.

그러나 일이 행복의 필수조건이라고는 하지만 실제로는 일하지 않으면 편히 쉴 수 있고 좋지 않으냐고 생각할 수도 있다. 그러나 학자들은 말한다.

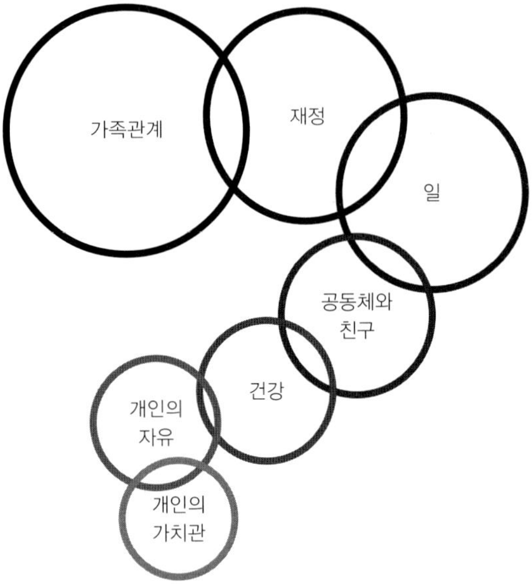

행복에 영향을 미치는 빅 세븐

* 처음 5개는 '중요성'에 따라 배치됨.
출처: http://cep.lse.ac.uk/layard/annex.pdf

• 실존주의 철학자 알베르 카뮈: "노동을 하지 않으면 삶은 부패한다."

• 심리학자 매슬로: "개인적 성공에 이르는 진정한 길은, 열심히 일하고, 운명이나 개인의 소명에 따라 '해야만 하는' 중요한 일을 모두 전심전력을 다해 훌륭히 해내는 것이다. 내가 아는 행복한 사람들은 모두 자신이 중요하다고 생각하는 무언가에 열심히 공을 들이는 사람들이다. 이것이 들어맞지 않았던 사례는 단 한 건도 없었다."(Maslow, 2013:47)

• 프랑스의 철학자 파스칼: "열정도, 할 일도, 오락도, 집착하는 일도 없이 전적인 휴식 상태에 있는 것처럼 인간에게 참기 어려운 일은 없다. 이때 인간은 자신이 허무하고 버림받았으며 부족하다는 사실을 느끼게 된다. 또 무력감과 공허감을 느끼게 될 수밖에 없다. 그리고는 마음 밑바닥에서 권태와 우울, 비애, 고뇌, 원망, 절망감이 떠오른다."〈팡세〉

결국, 노동을 할 수 있다는 것은 인간의 행복을 위해 신이 준 선물이다.

2) 일과 삶의 관계

일은 사람이 살기 위해서 필요한 것이며, 인간의 삶을 풍부하고 행복하게 만들어 주는 것이다. 따라서 원래 일은 그 자체로서 즐거운 것이고, 일의 결과 역시 사람에게 기쁨을 선사하는 것이다. 원시시대에는 나무의 열매를 따고 짐승을 사냥하는 것 자체가 일종의 놀이였다. 또 그 결과 자신과 가족의 몸을 지탱해주고 즐겁게 해주었을 것이다. 일은 놀이였으며 일상의 중요한 즐거움이었던 것이다(한국산업인력공단, 2008:18).

그런데 사회가 점점 복잡해지고 분업이 발달함에 따라 자기가 원하고 필요할 때 일하는 것이 아니라 다른 사람들 때문에 또는 다른 사람이 시키는 대로 일을 하는 상황이 많아져 일을 경제적 목적 달성을 위한 수단 정도로만 인식하는 경향이 생겨나게 되었다. 그러나 일은 경제적 욕구 충족뿐만 아니라 그 이상의 자기실현이라는 측면을 가지고 있다. 단순히 보수의 높고 낮음만을 고려하지는 않고 자신의 흥미나 적성과 관련이 있는가, 구조조정 후에도 충분히 일을 할 수 있는가를 고려해 직장을 선택하는 것을 보면 알 수 있다. 인간은 일을 통하여 자신을 규정하고 삶의 의미를 실현하는 것이다(한국산업인력공단, 2008:18).

일은 자신에게 주어진 의무일 수도 있지만 동시에 인간으로서의 하나의 권리이기도 하다. 물론 노동자 권리의 제한 및 만성적 실업이 일상화된 현대 자본주의 사회에서 노동의 권리가 실현되는 것이 요원하기는 하다. 그럼에도 불구하고, 일은 인간의 삶을 구성하는 가장 중요한 요인이자 권리임이 분명하다. 인간사회가 점차 발전해 오면서 원시시대의 자급자족 상태를 벗어나 수많은 사람들의 협력이 사회적으로 조직화되고 분업화되는 시대로 변하였다(한국산업인력공단, 2008:18). 이러한 분업화 사회에서 사람들은 직업이란 이름으로 각기 체계화되고 전문화된 일의 영역을 갖고 살게 된 것이다.

Q 주제1 돌발퀴즈

아래는 행복에 영향을 미치는 '빅 세븐Big Seven'에 관한 내용이다. 괄호 안에 들어갈 행복의 요소는?

세계가치관조사는 행복에 영향을 미치는 7개 요소, 즉 '빅 세븐'을 발견하였다.

이 중에서도 ( )은 원만한 가족관계, 재정 등에 직접 영향을 미친다. 뿐만 아니라 사람들은 ( )을 통해 자존감을 갖게 되고 사회에 공헌하고 있다는 기분을 느끼고 싶어 한다. ( )은 돈 버는 것 이상이다. 그래서 ( )은 인간이 행복해지기 위한 필수조건이 된다.

2. 직업의 의미

1) 직업의 개념 정의

직업은 '한 사람이 지속적으로 그리고 자발적으로 수행하는 사회적 역할로서 직접적 혹은 간접적으로 사회 · 경제적 결과를 산출하는 것'으로 정의할 수 있다. 따라서 직업이 되기 위해서는, ① 경제적인 보상, ② 본인의 의사에 의한 자발성, ③ 비교적 장기간 동안 계속되는 지속성을 갖추어야 한다. 이런 의미에서 본다면 자발적이지만 경제적 보상을 받지 않는 취미활동이나 자원봉사, 보상을 받지만 강제력을 띠는 법률에 의한 강제노동(예: 수형자의 활동 등), 법률위반 행위(예: 강 · 절도, 매춘, 밀수 등)는 직업의 개념에 포함되지 않는다(이관춘, 2013:96-97).

직업職業이라고 할 때, '職'은 사회적 역할의 분배인 직분職分을 의미한다. '業'은 일 또는 행위를 의미하는 것으로서 불교에서는 전생 및 현생의 인연을 의미한다. 서양의 프로테스탄트 윤리에서는 '신이 나를 불러 이 일을 맡겼다'는 소

〈주제1 돌발퀴즈〉 [정답] 일 혹은 노동

명의식과 연계시킨다. 신이 내게 맡긴 이 일에 최선을 다해 좋은 결과를 맺을 때 신이 나를 축복하고 구원한다는 믿음인 것이다. 따라서 일은 사후의 구원과 연계되는 신성한 행위로 인식된다. 이렇게 볼 때 직업은 사회적으로 맡은 역할, 하늘이 맡긴 소명, 전생의 허물을 벗기 위한 과제 등의 의미(한국산업인력공단, 2008:19)가 담겨 있다.

2) 직업의 의미와 기능

직업이 자신과 가족의 삶에 주는 의미에 대한 논의는 다양하다. 영국의 저명한 경제학자인 에른스트 슈마허(Schumacher, 2011)는 서양에서 전통적으로 생각해 온 노동의 핵심적인 역할을 다음의 세 가지로 제시한다.

첫째, 노동은 인간에게 자신의 잠재력을 사용하고 계발할 수 있는 기회를 준다.

둘째, 다른 사람들과 함께 공동 작업을 함으로써 태생적인 자기중심주의를 극복하게 해 준다.

셋째, 품위 있는 생존을 위해 인간에게 필요한 재화와 서비스를 생산하는 역할을 한다.

직업의 의미와 기능은 개인에 따라 혹은 시대적 상황에 따라 차이가 있을 것이다. 그러나 일반적으로 논의되고 있는 내용을 종합하면 다음과 같다(이관춘, 2013:100-101).

- 직업은 개인의 지위와 정체성의 원천이다. 직업은 안전과 인정, 소속감을 갖게 함으로써 자신의 정체성을 찾게 하는 중요한 요인이 된다.
- 직업은 가정 밖의 사람들과의 관계를 형성해 주는 원천이다. 직업은 대인

관계의 범위를 확대함은 물론 가족관계에서 발생하는 부정적 감정을 배출하는 역할을 수행함으로써 가정생활에 도움을 줄 수 있다.

- 직업은 의무적인 활동과 목적감의 원천이다. 의무적이든 자발적이든 직장에서 일의 성과는 만족감과 성취감을 주며, 이를 통해 목적의식을 갖게 한다.
- 직업은 기술과 창의성 계발의 기회를 제공한다.
- 직업은 시간을 조직화하는 요인이 된다. 직업은 하루 혹은 한 주 그리고 그 이상의 기간을 조직화하게 해 준다. 직업에서 업무와 휴식은 규칙적이고 예측 가능하게 조직화되어 있어 그 시간 틀을 기준으로 시간을 통제하고 사용할 수 있게 한다.
- 직업은 수입과 통제의 원천이다. 직업이란 고용주에게 근무기간 동안 자신의 노동력을 제공하는 대신 독립과 자유로운 여가 선택 그리고 미래를 보장하는 수입을 제공받는 것을 의미한다.

Q 주제2 돌발퀴즈

다음에서 직업에 대한 바른 설명으로 묶은 것을 고르시오.

가. 경제적 보상이 있어야 한다.
나. 본인의 자발적 의사에 의한 것이어야 한다.
다. 비교적 장기간 계속해서 일하는 지속성이 있어야 한다.
라. 취미활동, 강제노동 등도 포함된다.
마. 다른 사람들과 함께 인간관계를 쌓을 수 있는 기회가 된다.
바. 직업의 職은 사회적 역할의 분배인 직분(職分)을 의미한다.
사. 직업의 業은 일 또는 행위, 불교에서의 인연을 의미한다.

1) 가, 나, 다, 라 2) 가, 다, 라, 마 3) 가, 나, 마, 바 4) 가, 나, 다, 마, 바, 사

〈주제2 돌발퀴즈〉 [정답] 4)

3. 행복한 직업을 위한 관점의 전환

일 혹은 직업은 행복한 삶을 위한 필수조건이라고 한다. 그러나 현실은 어떤가? 직장생활이 단지 고단하거나 무료하게 느껴질 때가 많다. 사람들은 흔히 자신이 좋아하는 일을 해야 즐겁고, 즐겁게 일해야 성과도 좋고 성공하게 된다고 말한다. 그러나 그런 일은 찾기가 쉽지 않다. 현실적으로 내가 좋아하는 일, 보람을 느낄 수 있는 일, 천직이라 생각할 수 있는 일을 찾기가 쉽지 않다.'는 불만이 나온다. 이해할 수 있는 불만이다.

사실, 인류 역사를 돌이켜 보면 피라미드 건설에 강제로 동원된 수십만 명의 고대 이집트인들로부터 요즘의 단기 저임금 서비스 노동자에 이르기까지 일의 역사는 보람이나 즐거움은커녕 피땀 어린 고통으로 가득 차 있다. 자신의 가치관과 열정, 장점을 십분 발휘할 수 있는 천직을 찾기보다는 그저 먹고 살기 위한 실질적인 욕구를 충족하기에 급급했다. 그런 마당에 재능을 십분 활용하고 행복을 만끽하게 해주는 흥미로운 직업인지 따질 여유가 있었을까? 시대는 달라졌다고 하지만, 노동 환경이나 노동의 질은 여전히 열악해서 즐겁고 의미 있는 천직을 구하기가 쉽지 않다.

21세기 들어 평생직장의 개념이 실종되면서 천직은커녕 취업 자체가 힘들고 취업을 해도 직업의 안정성도 없다. '평생직장'은 물론 '평생직업'의 개념마저 실종되면서 직업의 안정성이 떨어지는 것이다. 이제는 20대 초반에 한 직장에 입사해 연공서열에 따라 승진하고 퇴직하는 시스템은 과거의 유물이 되었다. 그런 직장은 드물며 그런 생각을 하는 젊은이들도 드물다. 서양에서는 직업의 평균지속 기간이 고작 4년밖에 되지 않는다(Krznaric, 2013:30). 유목민처럼 이 직업 저 직업 떠돌며 단기 계약직이나 임시직으로 살아가는 사람들이 태반이다. 그나마 그런 직업을 구하기도 쉽지 않다. 중학생들의 장래 희망이 '정규직'이라는 웃지 못할 이야기도 나온다. 통계에 따르면 우리나라 근로자 중 비정규직이

590만 명이 넘는다(2013년 8월 기준 594만6천 명). OECD 국가 중 비정규직 비율이 가장 높은 나라에 속한다. 설상가상으로 청년들의 취업난은 좀체 나아질 기미를 보이지 않는다.

이런 상황에서 직업에 대한 만족도가 떨어지는 것은 어찌 보면 당연하다. 내가 하는 일이 나의 기대를 충족시키지 못한다는 생각도 든다. 그렇지만 자신감이나 용기가 부족해서 감동이라곤 찾아볼 수 없는 직업에서 벗어나지 못하고 있기도 하다. 또 어떤 직장인은 현재의 직업이 자신이 충만한 삶을 사는 데 기여한 게 하나도 없다는 고통스러운 사실을 토로하기도 한다. 어느 날 문득 다람쥐 쳇바퀴 돌듯 의미 없는 일상이 반복되고 있다는 깨달음이 찾아 와 걷잡을 수 없는 패닉 상태에 빠지기도 한다. 시간과 대상에 따라 정도의 차이는 있지만, 직업 만족도를 묻는 설문조사에서 자신의 직업에 만족한다고 답하는 사람은 절반이 채 되지 않는다. 미국인들의 직업 만족도는 45%에 그치고 있는데, 이는 1990년대 이후 가장 낮은 수치다. 유럽에서는 기회가 주어지면 다른 직업을 택하겠다는 사람들이 60%가 넘는다(Krznaric, 2013:30).

인생의 비극은 여기에 있다. 하루 중 3분의 1 이상을 일터에서 보내는데, 그 일이 즐겁거나 의미 있다고 생각하지 못한다면 행복할 리가 없다. 특히 한국 근로자 1인당 연평균 근로시간은 2,092시간(2012년 기준)으로 OECD 평균 1,705시간에 비해 387시간을 일터에서 더 보내고 있는 실정이다. 그럼에도 불구하고 생활비를 벌고 학자금 대출을 갚기 위해 아르바이트로 연명하는 젊은이들, 또는 가족을 먹여 살리기 위해 감동이라곤 찾아볼 수 없는 직업에서 벗어나지 못하는 부모들이 넘쳐난다.

그런 반면에, 어렵게 취업을 하고도 쉽게 그만두는 사람들이 적지 않다. 그래서 대기업은 취업난, 중소기업은 인력난에 시달리기도 한다. 우리나라 405개 대기업 및 중소기업에서는 신입사원 4명 중 1명(25.2%)이 1년 내 회사를 그만둔다(조선일보, 2014. 6. 30.). 특히 중소기업의 경우 31.6%에 달하며, 바늘구멍 같은 취업문을 통과한 대기업 신입사원들도 11.3%가 1년 내 직장을 떠나고 있다. 이들의 조기 퇴사 이유는 '조직 및 직무 적응 실패'(47.6%)가 가장 많고, '급여 및 복리후생 불만'(24%), '근무지역 및 근무환경 불만'(17%) 등의 순서였다. 한 마디로 직무와 근무환경에 대한 불만이 주된 이유다. 직업이란 '자발적'으로, '지속적'으로 이루어지는 것이란 교과서적인 직업 개념은 더 이상 통용되기 힘들다. 과거와는 다르게 직업 개념에 대한 패러다임이 송두리째 바뀌고 있는 것이다.

그렇다면, 일과 노동을 행복하게 만들 수 있는 방법은 없는 것일까? 사람들은, 특히 자신이 하는 일에서 만족하지 못하는 사람들은 매일 반복되는 자신의 노동이 무의미하게 바위를 끌어올려야만 하는 그리스 신화의 시지포스 신세와 비슷하다고 생각한다. 시지포스 신화는 다음과 같다.

1) 시지포스 신화와 직장인

〈시지포스의 바위〉

고대 그리스 신화에 따르면, 시지포스Sisyphus는 코린토스라는 도시국가를 창건한 왕이었지만 교묘한 사기꾼 기질이 있었다. 분수를 모르고 몇 번이나 신들을 속여 신들의 분노를 샀는데, 급기야는 왕 중 왕인 제우스를 배반하고 그에 대한 여러 비밀을 누설하기까지 했다. 결국 괘씸죄로 신들의 저주를 받아 거대한 돌덩어리를 언덕 위까지 밀어 올려야 하는 형벌을 받게 되었다.

두 손과 두 발로 밀어 올려 언덕 꼭대기에 도달할 무렵이면 시지포스의 기운이 떨어져 밑바닥으로 굴러 떨어지게 된다. 그러면 시지포스는 다시 가서 똑같은 노동을 하염없이 되풀이 해야만 한다.

그렇다면 어떻게 해야 시지포스 같은 노동을 행복하게 바꿀 수 있을까? 미국 철학자 테일러Taylor는 시지포스와 같은 현대 직장인을 행복하게 하기 위해서는 두 가지 방식으로 노동을 대하는 패러다임이 바뀌어야 한다고 주장한다.

하나는, 아무런 소득 없이 계속해서 똑같은 바위를 끌어올리게끔 하지 말고 시지포스로 하여금 다른 바위를 언덕 위로 올리도록 해서 그 바위들을 이용해 멋진 사원을 짓도록 만드는 것이다. 그러면 시지포스는 자신이 하는 노동의 의미를 깨닫게 된다는 것이다.

또 다른 방법은 신들의 마음이 갑자기 자비로워져서 똑같은 바위를 밀어 올리는 노동은 계속 반복하더라도 시지포스가 그 반복적인 행위를 열렬히 좋아하게끔 마음을 바꾸어 놓는 것이다. 즐거우면 노동은 더 이상 노동이 아니기 때문이다.

테일러 교수와 마찬가지로 세계적인 '행복학' 연구자인 하버드대 탈 벤 샤하르Tal Ben Shahar 교수는 이렇게 말한다. "행복은 '의미'와 '즐거움'이 어우러질 때 찾아온다."(장샤오헝, 2014) 그럼 이 두 가지 요소를 중심으로 행복한 직업생활을 만들기 위한 전략을 생각해 보자.

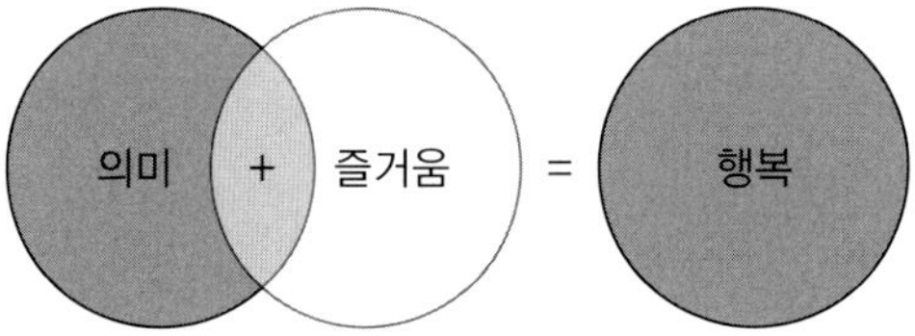

2) 행복한 직업 전략 1: 의미 찾기

첫 번째 방법은 바위를 끌어올리도록 허락해서 그 바위를 이용해 언덕 위에 각자가 믿는 신전을 짓게 하는 것이다. 그러면 시지포스같은 직장인은 반복되는 노동이라 해도 자신이 하는 노동의 의미를 갖게 되어 노동의 괴로움에서 벗어날 수가 있기 때문이다. 일을 해야 하는 목적과 의미가 명확하면 우리는 기꺼이 일을 할 수가 있다. 어떠한 어려움과 고통도 이겨낼 수 있게 된다. 도스토옙스키는 "모든 인간에게 가장 끔찍한 벌은 '평생 동안 아무 쓸모도 의미도 없는 일'을 하도록 만드는 것"이라고 말했다. 여기서 중요한 점은,

노동의 의미는 '우리가 만드는 것이 아니라 발견하는 것'이며,

노동의 의미는 '찾지 않으면 발견할 수 없다'(Pattakos, 2012: 123)는 것이다.

우리가 하는 통상적인 일들을 곰곰 생각해 보면 모든 일은 의미로 가득 차 있다. 하지만 가정이나 일터에서 정신없이 돌아가기만 하다 보니 의미는 묻혀 버린다. 발길을 멈추고 내가 하는 일을 차분히 돌아볼 때 미처 알지 못했던 일의 의미를 발견하게 된다. 예를 들어, 가족을 먹여 살리기 위해 노동을 하는 아버지, 가사를 돌보는 어머니, 아내가 하는 집안일의 의미는 여러 가지 형태와 크기로 존재한다. 문제는 그 의미를 찾고 발견할 때 집안일의 수고로움에서 벗어나고 행복해질 수 있다는 것이다.

그럼 일의 의미를 어떻게 발견할 수 있을까? 많은 심리학자는 일의 의미는 그 일을 하는 사람이 부여하는 것임을 강조한다. 직업의 귀천과는 전혀 관련이 없다. 삶의 의미에 대한 연구만 오랫동안 해 온 콜로라도 주립대 심리학과 마이클 스태거 교수는 일의 '목적'과 '중요성'에 초점을 두라고 말한다. 무언가 이루고자 하는 목적을 가질 때 미래에 대한 꿈과 기대를 품게 되고 어려움을 극복할 수 있다. 또한 그 목적이 내게 왜 중요한지를 염두에 두어야만 일을 하는 데 신바람이 난다는 것이다.

그렇다면 일을 하는 목적은 무엇일까? 『인생학교 [일]: 일에서 충만함을 찾는 법』의 저자인 로먼 크르즈나릭은 일의 목적은 다섯 가지라고 말한다(Krznaric, 2013: 81-117).

첫째, '돈'을 버는 것

둘째, 사회적 '지위'를 획득하는 것

셋째, 더 나은 세상을 만드는 데 '기여'하는 것

넷째, '열정'을 따르는 것

다섯째, '재능'을 활용하는 것

첫 번째와 두 번째 요소인 '돈'과 '지위'는 '외재적 동기'에서 일을 하는 것이다. 일이 어떤 목적 달성을 위한 수단이 되기 때문이다. 반면에 사회적 기여, 열정 및 재능은 일의 가치를 그 자체로 평가하는 '내재적 동기'에 해당한다.

주목해야 할 점은, 어떤 목적으로 일을 하든지 간에 그 목적의 중요성을 어디에 두느냐에 따라 노동의 행복이 결정된다는 것이다. 예를 들어, '돈을 버는 것'이 목적이라면, 돈을 벌어 무엇을 할 것인지의 '꿈' 혹은 '중요성'이 가치 있는 것이어야 한다. 신들이 시지포스가 힘들게 끌어올린 바위로 언덕 위에 '신전'을 짓게 해 주자는 것은 바로 객관적으로 가치 있는 일을 할 때 행복해진다는 것을 말해 준다.

일은 단지 무엇을 위한 수단을 넘어설 때 더 즐겁다고 한다. 왜 돈과 사회적 지위라는 외재적 동기에만 중요성을 둔다면 행복한 인생이 되기 어려울까? 심리학자 마틴 셀리그먼(Seligman, 2002:49)은 우리가 '쾌락의 쳇바퀴hedonic treadmil'에 빠져버리기 때문이라고 말한다. 돈이 많아지면 기대치도 높아지기에, 과거와 같은 수준의 행복감을 충족시키려면 더 많은 것을 가져야 하고 더 많이 벌고 더 열심히 일해야 한다. 하지만 그렇게 되면 또 다시 기대치가 올라가 버린다. 마시면 마실수록 목이 타는 바닷물처럼, 돈과 행복 사이에도 영원히 충족되지 않는 갈증이 계속 반복되기 때문이다. 사회적 지위도 마찬가지로 쾌락의 쳇바퀴에 빠지게 된다.

사회적 지위 역시 마찬가지다. 사람은 직업 계층 안에서 자신의 상대적인 위치에 몹시 신경 쓴다. 이웃집 남편이나 자식과 비교하고 입사 동기들과 승진을 다투기도 한다. 지위와 명성을 얻기 위해 자신의 생활을 기꺼이 희생하곤 한다. 그러나 크르즈나릭은 우리가 어떤 지위에 도달하자마자 그보다 더 높은 지위에 있는 사람이 눈에 들어온다고 말한다. 즉, 지위도 돈과 마찬가지로 '쾌락의 쳇바퀴'에 빠지기 때문에 행복해지기 어렵다는 것이다.

3) 행복한 직업 전략 2: 일의 즐거움 찾기

행복한 직업생활이 되기 위한 두 번째 방법은 일 그 자체의 즐거움을 찾으라는 것이다. 일을 대하는 태도를 바꿔 일 자체를 즐겁게 하면 노동의 지루함과 고통에서 해방될 수 있다는 것이다. 미국의 석유 왕 록펠러는 아들에게 보내는 편지에 이렇게 썼다.

> 사랑하는 아들아, 만약 네가 일을 기쁨으로 생각한다면 네 인생은 천국과 같을 것이다. 그러나 만약 일을 의무로 생각한다면 인생은 곧 지옥이 될 것이다.

일에서 즐거움을 찾기 위해서는 무엇보다 내재적 동기, 즉 '일 그 자체'에 중요성을 두어야 한다. 앞서 말한 일의 5가지 목적 중 나머지 세 가지, 즉 사회적 기여, 열정 및 재능은 바로 '내재적 동기'에서 일을 하는 것이다. 똑같은 일, 똑같은 직장이어도 어떤 마음가짐으로 대하느냐에 따라 결과는 천지 차이다. 다음의 사례(Pattakos, 2012: 23-24)를 보자.

〈행복한 우편배달부〉

매일 내게 우편물을 가져다 주는 비타는 명랑하고 활기찬 모습이 트레이드마크다. 잔뜩 찌푸린 날씨에도 휘파람을 불며 우편물을 배달하러 온 그녀를 향해 나도 모르게 큰 소리로 외쳤다.

"이렇게 좋은 일을 해 줘서 정말 고맙습니다!"

비타는 깜짝 놀라서 그 자리에 멈춰 섰다.

"감사합니다." 그녀가 말했다.

"어휴, 그런 말을 듣는 것에 익숙하지 않아서요. 정말 고맙습니다."

나는 호기심이 생겼다.

"매일 힘들게 우편물을 배달하면서 뭐가 그렇게 즐겁고 신나는 거죠?"
"저는 단순히 우편물을 배달하는 것이 아니라 사람들을 서로 연결시켜 주는 일을 하고 있다고 생각해요. 그리고 저를 의지하는 사람들을 실망시켜서는 안 되죠." 그녀의 대답에서는 열의와 자부심이 느껴졌다.

미국 사회에서 '우편배달'은 사람들이 기피하는 직업의 상징이다. 지루하고 반복적이며, 악천후와 사나운 개, 신경질적인 고객을 상대하다가 결국 부당한 대우를 더 이상 참지 못하고 극단적인 보복 행위를 저지르는 상황까지 가기도 한다. 그러나 똑같은 일이지만 비타에게는 의미가 다르다. 그녀는 자신의 직업과 그로 인한 '고단함'에 대해 단순한 긍정적 사고의 차원을 훌쩍 뛰어넘어 남이야 어떻게 생각하든 자신의 일이 '사회적 기여'를 한다는 것에 가치를 두고 그 일의 의미를 추구하는 직장생활을 하고 있는 것이다.

논어에서는 '아는 것은 좋아하는 것만 못하고, 좋아하는 것은 즐기는 것을 당해내지 못한다. 知之者不如好之者, 好之者不如樂之者'고 말한다. 마찬가지로 노동하는 것을 즐긴다면 그 노동은 더 이상 노동이 아니라고 한다. 당연히 노동의 결과도 좋을 수밖에 없다. 다음의 연구결과는 이를 잘 보여주고 있다.

미국 스롤리 블로토닉 연구소가 '부를 축적하는 법'을 연구하기 위해 1500명을 두 집단으로 나누어 조사하였다. 이 조사에서 돈, 즉 경제적인 것에 우선순위를 두고 직업을 선택한 사람을 A집단으로 분류하였는데, 전체의 83%를 차지하였다. 나머지 17%는 돈보다는 자신이 좋아하는 일에 우선순위를 두었던 사람으로서 B집단으로 분류하였다. 20년 후 이들 1,500명 중에서 정확히 101명의 억만 장자가 나왔다고 한다.

과연 A집단의 사람들 중에서 몇 명이나 억만장자가 되었을까? 놀랍게도 단 1명에 불과하였다. 나머지 100명 모두가 B집단에 속한 사람이었다. 누가 직장에서, 그리고 인생에서 성공할 것인가? 이 연구는 그 해답은 자신이 좋아하는 일을 택한 사람이란 점을 웅변적으로 말해 준다(신완선, 2002).

자신의 재능과 적성을 발견하고 그에 딱 들어맞는 일을 선택한 사람은 축복받은 사람이다. 그러나 그런 사람이 과연 몇이나 될까? 더구나 자신이 좋아하는 회사에 들어갔더라도 본인이 희망하는 부서에 배치되고, 자신이 원하는 일을 하는 사람은 더더욱 드물다. 그렇다면 소수의 몇 명만 제외하고 대다수의 사람들은 불행할까? 또 좋아하지도 않는 일을 해야 하기 때문에 능률이 떨어진다고 봐야 할까?

이나모리 가즈오 회장은 단언한다. 직업에서 "자신이 좋아하지 않는 분야에서 출발했지만 그 분야에서 두각을 나타내 크게 성공할 수 있다."는 것이다. 문제는 '내가 좋아하지도 않는 일'을 하고 있다고 불평만 하거나 스스로를 비하하는 데 있다. 이나모리 회장은 자신도 처음부터 좋아했던 일을 했던 것은 아니라고 말한다. 그의 첫 직장은 월급도 제때 지급하지 않던 중소기업이었다. 그는 프로젝트 하나만 최선을 다해 끝내고 회사를 그만두겠다고 다짐했다. 하루 이틀이 지나고, 그 프로젝트에는 어느 샌가 자신의 손때가 묻어갔고 의외의 성취감을 맛볼 수 있었다. 결국 작은 성취가 모여 프로젝트를 성공으로 이끌게 되자 그는 더욱더 일에 몰입하게 되었다(이나모리 가즈오, 2010)고 말한다.

독일의 대문호인 괴테는 "모든 것이 쉬워지기 전에는 어렵다."고 말한다. 어떤 일이든 처음에는 어렵지만 그 고비만 넘기면 의외로 순탄한 길이 펼쳐진다는 말이다. 자기가 좋아하는 일만 추구하는 것은 유토피아를 찾는 것과 같다. 그 유토피아를 현실에서 이루고 싶다면, 지금 자신 앞에 놓인 일을 먼저 사랑하라는 것이다. 긍정심리학의 대가인 마틴 셀리그먼은 "어떤 생업이든지 천직이 될 수 있으며, 반대로 아무리 존귀한 직업이라도 생업에 지나지 않는 경우가 있다."고 말한다. 중요한 것은 "자신이 바라는 직업을 찾는 게 아니라, 자신이 바라는 직업이 되도록 열심히 노력하는 자세"라는 것이다. 천직은 '찾는 것'이 아니라 '키워나가는 것'이다.

그렇다면 지금 우리에게 무엇보다 필요한 것은 관점의 전환이다. "일은 신이 우리에게 준 특별한 선물이며, 선택받은 자만이 누릴 수 있는 권리다. 이 사실을 받아들이고 인정하는 순간, 일을 대하는 우리의 마음가짐에 커다란 변화가 생기기 시작한다." 그래서 샐러리맨의 신화를 쓴 사람들, 역경에서 성공을 일군 기업 경영자들은 공통적으로 그 비결을 다음과 같이 말한다.

> 자기가 좋아하는 일을 추구하기보다는
> 자기에게 주어진 일을 좋아하는 것부터 시작하라.

삼성경제연구소는 어떻게 하면 직장인들이 행복한 직장생활을 할 수 있을까에 대한 연구를 수행하였다. 그 결과는 위의 내용과 별반 차이가 없다. 연구에 따르면 직장인이 행복하기 위해서는, 첫째, 직장생활에 대한 만족감satisfaction이 높고, 둘째, 직장에서 긍정 정서emotion를 가지고 있으며, 셋째, 직장생활이 가치value 있다고 느껴야 한다. 다시 말해, 직장이 행복하기 위한 주요 키워드는 1) 만족감, 2) 즐거움, 3) 가치라는 것이다. 그러나 만족감은 즐거움과 가치의 결과물이라고 보는 것이 타당하기에 키워드는 결국 즐거움과 가치의 요인으로 압축이 된다.

이 연구는 직장인의 행복을 높이는 6대 실천방안을 제시하고 있다.

첫째, 의식적으로 긍정적인 감성을 유지한다. 개인은 긍정적 언어습관을 갖고 많이 웃으며 긍정 감성을 가지도록 노력해야 한다. 조직은 폭언, 왕따, 과도한 음주 등 부정적인 조직문화를 개선하고 직원 간 서로 배려하는 분위기를 조성해야 한다.

둘째, 직원의 에너지가 고갈되지 않도록 관리한다. 개인은 일상에서 쉽게 운동하는 방법을 찾아 실천하고 틈틈이 '미니 휴식'을 갖는다. 조직은 정기적으로 직원 스트레스를 측정하고 상담하며, 스트레스 관리 방안을 교육한다. 예를 들어, 인터넷 쇼핑업체 자포스는 사내에 라이프 코치를 두어 전문가 상담을 받을 수 있게 하고 있다.

셋째, 지금 하고 있는 일의 의미를 되새긴다. 개인은 능동적으로 자신의 업무를 재설계하고 의미를 부여하며, 소명의식을 가진다. 의료기기업체 메드트로닉은 직원이 만든 의료기기로 생명을 구한 환자들을 초청해 강연회를 열고 있다.

넷째, 자신의 강점이 무엇인지 파악하고 개발한다. 개인은 자신의 강점을 파악하고 꾸준히 연습해 강점을 더욱 강화한다. 조직은 직원의 강점을 고려해 직무를 부여하고 강점기반 훈련을 제공한다.

다섯째, 타인에게 행복을 전염시킨다. 개인은 자신의 감성을 명확히 파악하고, 다른 사람의 기쁜 일에 적극적으로 공감한다. 조직과 상사는 직원에게 적극적이고 건설적인 피드백을 제공한다.

여섯째, 도움을 주고받는 인간관계를 확장한다. 개인은 직장에서 믿고 의지할 수 있는 친구를 사귀고, 감사와 기부 등 친절을 베푼다. 조직은 직원이 동료관계를 넓힐 수 있는 기회를 제공한다. IBM은 회사에서 잘 모르고 지내는 동료끼리 서로 소개하고 관계를 확장하는 프로그램을 운영하고 있다.

Q 주제3 돌발퀴즈

㉮와 ㉯에 들어갈 단어는?

미국 철학자 테일러Taylor는 시지포스와 같은 현대인들의 직업생활을 행복하게 하기 위해서는 두 가지 방식으로 노동을 대하는 패러다임이 바뀌어야 한다고 주장한다.

하나는, 자신이 하는 노동의 (㉮)를 찾는 것이며, 다른 하나는 자신이 하는 일에서 (㉯)을 찾는 것이다. 행복은 (㉮)와 (㉯)이 어우러질 때 찾아온다는 것이다.

〈주제3 돌발퀴즈〉 [정답] ㉮ 의미 ㉯ 즐거움

평가문제

1. 다음 중 일과 인간 삶의 관계에 대한 설명이 아닌 것은?
   1) 원시시대부터 나무의 열매를 따는 등의 일을 시작했다.
   2) 일은 사람이 살기 위해서 필요한 것이며 행복의 원천이다.
   3) 하기 싫은 일을 억지로 하는 것은 일이 아니다.
   4) 인간은 일을 통해 경제적 욕구를 충족시킨다.

2. 다음 중 직업의 의미와 기능에 대한 설명으로 옳지 못한 것은?
   1) 직업은 개인의 지위와 정체성의 원천이다.
   2) 직업은 가정 밖의 사람들과의 관계를 형성해 주는 원천이다.
   3) 직업은 의무적인 활동과 목적감의 원천이다.
   4) 직업은 기술과 창의성 계발의 기회를 제공한다.
   5) 직업은 시간을 조직화하는 데 장애요소가 된다.

3. 행복한 직업생활이 되기 위한 관점의 전환으로 옳지 않은 것은?
   1) 노동의 의미는 찾지 않으면 발견할 수 없다.
   2) 일의 목적과 중요성에 초점을 둔다.
   3) 일을 대하는 태도를 바꿔 일 자체를 즐겁게 생각한다.
   4) 자신이 좋아하는 일이 아니면 노동의 의미가 없다.
   5) 자기가 좋아하는 일을 추구하기보다는 자기에게 주어진 일을 좋아하는 것부터 시작한다.

평가문제 정답 및 해설

1. [정답] 3)

[해설] 사회가 점차 복잡해지고 분업이 발달함에 따라 자기가 원하는 일만 하는 것이 아니라 하기 싫더라도 억지로 해야 하는 경향이 많아지게 되었다

2. [정답] 5)

[해설] 직업은 시간을 조직화하는 요인이 된다. 직업은 하루 혹은 한 주 그리고 그 이상의 기간을 조직화하게 해 준다. 직업에서 업무와 휴식은 규칙적이고 예측 가능하게 조직화되어 있어 그 시간 틀을 기준으로 시간을 통제하고 사용할 수 있게 한다.

3. [정답] 4)

[해설] '자신이 좋아하는 일이 아니면 노동의 의미가 없다.' 는 관점을 갖게 되면 항상 자신이 좋아하는 일만을 찾게 되고 그렇지 않은 일을 하게 될 경우 행복할 수가 없게 된다.

정리하기

1. 일과 행복한 삶의 관계

- 삶의 행복에 중요한 영향을 미치는 7가지의 요소가 있다. ① 가족관계, ② 재정, ③ 일, ④ 공동체와 친구, ⑤ 건강, ⑥ 개인의 자유, ⑦ 개인의 가치 등이다.
- 이 중에서도 일은 원만한 가족관계, 재정 등에 직접 영향을 미친다.
- 원래 일은 그 자체로서, 그리고 일의 결과가 사람의 기쁨과 연결된 것이다.
- 사회가 점점 복잡해지고 분업이 발달함에 따라 일을 경제적 목적 달성을 위한 수단 정도로만 생각하는 경향이 생겨나게 되었다.

2. 직업의 의미

- 직업은 '한 사람이 지속적으로 그리고 자발적으로 수행하는 사회적 역할로서 직

접적 혹은 간접적으로 사회 · 경제적 결과를 산출하는 것'이다.

- 직업이 되기 위해서는, 첫째, 경제적인 보상, 둘째, 본인의 의사에 의한 자발성, 셋째, 비교적 장기간 동안 계속되는 지속성을 갖추어야 한다.
- 직업은 개인의 지위와 정체성의 원천이다.
- 직업은 가정 밖의 사람들과의 관계를 형성해 주는 원천이다.
- 직업은 의무적인 활동과 목적감의 원천이다.
- 직업은 기술과 창의성 계발의 기회를 제공한다.
- 직업은 시간을 조직화하는 요인이 된다.
- 직업은 수입과 통제의 원천이다.

3. 행복한 직업생활 위한 관점의 전환

- 매일 반복되는 직장생활이 그리스 신화에 나오는 시지포스를 닮았다고 생각하기도 한다.
- 반복되는 노동이라 해도 자신이 하는 노동의 의미를 찾게 되면 노동의 괴로움에서 벗어날 수가 있다. 노동의 의미는 찾지 않으면 발견할 수 없다.
- 일 그 자체의 즐거움을 찾는 것이다. 일을 대하는 태도를 바꿔 일 자체를 즐겁게 하면 노동의 지루함과 고통에서 해방될 수 있다.
- 자기가 좋아하는 일을 추구하기보다는 자기에게 주어진 일을 좋아하는 것부터 시작하라.
- 지금 우리에게 가장 필요한 것은 관점의 전환이다.
- 삼성경제연구소는 직장인의 행복을 높이는 6대 실천방안을 제시한다.

  첫째, 의식적으로 긍정적인 감성을 유지한다.

  둘째, 직원의 에너지가 고갈되지 않도록 관리한다.

  셋째, 지금 하고 있는 일의 의미를 되새긴다.

  넷째, 자신의 강점이 무엇인지 파악하고 개발한다.

  다섯째, 타인에게 행복을 전염시킨다.

  여섯째, 도움을 주고받는 인간관계를 확장한다.

참고하기

신완선(2002. 2.). Digital Life@LG

이관춘(2013). 직업은 직업이고 윤리는 윤리인가(3판). 서울: 학지사.

이나모리 가즈오(2010). 왜 일하는가(신정길 역). 서울: 서돌.

장샤오헝(2014). 하버드대 행복학 명강의: 느리게 더 느리게(최인애 역). 서울: 다연.

조선일보. 2014. 6. 30. 대졸 신입사원 4명 중 1명, 입사 1년도 안 돼 사직서.

한국산업인력공단(2008). 직업윤리 교수자용 워크북.

Krznaric, R. (2013). 인생학교[일]: 일에서 충만함을 찾는 법(장지현 역). 서울: 쌤앤파커스.

Layard, R. (2011). 행복의 함정(정은아 역). 서울: 북하이브.

Maslow, A. (2013). 인간욕구를 경영하라(왕수민 역). 서울: 리더스북.

Pattakos, A. (2012). 무엇이 내 인생을 만드는가(노혜숙 역). 위즈덤하우스.

Schumacher, E. F.(2011). 굿 워크(박혜영 역). 서울: 느린걸음.

Seligman, M. E. P. (2002). *Authentic happiness: Using the new positive psychology to realize your potential for last-ing fulfillment*. New York: Free Press.

Seligman, M. E. P. (2007). 긍정심리학(김인자 역). 물푸레.

http://cep.lse.ac.uk/layard/annex.pdf

보충자료 직업 만족도 검사

하버드대 행복학 교수인 샤하르는 일을 세 종류로 구분했다. 생계를 위한 일, 성공하기 위한 일, 사명으로서의 일이 바로 그것이다. 긍정심리학자인 마틴 셀리그먼 역시 일의 목적을 크게 세 종류로 구분하고 그에 따라 직업의 정체성이 구분된다고 말한다. 셀리그먼이 제시하는 직업만족도 검사를 보자(출처: Seligman, 2007:265-267).

아래 세 개의 글을 읽고 물음에 답하라.

1) A씨가 직장에 다니는 주된 목적은 생활비를 벌기 위해서다. 만일 경제적으로 안정되어 있다면, 지금 하고 있는 일을 그만두고 다른 일을 선택했을 것이다. 그에게 직업이란 숨쉬기나 잠자기와 같은 생존 활동이다. 이 사람은 직장에서 근무할 때면 퇴근 시간이 빨리 오기만을 기다릴 때도 적지 않다. 게다가 주말이나 휴일을 손꼽아 기다린다. 다시 태어난다면 그는 현재의 직업을 택하지 않을 것이고, 친구들이나 자녀들이 그 일을 하겠다고 하면 말릴 것이다. 그는 하루빨리 이 직업을 그만두고 싶어 한다.

2) B씨는 기본적으로 현재의 일을 좋아하지만, 5년 후까지 계속 머물러 있지는 않을 것이다. 대신 더 품위 있고 높은 지위로 올라갈 계획이다. 그가 최종 목표로 삼고 있는 직위는 서너 개쯤 있다. 때로는 지금 자신이 시간을 낭비하고 있다는 생각도 들지만, 더 나은 지위를 얻기 위해서는 현재 위치에서 최선을 다해야 한다는 사실도 잘 알고 있다. 그는 빨리 승진하고 싶다. 승진한다는 것은 곧 자신의 업무능력을 인정받는 것이며 동료직원들과의 경쟁에서 이겼다는 증거다.

3) C씨는 현재 자신의 삶에서 가장 중요한 일을 하고 있다. 그런 만큼 자신의 직업이 아주 마음에 든다. 직업은 곧 현재의 자신을 규정하는 중요한 요소이고, 자기 자신을 다른 사람들에게 알릴 수 있는 첫 번째 조건이기 때문이다. 그는 일거리를 집으로 가져와 공휴일에도 일을 하는 게 좋다. 직장 동료들과도 친구처럼 친밀한 인간관계를 유지하고, 직업과 관련된 단체나 동아리 활동도 활발하게 하는 편이다. 그는 자신의 일을 사랑하고 그 일을 함으로써 사회에 기여하고 있다고 생각한다. 친구들이나 자녀들에게도 이 일을 하도록 권할 생각이다. 또한 본의 아니게 그만두어야 하는 불행한 사태가 벌어지지 않는다면 이 일에 평생을 바치고 싶어 한다.

당신은 A씨와 얼마나 비슷한가?

매우 __________ 조금 __________ 별로 __________ 전혀 ______________

당신은 B씨와 얼마나 비슷한가?

매우 __________ 조금 __________ 별로 __________ 전혀 ______________

당신은 C씨와 얼마나 비슷한가?

매우 __________ 조금 __________ 별로 __________ 전혀 ______________

(매우=3, 조금=2, 별로=1, 전혀=0)

직업만족도를 1에서 7까지로 나누었을 때

(1=아주 불만족, 2=불만족, 3=조금 불만족, 4=보통, 5=조금 만족, 6=만족, 7=아주 만족), 당신의 만족도는 얼마인가? ____________

C씨와 조금 혹은 아주 많이 비슷하고 직업 만족도가 5 이상이라면, 당신은 C씨처럼 자신의 직업을 천직으로 여기며 현재의 직업에 아주 만족하는 사람이다. 여기에 속하지 않는 사람이라면 재교육을 받는 게 좋다. 청소부 중에도 자기직업을 생업으로 여기는 사람과 천직으로 여기는 사람이 있듯이 비서, 기술자, 간호사, 요리사, 미용사 등 모든 직종도 이와 마찬가지다. 중요한 것은 자신이 바라는 직업을 찾는 게 아니라, 자신이 바라는 직업이 되도록 열심히 노력하는 자세다.

제3강

윤리란 무엇인가

1. 윤리의 의미와 중요성
2. 사회적 동물과 윤리
3. 윤리적 행위와 경쟁력

학습개요

윤리의 의미와 중요성을 이해하고 윤리적 행동이 개인과 조직의 경쟁력이 됨을 설명할 수 있다.

학습목표

1. 윤리의 의미와 중요성을 설명할 수 있다.
2. 윤리적 인간의 의미를 설명할 수 있다.
3. 윤리적 행위가 경쟁력임을 설명할 수 있다.

주요용어

윤리, 도덕, 윤리적 인간, 경쟁력

시작하기

〈사례 소개〉

이번 주는 윤리란 무엇인지에 대해 함께 알아보겠습니다. 윤리란 말을 들으면 어떤 생각이 드나요? 혹시 학창 시절 교실 벽에 걸려 있었던 교훈이나 급훈이 떠오르나요? 아니면 좋은 말이긴 하지만 이미 다 알고 있는 내용이라고 외면하지는 않나요? 오늘 강의를 통해 우리가 흔히 듣고 있는 윤리란 말이 우리의 삶에 어떤 중요한 의미가 있는지를 새롭게 생각하는 계기가 되기를 바랍니다. 먼저 어른들도 좋아하는 어린이 영화인 '후크'에 나오는 이야기를 함께 보겠습니다.

〈사례 내용〉

스티븐 스필버그 감독, 〈'후크' Hook, 1991〉

피터팬으로 익숙한 피터 배닝은 기반을 갖춘 40세의 미국인 변호사이며, 사랑하는 아내와 남매가 있는 그야말로 부러울 것 없는 사내다.

그러나 돈 버는 일에만 몰두하고 가족들의 일엔 점점 소홀해진다.

한편 아내 모이라와 할머니인 웬디는 평생 동안 고아들을 위해 헌신하였고, 피터 배닝도 웬디가 데려다 키운 고아 출신이었다.

피터는 웬디에게 바치는 고아병원 개원식에 연설을 하러 런던으로 비행기를 타고 와 할머니 웬디를 만나게 된다.

10년 만에 만난 피터를 웬디는 따뜻하게 맞이하면서 "도대체 무슨 일로 그렇게 바쁜거냐?" 고 묻는다.

피터는 "M&A 일을 해요. 부동산 개발일이죠."

그러자 피터의 장난꾸러기 아들 잭이 끼어든다. "한 회사에 문제가 생기면 아빠가 사들여요. 반항했다간 그 회사는 끝장이에요."

그러자 할머니가 슬픈 얼굴로 피터를 올려다보며 탄식한다.

"그러니까, 네가… 해적이 되었구나!"

〈강의 안내〉

할머니의 마지막 말이 가슴을 철렁하게 합니다. 고아 출신인 주인공 피터팬은 자수성가하여 잘 나가는 변호사가 되었습니다. 결혼해 아내와 사랑스러운 남매를 자녀로 둔 부러울 것 없는 사람처럼 보입니다.

그런데 변호사로서 하는 일이 그리 당당하게 보이진 않습니다. '기업인수합병'전문 변호사라는 근사한 명함은 가지고 있지만, 결국은 한다는 일이 문제가 있거나 어려움에 처한 회사를 가로채 많은 이익을 챙기고 되팔아 먹는 일입니다. 요즘 우리나라 언론에 자주 보도되는 판검사 출신의 변호사들이 목전의 이익을 위해 수단과 방법을 가리지 않는 행태와 별반 차이가 없는 것 같습니다.

주인공을 어렸을 때 키워주었던 할머니가 자수성가한 피터팬의 집을 방문해 '도대체 무슨 일로 그렇게 바쁘냐?'고 묻습니다. 주인공이 대답을 채 끝나기도 전에 장난꾸러기 아들이 끼어들어 할머니께 일러바칩니다.

그러자 할머니가 슬픈 얼굴로 주인공을 바라보며 한탄합니다. "네가… 해적이… 되었구나!"

우리는 대부분 무엇이 옳고 그른 일인지를 구분합니다. 변호사인 주인공이 하는 일이 법적으로 문제가 되는 것은 아닐 수도 있습니다. 그러나 곤경에 처한 기업의 약점을 이용해 자신의 이익을 챙기는 일이 그다지 옳은 일은 아니라는 느낌도 듭니다. 할머니가 주인공의 직업을 '해적'과 다름없다고 평가한 것을 보면 윤리적인 일은 아닌 것이 분명합니다. 게다가 주인공의 어린 아들마저도 아버지가 하는 일이 옳은 일은 아니라고 생각하는 것 같습니다. 과거 일제 식민지

시대에 전범기업인 미쓰비시나 신일본제철에 끌려가 혹독한 강제징용을 당했던 한국 노인들이 이들 일본기업을 상대로 소송을 제기한 적이 있었습니다. 힘없는 이들은 결국 패소했습니다. 당시 이들 일본 기업의 변호를 맡은 법률회사가 한국에서 가장 유명하다는 로펌이었습니다.

철학자 토마스 홉즈(Hobbes, 2009)는 저서 『리바이어던Leviathan』에서 "인간은 인간에게 늑대Homo homini lupus est."라는 유명한 말을 남겼습니다. 인간은 본성적으로 자신의 이익과 안전에만 관심이 있고 타인에 대해서는 공격적이고 약탈적이라는 것입니다. 역설적으로 현대 경제학의 원조인 아담 스미스(Smith, 2010)는 이러한 이기적인 본성이 시장경제의 원동력이 된다고 주장합니다. 사람들은 이기적으로 돈만 많이 벌면 행복할 것이라고 착각하는데, 다행히도 그런 착각이 시장경제를 발전시킨다는 것이지요.

인간은 사회적 동물입니다. 이기심을 본성으로 한 인간들이 모여 사회를 이루며 살아갑니다. 그렇다면 모두가 자신의 이기심을 충족시키려고만 한다면 사회는 물론 자신마저도 생존할 수가 없겠지요. 다행히도 인간은 동물과 달리 이기심과 아울러 이타심을 충족시키려는 본능을 갖고 있습니다. 아담 스미스는 인간은 타인의 운명이나 행복에 관심을 갖는 이타적인 본성을 갖고 있다고 강조합니다. 따라서 타인의 감정과 행위에 관심을 가지고 거기에 동감하는 윤리적인 능력이 필요하다는 것이지요. 그래야 시장경제가 제대로 작동하고 너와 나, 우리 모두의 공동체가 존립할 수 있다는 것입니다.

그럼, 이번 시간에는 윤리란 무엇이고 왜 중요한지 그리고 윤리적인 사람이란 어떤 사람이며, 왜 윤리적이어야 하는지에 대해 함께 생각해 보도록 하겠습니다.

학습하기

1. 윤리의 의미와 중요성

1) 행동의 선택 기준인 윤리

예를 들어보자(참조: 이관춘, 2013:170-171). 당신이 친구를 차에 태우고 운전하고 가는데 빨간 신호등이 켜져 차를 정지시켰다고 생각해 보자. 그때 왜 차를 멈추느냐고 묻는다면 당신은 어떻게 대답을 하겠는가? 아마 당신은 신호등을 가리키며 "빨간 불이잖아!"라고 대꾸할 것이다. 잠시 후 당신의 휴대전화가 울렸다. 그런데 왜 휴대전화를 받느냐고 물으면 똑같은 대답을 하지 않겠는가. '전화가 왔으니 받는 것 아니냐.'고 말할 것이다. 그리고는 너무도 당연한 것을 묻는 친구를 이상하게 여길지도 모른다. 그렇다면 과연 친구는 어리석은 것인가?

당신은 빨간 신호등이 켜졌을 때 항상 차를 멈추고, 전화벨이 울릴 때마다 전화를 받았는가? 아주 급한 일이 생겨 신호등을 무시한 적은 없었는가? 비록, 전화가 걸려왔지만 더 중요한 일을 하고 있었기 때문에 혹은 그냥 전화 받을 기분이 아니어서 받지 않은 적은 없었는가?

빨간 신호등이 차를 멈추게 하고 벨소리가 전화를 받게 하는 것은 사실이다. 하지만 이것이 직접적인 이유는 되지만 근본적인 원인은 아니다. 근본적인 이유는 내가 그렇게 하기로 '선택'했다는 데 있다. 선택에는 반드시 이유가 있다. 신호를 지키는 것이, 전화 받는 것이 나에게 '좋다good', '바람직하다desirability'라고 판단하기 때문에 선택을 하는 것이다. 이러한 '좋다', '바람직하다'라는 가치판단이 바로 선택의 기준이 된다. 빨간 신호등에서는 무조건 정차하는 것이 '바람직하다'라고 생각하는 사람은 언제나 정차할 것이다. 교통경찰의 단속만 없으면 언제든 신호등을 무시하는 게 '바람직하다'고 생각하면 또 그렇게 행동할 것이다.

이렇게 내 행동의 선택을 결정하는 기준인 '바람직함'이 바로 윤리다. 무엇을 바람직하다고 생각하느냐에 따라 각자의 윤리의식이 달라진다. 따라서 윤리는 일상생활에서 행해지는 무수한 행동 선택의 기준이 된다. 얼마나 중요한 것인가? 이 '바람직함'의 기준을 어떻게 설정하느냐에 따라 개인의 행복과 불행, 직장에서의 성공과 실패가 결정될 수 있다. 교통 신호 절대 준수가 바람직하다는 기준을 가진 사람과 그렇지 않은 사람 중에, 교통사고로 크고 작은 피해를 당할 사람은 누구인지 명확하지 않은가?

아침에 눈을 떠 밤에 잠자리에 들 때까지 하루는 선택의 연속이다. 아니 일생이 그렇다. 집에서 커피를 내려 마실지 아니면 늦었으니 출근해서 자판기 커피로 할지 선택한다. 스마트폰을 구입할 때 색상과 디자인, 기능과 가격을 놓고 저울질한다. 이 정도는 개인의 소소한 일상인데다 타인이 개입되지 않은 나 홀로의 문제다. 선택의 기준이나 결과에 그다지 신경 쓸 필요가 없다. 그러나 직장의 업무로 시야를 확대하면 문제가 복잡해진다. 각양각색의 직장동료, 상사들과의 다양한 직무관련 선택에 직면하게 되고, 나의 선택이 나 자신은 물론 기업의 이해관계자들에게 직간접적인 영향을 미치게 된다. 나의 '바람직하다'는 기준에 따라 선택한 행위가 개인적으로나 직업적으로 유쾌하고 만족스런 결과를 가져올 수 있고 반대로 재앙의 씨앗이 될 수도 있다. 윤리는 나의 행동의 가이드 역할이며 행불행을 결정하는 잣대가 되는 것이다.

2) 윤리와 도덕의 의미

윤리를 의미하는 영어 단어는 'ethics'다. 이 말은 본래 '사회적인 관습'이나 '풍습'을 뜻하는 그리스어 'ethos'에서 유래한 것이다. 이것은 도덕을 뜻하는 영어 'morality'가 '관습'이나 '생활습관', '사람들의 전통'을 의미하는 라틴어 'mores'에서 나온 것과 마찬가지다(이관춘, 2013:172). 어원으로만 보면 윤리와 도덕은 기본적으로 동일한 의미를 지닌다. 즉, 도덕이나 윤리 모두 특정한 시대, 특정한 문화, 특정한 조직의 관습이나 전통에 의해 영향 받거나 형성된다는 점이다. 한 예로, 인도의 자이나교를 믿는 사람들의 도덕관이나 윤리관이 그들의 종교적 전통에 의해 어떻게 영향을 받고 형성되었는지를 살펴보기로 하자.

〈인도의 자이나교〉

인도에는 자이나교란 종교가 있다. 매년 4월 5일이면 창시자인 마하비라 Mahavira 탄신일을 기념하는 축제인 '마하비라 자얀티'가 열리고 인도증시가 휴장을 할 정도로 인도사회에 영향력이 적지 않은 종교다. 기원전 6세기 무렵, 불교와 앞서거니 뒤서거니 하면서 출발한 자이나교는 불교 및 브라만교와 공통된 교의를 지니고 있다. 자이나교에 따르면 인간의 영혼은 순수한데도 속된 물질의 업에 속박되어 비참한 상태에 빠졌기 때문에 고행을 통해 본래의 영혼을 되찾아야 한다.

그런 까닭에 자이나교도들은 불살생, 불간음, 무소유, 금욕과 고행을 중시한다. 특히 불살생을 중시한 까닭에, 농사를 짓다 보면 땅속의 벌레들을 자신도 모르게 죽일 수 있다는 이유로 농사마저 짓지 않았다. 물을 마실 때에도 물속의 미생물을 걸러내려고 거름망이나 얇은 천을 사용한다. 숨을 쉬거나 말을 할 때도 입과 코를 '가림 천'이란 천 조각으로 가려서 공기 중에 존재하는 미생물이라도 죽이는 것을 예방한다. 이들은 인간이 섭취할 수 있는 유일한 것은 나무에서 떨어진 이파리와 열매라고 믿는다. 어떤 곡식이나 유제품, 달걀, 고기도 금한다.

일반적으로 도덕은 "무엇이 옳고 그른지 혹은 무엇이 선하고 악한 것인지에 대해 개인이 갖고 있는 기준"(Velasquez, 2002:8)으로 정의한다. 살인을 옳다고 생각하는지 아닌지, 도둑질은 옳은 건지 그른 건지, 낙태는 선한 행위인지 악한 행위인지 등에 대한 개인의 기준이나 가이드라인이라 할 수 있다. 윤리에 대한 정의는 한자 의미에 잘 나타나 있다(한국산업인력공단, 2008:37).

윤倫 : 1) 동료, 무리, 또래 등의 인간 집단을 뜻하기도 하고, 2) 길, 도리, 질서, 차례, 법 등을 뜻하기도 한다. 따라서 '倫'이란 인간관계에 있어 필요한 길, 도리, 질서를 의미한다 할 수 있다. '倫'은 그 자체로 '인륜'을 뜻한다.

리理 : 다스리다治, 바르다正, 원리原理, 이치理致, 판단하다, 밝히다, 명백하다 등의 뜻을 가지고 있다.

즉, 윤리란 '인간과 인간 사이에서 지켜져야 할 도리를 바르게 밝히는 것' 또는 '인간 사회에 필요한 올바른 질서' 등으로 정의할 수 있다.

여기서 질문 하나가 제기될 수 있다. 도덕이나 윤리 모두 특정한 시대, 특정한 문화, 특정한 조직의 관습에 영향을 받는다면 무엇이 옳고 그른지의 기준도 국가나 문화에 따라 다를 것이 아니냐는 질문이다.

그러나 많은 철학자들은 시대와 문화에 따라 윤리, 도덕의 기준이 다를 수 있지만, 모든 문화에 적용되고 변하지 않는 것들 역시 존재한다고 주장한다. 예를 들면, 철학자 임마뉴엘 칸트Kant는 "도덕은 본래 인간의 심성에 내재해 있기 때문에 단지 깨우치기만 하면 된다."라고 단언한다. 한 예로 "거짓말을 하지 말라." "남에게 해를 입히지 말라." 등은 보편적인 풍습이자 도덕이라는 것이다. 실제로 많은 심리학자들은 모든 사람들의 도덕적인 잣대가 놀라울 정도로 다른 사람들의 도덕적 잣대와 유사하다고 말한다. 대부분의 사람들은 보편적인 원칙들을 도덕적 기준으로 삼고 있다는 말이다.

3) 윤리와 도덕의 구분

윤리와 도덕은 개념상 구분이 되지만 일상생활에서 사용할 때는 엄밀하게 구분하기가 힘든 게 사실이다. 예를 들면, '좋은' 사람이라든가 행동이 '옳다'는 것을 표현할 때 사람들은 '윤리적'이라는 말과 '도덕적'이란 뜻을 혼용한다. 아울러 나쁜 사람이나 나쁜 행동을 묘사할 때 '비윤리적인'이라는 말과 '비도덕적인'이라는 말을 구분 없이 사용한다. 그러나 두 개념 간의 구분은 필요하다(이관춘, 2013:172).

첫째, 도덕은 개인적이며 내부적이다. 옳고 그름, 선과 악에 대해 내부적으로 갖고 있는 기준 혹은 습관이다. 개인이 마음속으로 옳다고 믿기에 행하거나 그르다고 판단해서 행하지 않는 것이다.

반면, 윤리는 사회적이며 외부적이다. 특정한 사회, 문화 혹은 조직 속에서 승인된 행동의 기준 혹은 일련의 가이드라인이다. 따라서 특정한 제도나 시스템에 의해 영향을 받거나 결정되는 등 외부성이 강하다. 다시 말해, 특정한 제도나 시스템, 조직이나 집단이 옳다고 여기기 때문에 행해야 하는 것이다. 이를 어길 경우 사회적 비판이나 지탄을 받게 된다. 사회윤리, 기업윤리, 전문가 윤리, 심지어는 가정윤리란 개념이 나오는 이유가 여기에 있다.

둘째, 도덕은 독립적independent이고 변하기 쉽지 않으나, 윤리는 '타자 의존적 other-dependent'이어서 상대적으로 변하기 쉽다. 한 예로 여우사냥은 영국사회에서 전통적으로 윤리적인 행위로 여겨져 왔다. 이유는 그게 전통이었고 이를 금지하는 법도 없었기 때문이다. 그러나 현재는 불법이 되었고 따라서 비윤리적인 행위가 되었다. 왜냐하면 시대가 변하면서 살생을 즐기는 스포츠가 악한 행동이라는 의식의 변화와 함께 비판과 반대가 확산되면서 여우사냥을 지지하던 전통이 중단되었기 때문이다. 전문직의 윤리도 같은 맥락이다.

예를 들어, 살인을 저지른 피의자의 변호사를 생각해보자. 변호사의 개인적 도덕 기준은 의뢰인인 살인 피의자의 행위가 비도덕적임을 안다. 허나, 직무상 그를 변호하고 석방을 주장해야 한다. 의사의 윤리도 마찬가지다. 의사 개인의 도덕적 기준으로는 생존 가능성이 없는 환자의 연명치료가 환자나 가족 모두에게 고통만 안겨주기에 차라리 안락사가 옳다고 생각할 수 있다. 그러나 의료윤리가 안락사를 금하고 있다면 개인의 도덕과는 관련 없이 안락사를 거부하는 것이 윤리적이다. 물론 의료윤리는 '여우 사냥'과 마찬가지로 앞으로 사회 변화와 함께 변경될 수가 있을 것이다.

여기서 알 수 있는 것은, 도덕은 쉽게 변하지 않지만 윤리는 변할 수가 있다는 점이다. 어떤 이유로든 살인은 항상 비도덕적이란 점은 변하지 않는다. 그러나 안락사나 낙태의 허용여부는 국가에 따라 그리고 시대와 상황에 따라 달라지기도 한다. 달라지기 위해서는 사회 구성원의 도덕기준에 대한 철저한 반성적 추론과 고민이 필요하다.

셋째, 도덕이 '옳은 선택'의 기준을 말하는 것이라면, 윤리는 '왜 옳은 선택'인지 질문하고 추론하는 학문적 성격을 포함한다. 윤리를 economics경제학, politics정치학 등과 마찬가지로 ethics윤리라고 하는 이유가 여기에 있다. 앞의 안락사의 예를 보자. 안락사를 금지하는 의료윤리의 근거는 '생명 존중'에 있을 것이다. 생명존중이 옳다는 것은 도덕적으로는 명확하다. 그러나 의료 차원에서는 모든 '연명 치료'가 과연 생명존중이고 옳은 일이며, 반면에 모든 치료 중단은 생명존중을 짓밟는 악한 행위인가에 대한 판단기준이 명확하지가 않다. 환자 상태와 의학기술 수준, 사회 가치변화 등을 종합해서 '옳음'을 판단해야 하는 것이 바로 윤리의 성격이다.

Q 주제1 돌발퀴즈

아래는 도덕과 윤리의 차이를 설명하는 내용이다. ㉮와 ㉯에 들어갈 단어는?

(㉮)은 개인적이며 내부적이다. 반면에 (㉯)는 사회적이며 외부적이다. 또한 (㉮)은 독립적이고 변하기 쉽지 않으나 (㉯)는 '타자 의존적(other-dependent)' 이어서 상대적으로 변하기 쉽다.

〈주제1 돌발퀴즈〉 [정답] ㉮ 도덕 ㉯ 윤리

2. 사회적 동물과 윤리

직장생활에서 윤리적으로 행동해야 한다는 것에 대해 회의적인 사람이 있을 수 있다. '남이 윤리적이지 못한데 나만…'이란 변명도 나온다. 그러다 보니 윤리적으로 산다는 것은 자신에게 이익이 되기보다는 불편과 희생을 요구하는 행위라고 느끼게 된다.

그러나 윤리적인 삶이 진정한 자기이익이 된다는 생각은 아주 오래된 것이다. 같은 논리로 직업윤리와 직업의 이익은 같은 것good ethics is good business이라는 인식(Bowie & Duska, 1990:111)도 선진국의 직업세계에서는 보편화되어 있다. 특히 SNS로 대표되는 인터넷 혁명으로 사회의 투명성이 괄목할 정도로 개선되고 전 세계적으로 글로벌화가 심화됨에 따라 비윤리적인 행위는 점차 설 곳을 잃고 있다. 미국, 영국을 위시한 많은 선진국의 기업 혹은 대학에서 경영학 과정에 윤리 과정을 필수적으로 채택하고 있는 것도 이를 말해 주는 것이다.

1) 기게스 반지와 이기심

이기심은 인간의 본성이다. 그렇다면 인간은 왜 이기적으로만 행동하면 안 되는 것일까? 인간이 왜 윤리적이어야 하는가에 대한 고전적인 형식인 '기게스 신화'의 예를 들어 보자(이관춘, 2013:416). 서양철학이 태동하기 시작하던 2천 5백여 년 전 그리스의 소크라테스에게 어느 날 아테네의 부유한 청년인 글라우콘이 찾아 와 일종의 도전적인 질문을 한다. 즉, 어떻게 살아야 하느냐에 관한 것이었다. 플라톤의 『국가론』 제2장 〈국가의 수호자〉 대화편에 나오는 내용은 대충 이렇다. 플라톤의 형인 글라우콘Glaucon은 리디아 왕의 양떼를 돌보는 목동의 얘기를 나름대로 개작하면서 다음과 같이 문제를 제기한다(Platon, 2012:63-64의 내용을 재구성).

〈기게스의 반지〉

전설에 따르면(헤로도토스 역사서, 제1권, 8-13), 기게스는 리디아 왕의 양떼를 돌보는 양치기였다. 하루는 양들에게 풀을 먹이고 있던 중 폭우가 쏟아지고 지진이 일어나 땅이 온통 갈라졌다. 그는 갈라진 땅 속에서 우연히 금반지를 발견했다. 그리고 그것을 주워서 손가락에 끼었다. 며칠 후 매달 열리는 양치기들 모임에서 왕에게 양들의 현황을 보고하게 되었다. 기게스는 반지를 끼고 앉아 있다가 무심코 반지의 구슬이 자신을 향하도록 돌렸다. 그러자 갑자기 자신의 모습이 보이지 않게 되었다. 신기하게 생각한 그는 반지를 일정한 방향으로 돌리면 자신의 모습이 사라지거나 나타난다는 사실을 확인하게 되었다.

이러한 사실을 알게 되자, 그는 왕에게 양떼의 상태에 대해 보고하는 역할을 자청해서 왕궁으로 갔다. 왕궁에 도착한 목동은 반지를 이용해 왕비를 유혹한 다음 그녀와 짜고 왕을 살해한다. 그리고는 왕관을 차지한다.

글라우콘이 이 전설을 이끌어 낸 것은 이 얘기가 윤리와 인간의 이기적 본성에 대해 사람들이 일반적으로 갖고 있는 생각을 잘 요약하고 있기 때문이다. 이 얘기는 누구나 그와 같은 요술반지를 갖게 된다면 모든 윤리적 가치를 던져 버릴 것이며, 더구나 그렇게 하는 것이 합리적인 것처럼 전한다. 플라톤의 말대로 이기적인 "인간들은 누구나 자발적으로 선량한 사람이 될 수는 없으며, 그렇게 강제될 뿐"(Platon, 2012:65)이라는 주장이다.

글라우콘은 윤리에 대한 이 상식적인 견해가 왜 잘못인지 설명해 보라고 소크라테스에게 요구한다. 올바른 것을 해야 하는 적절한 이유가 있다는 것을 증명해 보이라는 것이다. 플라톤에 의하면 소크라테스의 대답은 명확하다. 기게스는 결코 정의를 실현하지 못했다는 것이다. 그 이유는 인간을 통치하는 것은 이성이며, 인간의 이성은 진정으로 선한 삶을 원하기 때문이라는 것이다. 따라서 소크라테스는 부정이 아무리 많은 이득을 가져온다 해도 오직 올바른 행위만이 진정으로 그를 행복할 수 있게 해준다고 말한다. 도덕적인 행위는 그 자체로서 보상되는 것이며, 윤리적인 사람만이 참으로 행복할 수 있다는 것이다.

앞서 언급했듯이 인간은 사회적 동물이기에 나 홀로 살아갈 수 없는 존재다. 가정에서도 그렇고 사회생활 역시 다른 사람들과 상호작용을 하며 살아야 한다. 특히 직장생활에는 여러 다양한 이해관계자들이 직간접적으로 상호작용을 하며 살아간다. 따라서 독일의 철학자인 게오르크 지멜Simmel이 말한 대로, 사회란 단지 여러 개인들이 모여 이뤄진 집합체가 아니라, 사람들의 상호작용의 집합체a set of interaction란 점에 초점을 두어야 한다. '사회적 동물'에서 말하는 사회란 서로 간의 상호작용을 통해 각자의 발전과 운명에 영향을 주고받는 하나의 이벤트event이며 삶의 경험lived experience이라고 지멜은 강조한다. 각자는 일상에서의 사소한 자신의 행동, 타인과의 상호작용을 통해 삶의 경험을 풍요롭게 하는 것이며, 이것이 바로 사회문화적인 힘이 되는 것이다(Ritzer, 1992).

그렇다면 이러한 인간의 사회성은 필연적으로 개인의 이기적 행위의 제한과 억제를 수반하게 된다. 지멜의 말대로 타인에 대한 존중과 배려가 서로의 운명을 결정하기 때문이다. 타인과 어울려 살기 위해서는 서로 간에 지켜야 할 도리를 지켜야 하는 것이다. 글라우콘의 주장대로 남이 보지 않는다고, 발각될 염려가 없다고 비윤리적 행위를 행한다는 것은 '사회적 동물'로서의 인간이기를 포기하는 것이다. 그리고 소크라테스의 충고대로 비윤리적인 행위는 결국에는 불행을 자초하게 되는 것이다. 주변에서 혹은 직장생활을 통해 우리는 이러한 사례들을 수없이 목격하고 있다.

Q 주제2 돌발퀴즈 (1)

괄호 안에 들어갈 단어는?

소크라테스에 의하면 인간이 올바른 행동을 해야 하는 이유는 다음과 같다. 인간을 통치하는 것은 (   )이며, 인간의 (   )은 진정으로 선한 삶을 원하기 때문이라는 것이다. 따라서 소크라테스는 부정이 아무리 많은 이득을 가져온다 해도 오직 올바른 행위만이 진정으로 그를 행복할 수 있게 해 준다고 주장한다.

2) 죄수의 딜레마와 윤리

'인간은 사회적 동물'이란 사실을 인정한다면 인간은 필연적으로 윤리적 인간이 되어야 한다. 모두가 비윤리적으로 행동한다면 타인에 대한 배려는 실종되고 사회질서는 붕괴되며 상호 간의 신뢰는 무너지고 결국에는 우리 모두 인간다운 삶을 살아갈 수가 없게 되기 때문이다. 각자가 자신의 이익만 탐닉하게 되면 사회 전체의 이익은 감소하고 결국은 우리 모두에게 피해가 돌아오는 '죄수의 딜레마prisoner's dilemma'에 빠지게 되는 것이다.

한 예로, 세계 각국에서는 폭스바겐의 비윤리적 행위를 규탄하기 위해 해당 차량 구매를 거부하고 있던 시점에, 국내 소비자들은 값 좀 깎아줬다고 오히려 더 많은 차량을 사들인 적이 있었다. 우리 모두의 공기가 오염이 되든 말든 '내 이익'만 챙기는 천민 자본주의적 시민의식을 전 세계에 과시한 셈이다. 그 천민의식의 후속 피해는 얼마 안 있어 나타났다. 폭스바겐은 디젤 배출가스 조작에 대한 배상으로 미국에서는 무려 17조 원의 배상금을 내놓겠다고 발표했다. 그러나 한국에서는 고작 100억 원의 사회공헌기금으로 배상을 대신했다. 동일한 사안임에도 폭스바겐은 한국을 홀대한 것이다. 한국 소비자들이야 기업이 부정직한 짓을 해도 할인공세만 펼치면 언제든 소비자를 다시 끌어들일 수 있다고 판단한 것은 아닐는지 모른다. 이와 같이, '내 이익'을 위해 너와 나 모두의 이익을 짓밟는 결과를 만들어 내고 있는 현상을 게임 이론에서는 '죄수의 딜레마'라 한다.

죄수의 딜레마를 논하기 전에 먼저, 제로섬게임Zero Sum Game과 비제로섬게임Non Zero Sum Game의 상황을 살펴볼 필요가 있다. 어떤 사안에 대해 대립하는 양축이 있는 상황을 게임 이론에서는 다음과 같이 제로섬게임과 비제로섬게임의 두 가지 상황으로 구분한다.

〈주제2 돌발퀴즈〉 [정답] 이성

예를 들어, 철이와 순이가 초콜릿 하나를 나누어 먹는 상황을 생각해 보자. 만일 철이가 초콜릿의 1/2을 먹으면 순이가 먹을 수 있는 초콜릿은 1/2이 된다. 또 철이가 초콜릿의 3/4을 먹으면 순이가 먹는 초콜릿을 1/4로 줄어들 수밖에 없다. 이렇게 두 사람이 먹는 초콜릿의 양의 합은 항상 1로 일정하고, 다만 이것을 나누는 비율만이 결정되는 상황을 경제학에서는 제로섬게임 상황이라고 한다. 이런 제로섬게임에서는 한 측의 이익이 다른 측의 손해가 되기 때문에 협상에서 평화로운 절충안의 도출이 아주 어려워진다.

상황이 바뀌어 이제 철이와 순이가 크림 케이크 하나를 나누어 먹으려 한다. 만일 철이는 케이크의 바깥쪽 크림 부분은 좋아하고 안쪽의 빵은 싫어하는 반면, 순이는 빵 부분을 좋아하고 크림 부분을 싫어한다고 해 보자. 케이크를 정확히 반으로 나누어 주면 철이와 순이는 케이크의 1/2을 먹었다고 생각할 것이다. 하지만 철이에게는 크림 부분을 많이 주고 순이에게는 빵 부분을 많이 주는 방식으로 나누어 주면 두 사람 모두 케이크를 1/2보다 많이 먹었다는 만족감을 가질 수 있을 것이다. 이것이 바로 윈윈win-win상황이다.

이처럼 나누는 방법에 따라서 사람들이 느끼는 만족감의 크기의 합이 커질 수도 있고 작아질 수도 있는 상황을 비제로섬게임이라고 부른다. 당연히 협상이 벌어진다면 제로섬게임의 상황보다 양측 모두 윈윈이 가능한 비제로섬게임의 상황에서 사람들은 빨리 합의에 이를 수 있다. 기업을 포함한 직업 상황에서는 제로섬게임이 되기도 하지만 서로 윈윈할 수 있는 비제로섬게임이 되는 경우가 적지 않다. 이를 잘 보여주는 것이 '죄수의 딜레마'다(출처: Singer, 1997의 내용을 재구성).

〈죄수의 딜레마〉

당신과 또 다른 죄수 B가 국가전복을 획책한 혐의로 구속되었다. 두 사람은 서로 구속되기 전에 범행에 대해 부인하기로 합의했다. 다른 증거가 없기 때문에 서로가 범행에 대해 자백하지 않으면 둘 다 무죄 석방될 수밖에 없다는 것을 알고 있다. 경찰은 두 사람이 의사소통을 못하도록 각각 다른 방에 가두고 심문을 한다. 경찰에게는 다른 증거가 없으므로 두 사람이 자백하지 않으면 다른 죄목으로 극히 가벼운 처벌을 내릴 수밖에 없다.

경찰이 당신이 수감돼 있는 유치장으로 들어와 말한다.

"죄를 자백해! 네가 자백하고 다른 범인 B가 자백하지 않으면 당신은 바로 석방되고 B는 10년 형을 받게 되지. 그러나 만약 당신이 자백하지 않고 멍청히 있을 때 옆 방 B가 자백하면 10년 동안 감옥에서 썩게 되는 건 당신이지. 물론 B는 풀려나게 되지."

당신이 묻는다.

"둘 다 자백하면 어떻게 되나요?"

"그렇다면 유죄가 되지만 자백한 정상을 참작해 둘 다 8년의 징역형에 처하게 될 거다."

"만약 우리 둘 다 자백하지 않으면요?"

심문 경찰의 표정이 험악하게 바뀌었지만, 곧 자제심을 발휘해 말한다.

"그렇게 되면 너희를 기소할 증거가 없으니 다른 죄목으로 6개월 정도 구치소에서 살아야 할 거다. 그러니 잘 생각해 봐. 또한 내 동료가 옆 방 B에게도 똑같은 말을 전하고 있다는 사실을 명심해."

상황을 정리해 보자.

당신이 자백하고 범인 B가 침묵할 때 : 당신은 석방, 범인 B는 10년 형

범인 B가 자백하고 당신이 침묵할 때 : 범인 B는 석방, 당신은 10년 형

당신이 침묵하고 범인 B도 침묵할 때 : 당신은 6개월 형, 범인 B도 6개월 형

당신이 자백하고 범인 B도 자백할 때: 당신은 8년 형, 범인 B도 8년 형

'나'와 범인 B가 어떤 전략을 선택하느냐에 따라 네 가지 결과가 나올 수 있는데, 각 경우에서의 게임의 보수를 정리한 게임의 보수행렬은 다음과 같다.

〈게임의 보수행렬〉

		범인 B	
		자백	침묵
나	자백	8 8	0 10
	침묵	10 0	0.5 0.5

두 사람은 각각 상대방의 선택을 모르는 가운데 '자백배신'과 '침묵협조'이라는 두 개 중에 한 가지를 선택해야 한다. 당신이라면 어떻게 하겠는가?

만약 두 사람이 모두 침묵의 전략을 선택한다면 각자는 단지 6개월0.5년의 징역형만 받게 된다. 반면, 두 명이 모두 자백의 전략을 쓰는 경우에는 각자는 모두 8년 형을 살게 된다. 그러나 위의 표를 검토해 보면 내가 자백을 선택했을 때 B가 어떤 전략을 쓰는지에 관계없이 침묵을 선택할 때 더 이익을 얻는다는 것을 알 수 있다. 다시 말해, 나에게는 B가 어떤 전략을 선택하든 간에 자백이 최적 전략이 된다는 뜻이며, B의 경우에도 자백이 우월전략이 된다는 것을 알 수 있다. 이를 게임이론에서는 '지배전략균형'이라고 한다.

결국 나와 B는 모두 상대를 신뢰하지 못해 자백을 선택하게 된다. 그 결과 상대가 배신하지 않을 것이란 믿음 하에 침묵을 선택했을 때(6개월 형)보다 훨씬 손해를 보는 8년 형의 징역형을 살게 되는 것이다. 이 게임은 가상 상황을 전제한 것이라고 생각할 수도 있으나, 경쟁과 협조가 공존하는 현실에서 흔히 있을 수 있는 상황을 모형화 한 것이다. 요약하면, 죄수의 딜레마는 각자의 관점에서 자신의 이익만을 위해 합리적으로 내린 결정이 결국은 두 사람 모두의 이익을 손상시키고 상황을 악화시키는 결과를 가져올 수 있음을 논리적으로 입증해 주고 있다. 결국, '죄수의 딜레마' 상황을 극복하기 위해서는 윤리에 대한 패러다임을 전환하는 것이 시급하다. 다시 말해, 직장인 개개인 모두가 타인을 배려하고 직업윤리에 철저한 것이 결국 자신과 타인 그리고 우리 모두에게 이익이 된다는 패러다임을 갖추어야 한다는 것이다. 철학자 피터 싱어의 말대로, 근본적으로 '다른 사람에 대한 진정한 배려'가 죄수의 딜레마에 대한 완벽한 해결책인 것이다.

죄수의 딜레마가 증명한 일반적인 법칙을 확인시켜 주는 예는 주변에서 흔히 발견할 수 있다. 대표적인 사례가 '지하철 무임승차 딜레마'다. 표를 사서 지하철을 타는 것이 지하철 공사나 자치단체 재정에 도움이 되어 결국 세금도 절약하고 대중이 좋은 시설의 혜택을 받을 수 있도록 하는 일이다. 그러나 무임승차자는 그 신뢰를 저버린 채 '변절'을 하고 대중 속으로 숨어버린다. 또 다른 사례로, 직장인이라면 누구나 자가용을 타고 출근하는 것이 자신에게 편하고 유리하다는 사실을 알고 있다. 왜냐하면 버스는 혼잡하고 불편하며 시간도 많이 걸리기 때문이다. 그러나 동시에 우리 모두가 버스 같은 대중교통수단을 이용하면 전체적으로 상황이 나아진다는 것도 알고 있다. 버스회사는 수익이 늘고, 따라서 배차시간을 당겨 차를 더 자주 순환시킬 수 있으며, 교통체증도 격감하게 되어 종전에 비해 더 빨리, 더 편하게 직장에 도착할 수 있기 때문이다. 즉, 자기 이익만을 고려하지 않고 타인을 배려한 행위가 결과적으로 자신과 타인 모두의 이익을 가져오는 것이다.

이러한 예는 다음에서 보듯이 서로 경쟁관계에 있는 기업세계에도 적용할 수 있다.

		베들레헴 철강회사	
		투자I	불투자II
인랜드 철강회사	투자I	0.07 0.07	0.03 0.10
	불투자II	0.10 0.03	0.04 0.04

베들레헴 철강회사 경영진은 자기 공장에 공해방지시설을 설치해야 하는지에 대해 고민하고 있다. 결정을 내리는 데 있어서 다른 철강회사들의 입장과 연관시켜 베들레헴의 입장을 고려해야 하기 때문이다. 앞의 〈표〉는 '수인의 딜레마' 상황의 한 형태인데, 베들레헴 철강회사의 경쟁업체인 인랜드 철강회사와

견주어 베들레헴 철강회사의 입장을 보여 주고 있다.

앞의 표에서 네 항목은 각각 해당 결정이 관련 회사에 미치는 결과를 보여 준다. 예를 들어, 좌측 상단의 항목에서는 인랜드 철강회사와 베들레헴 철강회사 모두 공해방지시설에 투자를 했을 때 두 회사에 미치는 결과는 0.07의 증대가 있다. 각 항목에서 앞의 숫자는 인랜드 철강회사에 미치는 결과며, 뒤의 수치는 베들레헴 철강회사에 미치는 결과임을 주목하자. 여기서 결과라고 하는 말은 단지 현재의 금전적 이해만을 언급하는 것이 아니라 오히려 여론의 호전과 정부의 규제를 피하는 등 부가적인 긍정적 효과까지도 포함한다.

최선의 결과는 두 회사 모두 공해방지시설에 투자를 하는 것이다. 그러나 각자가 독립적으로 행동하는 경쟁시장에서 바람직한 결과를 얻는 것은 불가능하다. 경쟁상황에서는 베들레헴 철강회사에서 어떤 결정을 내리건 인랜드 철강회사의 입장에서는 두 번째 줄이 항상 가장 큰 이익이 된다. 또한 인랜드 철강회사에서 어떤 결정을 내리건 베들레헴 철강회사에는 둘째 칸이 가장 도움이 된다.

베들레헴 철강회사의 경영진이 채택하게 될 결정 과정을 고찰하여 이 점을 설명해 보자. 인랜드 철강회사에서 투자를 하는 경우를 살펴보자(첫 번째 줄). 이 줄에서 베들레헴 철강회사에 가장 이익이 되는 것은 둘째 칸이다. 다른 한편, 인랜드 철강회사에서 투자를 하지 않았을 경우, 즉 둘째 줄로 가 보면 베들레헴 철강회사에 가장 큰 이익이 되는 것은 여전히 둘째 칸이 된다는 것을 알 수 있다. 따라서 베들레헴 철강회사에서는 인랜드 회사가 어떤 결정을 내리건 간에 둘째 칸을 택해야 한다. 마찬가지로 인랜드 회사는 베들레헴이 어떤 결정을 내리건 역시 둘째 줄을 선택하게 된다는 결론에 이르게 된다. 따라서 두 개의 독립적인 결정을 연결하게 되면 낮은 이익을 가져오는 칸(우측 하단)을 선택하게 된다. 두 회사가 자신의 이익만을 위해 가장 합리적으로 선택한 결과가 자신과 모두에게 불리한 결과를 가져오는 것을 입증하는 사례라고 할 수 있다.

그렇다면 이 같은 죄수의 딜레마를 해결할 수 있는 방법이 없을까 하는 물음을 가질 수 있다. 이에 대해 싱어는 근본적으로 '다른 사람에 대한 진정한 배려가 죄수의 딜레마에 대한 완벽한 해결책'임을 제안한다. 그러나 보다 현실적인 방법으로서 합당한 협동을 보장할 수 있는 어떤 수단을 강구하는 것도 필요하다. 이를테면, 보우이(Bowie & Duska, 1990)를 포함한 여러 학자들은 이러한 수단으로서 사업 영역의 윤리강령을 강조한다. 윤리강령이 적절히 강제력을 발휘하면 관련자들이 도덕적으로 적절한 방식으로 행동하는 것을 보장하는 수단을 제공하기 때문이다.

3) 윤리적 인간이란

윤리적 인간이란 반드시 자신의 이기심을 포기하는 사람을 의미하지는 않는다. 윤리적 인간은 자신의 이기심이 중요한 것만큼 타인의 이기심 역시 중요하다는 사실을 인정하는 사람이다. 따라서 자신만을 배려하지 않고 타인을 배려하고 공동체의 이익을 추구한다. 이런 사람은 남이 보든 안 보든 자신만의 도덕적 가치와 신념을 바탕으로 윤리적인 행위를 실천하는 사람이다.

실천윤리학계의 거장인 피터 싱어(Singer, 1997:7)는 윤리적인 인간만이 자아실현을 할 수 있다고 강조한다. "돈과 사랑, 자기 가족을 돌보는 것 이외에 추구해야 할 것이 또 있는가? 만약 있다면, 그것은 무엇인가? …… 나의 해답은 우리가 윤리적인 삶을 살 수 있다는 것이다. 그리고 윤리적인 삶은 자기희생이 아니라 오히려 자아실현이라는 사실이다." 윤리적인 인간이 되어야 비로소 자아실현의 상태가 된다는 것이다.

윤리적 인간이 되기 위해서는 최소한 두 가지의 조건을 갖추어야 한다. 하나는 반성적 윤리를 갖추는 것이고, 다른 하나는 아는 것을 행동으로 옮기는 것이다.

관습적 윤리에서 반성적 윤리로

우리는 도덕규범을 아무런 의식 없이 맹목적으로 받아들이기 쉽다. 철학자

찰스 테일러(Taylor, 1985)는 이를 관습적 혹은 습관적 윤리라고 말한다. 이런 사람들 중에는 자신이 따르는 도덕률에 대한 확신이 매우 강한 사람도 있으며, 그 사회에서 좋은 사람으로 인정받기도 한다. 그러나 그에게는 자신의 도덕적 확신을 합리적인 논의로써 뒷받침할 수 있는 능력이 결여되어 있기에 도덕적 미숙아가 되기 쉽다. 자신의 도덕적 신념과 모순되는 신념이나 그 신념에 대해 자기만큼이나 확신을 갖고 있는 다른 사람을 만나게 되면 갑작스러운 혼란에 빠지게 된다.

이에 반해, 자신의 도덕적 신념이 왜 옳은지에 대해 이성적으로 추론할 수 있는 능력을 갖추었을 때 이를 반성적 윤리라고 말한다. 반성적 윤리를 갖춘 사람은 자기가 속한 조직이나 사회의 도덕률을 맹목적으로 받아들이거나 혹은 다른 문화권의 도덕체계에 의해 쉽게 충격을 받는 대신, 어떠한 도덕규범에 대해서도 분명하고 일관성 있게 생각을 할 수 있으며, 그 도덕규범을 왜 받아들이고 거절하는지에 대한 이성적인 논의를 할 수 있게 된다. 그래서 반성적 윤리를 갖추었을 때 사람은 진정으로 윤리적이 되는 것이다.

소박한 예를 들어 보자. 어린아이는 엄마가 주는 보약을 먹기 싫지만 얼굴을 찡그리면서도 받아먹는다. '몸에 좋다'는 엄마의 말을 당위적으로, 그리고 반강제로 받아들이는 것이다. 그렇지만 엄마가 보지 않으면 먹을 리가 없다. 반대로 그 아이가 커서 보약의 소중함을 알게 되면 사정은 달라진다. 스스로 알아서 챙겨 먹을 것이다.

윤리는 바로 도덕규범이 왜 보약처럼 중요한 것인지에 대한 반성이다. '윤리는 왜 도덕적이어야 하는지의 당위當爲에 대한 물음'이자 "어떻게 살아야 하는가에 대한 사유의 토대"(Singer, 1997:8)인 것이다. 다시 말해, 윤리는 무엇을 해야 하고 무엇을 하지 말아야 한다는 일련의 규칙을 엄격히 지키는 것이 아니라, "우리들 각자가 지닌 삶의 방식에 대해 반성하는 것"(Singer, 1997:10)이다. 그리고 그 반성의 결과에 따라 행위를 일치시키고자 노력하는 것이다.

아는 것을 행동으로

윤리적인 사람이 되기 위해서는 무엇이 옳고 그른지를 구분할 수 있는 것만으로는 부족하다. 아는 것을 행동으로 옮겨야 한다. 아메리칸 익스프레스라는 회사의 도그 렌닉(Lennick, 2010) 부사장은 윤리적으로 성공한 사람의 공통점은 '일치하는 삶', 즉 자신이 아는 것과 실제 행동이 일치하는 데 있다고 말한다. 즉, 자신의 도덕적 잣대와 목표 그리고 행동이 일치한다는 점이다.

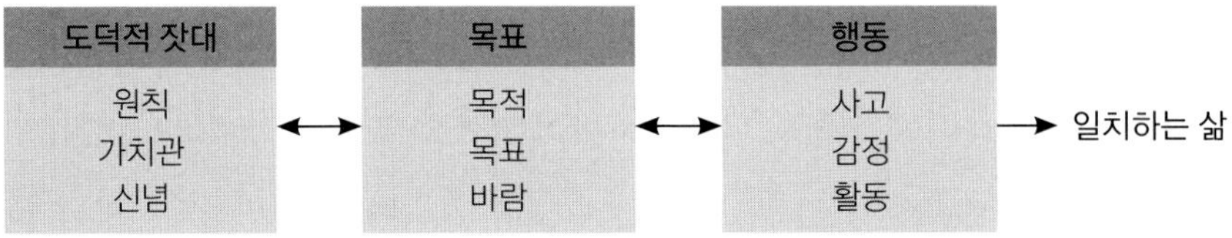

도덕적 잣대란 개인의 윤리, 가치관이다. 목표는 개인의 삶의 목표에서 평범한 일상 목표에 이르기까지 다양하다. 행동은 개인의 생각과 감정, 외적인 활동이 포함된다. 일치하는 삶이란 나의 행동이 목표와 일치하고, 나의 목표가 도덕적 잣대와 일치하는 삶을 의미한다. 그리고 앎과 행함이 일치할 때 인간은 진정으로 편안함과 행복감을 느낀다.

Q 주제2 돌발퀴즈 (2)

괄호 안에 들어갈 단어는?

아메리칸 익스프레스의 도그 렌닉 부사장은 윤리적인 사람은 다음의 세 가지가 일치하는 사람이라고 말합니다.
첫째는 개인의 윤리 혹은 가치관인 (   )이며, 둘째는 개인의 삶의 목표 혹은 일상적인 목표이고, 셋째는 개인의 생각과 활동이 포함되는 행동이다.

〈주제2 돌발퀴즈 (2)〉 [정답] 도덕적 잣대 혹은 도덕적 기준

3. 윤리적 행위와 경쟁력

1) 윤리와 개인 경쟁력

『도덕지능』의 저자인 미셸 보바(Borba, 2001) 박사는 한 사람의 인격이란 곧 도덕지능을 말하며, 여기에는 7가지 핵심덕목이 있다고 주장한다. 즉, 남의 기분을 생각하는 방법을 알려주는 '공감능력empathy', 옳고 그름을 판단할 줄 아는 '분별력conscience', 충동을 조절하고 욕구충족을 나중으로 미루는 '자제력self-control', 타인을 배려하는 마음인 '존중respect', 남의 행복과 감정에 대한 자신의 관심을 표현하는 '친절kindness', 다른 사람이 나와 다름을 인정하고 새로운 견해와 신념에 개방적이며 타인을 존중하는 '관용toloerance', 그리고 다른 사람을 편견 없이 올바르고 정당하게 대하는 '공정함fairness'이다.

같은 맥락에서 널리 알려진 월터 미셸Mischell 박사의 '마시멜로 실험'은 도덕성의 중요 요소인 자제력이 개인의 삶에 얼마나 큰 영향을 미치는지를 보여 주고 있다(참조: 포사다 & 싱어, 2012).

〈마시멜로 실험〉

미셸 박사는 자기가 하고 싶은 것을 조금 참았다가 할 수 있는 능력, 즉 만족지연 능력이 인생에 미치는 영향을 연구하기 위해 4세 유아 600명을 대상으로 '마시멜로 실험'을 진행했다. 아이들 앞에 마시멜로를 놓고 자신이 잠깐 바깥에 다녀올 동안 먹지 않고 기다리면 하나씩 더 주겠다는 단서를 덧붙였다. 그 결과 아이들 모습은 확연히 구분됐다. 박사가 뒤돌아서자마자 먹는 아이, 망설이면서 눈치보다 먹는 아이, 하나 더 얻기 위해 눈을 감고 꾹 참는 아이… 그 결과 3분의 2가량은 마시멜로를 먹지 않고 기다렸다.

이 실험의 백미는 15년 후다. 세월이 흘러 대학입학 나이의 이 아이들을 추적 조사했더니 결과는 놀라웠다. 먹고 싶다는 욕구를 참지 못한 아이는 작은 어려움에도 쉽게 좌절하고 포기하는 일이 많았다. 대인관계도 제한적이었으며 스트레스로 인해 소극적인 학교생활을 보냈다. 반면 욕구를 잘 참아 낸 아이는 학교에서나 친구들 사이에서 적극적이고 원만한 생활을 하고 있었으며 인기도 많았다. 두 부류의 차이는 성적에서 더욱 두드러졌다. 미국 대학입학자격시험인 SAT에서 두 부류의 점수 차이는 125점이나 되었다. 욕구를 참지 못한 아이들이 500점대 점수를 얻은 데 비해, 욕구를 자제한 아이들은 600~700점대 점수를 기록했다.

유혹이나 충동적 행동을 자제할 수 있는 아이들은 도덕성이 높으며, 도덕성이 높은 아이들이 학습 성취도 또한 높다는 사실을 보여주는 실험이다. 만족지연능력, 즉 자제력이 장래의 성공을 가져다주는 핵심 키워드인 것이다. 살아가면서 여러 가지 유혹에 직면할 수 있고, 자기 충동대로 행동할 수도 있지만, 중요한 것은 내가 나를 자제할 수 있는 자제력이다.

도덕지능이 한 개인의 직장생활의 만족 혹은 성공에 결정적인 요인이라는 주장은 심리학자들은 물론, 수많은 기업경영자들의 현장경험을 통해 입증되고 있다. 하버드대 심리학과의 하워드 가드너Gardner 교수는 '도덕지능이 21세기 경쟁력'이라고 단언한다. 그는 저서 『미래를 위한 5가지 마인드』에서 21세기에 성공하기 위해서는, 첫째, 남을 존중하는 마인드respectful mind를 가져야 하며, 둘째, 윤리적인 마인드ethical mind를 가져야 한다고 말한다. 한 개인이 직업인으로서, 그리고 시민으로서 책임감 있게 일하는 정신이 경쟁력이라는 것이다.

세계적인 글로벌 기업인 제너럴 일렉트릭은 '21세기 리더의 조건' 중 가장 중요한 것으로서 겸손humble을 꼽고 있다. 과거에는 실력을 우선시했지만 이제는 팀워크가 중요시되는 시대이기 때문에 그에 맞는 인성을 갖춘 인재를 우선시하고 있는 것이다.

미국 컬럼비아대 MBA 과정에서는 기업 CEO들을 대상으로 '당신이 성공하는 데 가장 큰 영향을 준 요인은 무엇인가?'란 조사를 실시했다. 조사 대상자의 93%가 자신은 능력이 아닌 매너 때문에 기업 회장으로 성공했다고 답했다. 특히 타인 배려, 정직, 절제, 겸손, 용기 등의 덕목이 필수적이라고 응답했다. 이들은 "날로 치열해지는 경영환경에서 살아남으려면 오히려 타인을 배려하고 다양한 의견을 경청할 줄 아는 성숙한 인격이 필수적"이라고 지적했다. 이는 마치 미셸 보바 박사가 "도덕적으로 유해한 세상에서 아이들이 윤리적 태도를 유지할 수 있는 무기는 바로 도덕의 힘"(p. 15)이라고 말한 것과 같은 맥락이다.

세계은행 총재가 된 한국인 김용 씨는 이때까지는 시장Market과 이기심Me, 돈Money을 중시하는 '3M'패러다임이었다고 말한다. 그러나 앞으로는 윤리Ethics, 역량Excellence, 타인과의 연대Engagement가 강조되는 '3E'시대로 패러다임이 바뀌고 있다고 말한다.

글로벌 기업을 경영하는 CEO들이나, 세상의 변화를 누구보다 잘 간파할 수 있는 위치에 있는 사람들이 개인의 도덕성이 직업생활에서의 경쟁력의 원천이라고 입을 모으고 있는 것이다.

2) 윤리와 직업 경쟁력

독일 자동차기업 폭스바겐은 2015년 배출가스 저감장치를 조작한 사실이 발각되어 기업의 생존을 위태롭게 하는 위기에 처했다. 배기가스 검사를 받을 때는 저감장치가 정상적으로 작동하고 주행할 때는 이를 꺼지도록 해서 6년 간 소비자를 속여 온 것이 드러난 것이다. 이런 사실이 보도되자 폭스바겐의 주가는 이틀 만에 연속적으로 폭락해 무려 30% 이상 떨어졌으며, 이로 인해 증발한 시가총액은 수 십 조원에 달했다. 5종의 디젤 차량에 배기가스 배출량을 속이는 저감장치를 달아 미국에서 리콜 명령을 받은 48만여 대의 차량은 물론, 같은 저감장치를 장착한 디젤 차량이 전 세계적으로 1,100만 대가량 생산된 것으로 알려져 이에 따른 배상비용도 천문학적이었던 것으로 전해지고 있다. 더욱 치명적인 타격은 이번 사건으로 폭스바겐은 '양심불량' 세계 1위라는 오명을 받고 기업 신뢰도가 크게 추락했다는 점이다.

폭스바겐만이 아니다. 일본 미쓰비시자동차는 60만 대 넘게 팔린 이 회사 자동차 4종 모두의 연비를 조작해 정부에 보고한 사실이 발각돼 일본 사회가 발칵 뒤집혔다. 미쓰비시측은 연료소비효율 조작을 인정하고 사죄했지만 주가는 15.16% 폭락했다. 하루 만에 미쓰비시자동차의 시가총액이 12억 달러(1조3천억원)가 증발한 것이다(서울경제, 2016. 4. 21.). 국내에서는 수많은 인명을 앗아간 '가습기 살인사건'에서 보듯이, 직업윤리를 준수하지 못해 어려움에 처하고 심지어는 몰락의 길을 걷게 되는 기업들이 적지 않다. 잘 나가던 기업이 임직원의 갑질 행태 한 번으로 주가가 떨어지고 소비자들의 외면을 받기도 한다. 반대로 직업윤리에 철저한 기업들은 소비자들의 사랑을 받고 꾸준한 성장세를 보이는 경우를 자주 보게 된다. 직업의 윤리수준 향상이 장기적으로 기업에 이익으로 연결되는 과정은 다음의 두 가지 측면에서 생각해 볼 수 있다.

A. 직업의 윤리수준 향상 → 기업 이미지 향상 → 고객의 충성도 향상 → 판매 증가 → 장기적 이익

B. 직업의 윤리수준 향상 → 종업원의 자긍심 향상 → 1) 작업능률 향상 →
2) 전사적 품질관리→

1) 생산성 향상 → 장기적 이익

2) 품질 향상 → 장기적 이익

다시 말해, 고객의 입장에서는 해당 기업에 대한 기업 이미지가 향상될 것이고, 이는 기업 충성도로 연결되며, 제품과 서비스 구매 증가로 나아가 결국 기업의 장기적 이익과 경쟁력을 제고시키게 된다. 또한 기업 구성원 측면에서는 윤리적인 기업 환경이 무엇보다 종업원의 자긍심을 향상시키게 되며, 이는 작업능률 향상과 생산성 향상으로 이어져 장기적으로 기업의 이익과 연결된다.

100미터 경기에서는 직업윤리가 별로 힘을 발휘하지 못할지도 모른다. 그러나 SNS가 위력을 발휘하는 21세기 마라톤 경기에서는 직업윤리가 강력한 힘을 발휘한다. 그런데 기업경영이나 직장생활은 마라톤 경기라는 것이다.

Q 주제3 돌발퀴즈

괄호 안에 들어갈 단어는?

이윤추구가 존재 목적이 되다시피 한 비즈니스 세계에서 윤리의 적용은 현실적인 어려움이 있다고 생각할 수 있다. 따라서 서로의 이익만을 추구하게 되고, 그 결과 모두가 손해와 피해를 보는 상황, 즉 ( ) 상황에 빠지게 된다.

평가문제

1. 다음 중 윤리에 대한 바른 설명을 묶은 것을 고르시오.

가. 倫이란 인간관계에 있어 필요한 길, 도리, 질서를 의미한다.

나. 윤리란 '인간과 인간 사이에서 지켜져야 할 도리를 바르게 밝히는 것'이다.

다. 윤리는 개인적이며 내부적이다.

라. 도덕은 사회적이며 외부적이다.

마. 윤리는 '왜 옳은 선택'인지 질문하고 추론하는 학문적 성격을 포함한다.

바. 윤리와 도덕은 어원이 다르기에 반드시 구분되어야 한다.

1) 가, 나, 마　2) 가, 나, 다, 라　3) 가, 나, 다, 라, 마　4) 나, 다, 라, 마, 바

〈주제3 돌발퀴즈〉 [정답] 죄수의 딜레마

2. 다음의 괄호 안에 들어갈 내용은?

자신의 도덕적 신념이 왜 옳은지에 대해 이성적으로 추론할 수 있는 능력을 갖추었을 때 이를 (　　　　)윤리라고 말한다. (　　　　)윤리를 갖춘 사람은 자기가 속한 조직이나 사회의 도덕률을 맹목적으로 받아들이거나 혹은 다른 문화권의 도덕체계에 의해 쉽게 충격을 받는 대신, 어떠한 도덕규범에 대해서도 분명하고 일관성 있게 생각을 할 수 있으며, 그 도덕규범을 왜 받아들이고 거절하는지에 대한 이성적인 논의를 할 수 있게 된다. 그래서 (　　　　)윤리를 갖추었을 때 사람은 진정으로 윤리적이 되는 것이다.

3. 괄호 안에 공통적으로 들어갈 적절한 말은?

100미터 경기에서는 (　　　　　)가 별로 힘을 발휘하지 못할지 모른다. 그러나 SNS가 위력을 발휘하는 21세기 마라톤 경기에서는 (　　　　　)가 강력한 힘을 발휘한다. 그런데 직장생활은 마라톤 경기다.

4. 다음에서 올바로 짝지어진 것들을 묶은 것은?

가. 하워드 가드너 – 마시멜로 실험

나. 마시멜로 실험 – 자제력

다. 미래를 위한 5가지 마인드 – 윤리적 마인드

라. 제너럴 일렉트릭의 '21세기 리더의 조건'– 겸손

마. 김용 세계은행 총재 – 경쟁 패러다임

1) 가, 나, 다　　2) 나, 다, 마　　3) 다, 라, 마　　4) 나, 다, 라

5. 괄호 안에 공통적으로 들어갈 적절한 말은?

직장에서 서로의 이익만을 추구하게 되면 결과적으로 나와 너 모두가 손해와 피해를 보는 상황, 즉 (   ) 상황에 빠지게 된다. (   )를 보여 주는 사례는 주변에서 흔히 발견할 수 있다. 결국, (   ) 상황을 극복하기 위해서는 직장인 개개인 모두가 타인을 배려하고 직업윤리에 철저한 것이 결국 자신과 타인 그리고 우리 모두에게 이익이 된다는 패러다임을 갖추어야 된다. 철학자 피터 싱어의 말대로, 근본적으로 '다른 사람에 대한 진정한 배려가 (   )에 대한 완벽한 해결책인 것이다.

평가문제 정답 및 해설

1. [정답] 1)

[해설] 다)는 도덕은 개인적이며 내부적이고, 라)는 윤리는 사회적이며 외부적이며, 바)는 윤리와 도덕은 어원이 다르지 않기에 엄밀히 구분되지 않기 때문이다.

2. [정답] 반성적

[해설] 관습적 윤리와 비교하여 반성적 윤리의 특징을 설명한 내용이다.

3. [정답] 윤리, 직업윤리 혹은 기업윤리

[해설] 윤리 및 직업윤리에 대한 설명이다.

4. [정답] 4)

[해설] 가. 마시멜로 실험은 월터 미셸이다.

마. 김용 총재는 3M에서 3E 패러다임을 강조했다.

5. [정답] 죄수의 딜레마

[해설] 죄수의 딜레마 상황을 극복하기 위한 패러다임 전환을 강조하는 내용이다.

정리하기

1. 윤리의 의미와 중요성

- 윤리는 행동을 선택하는 데 있어 바람직하다고 생각하는 것을 의미한다.
- 윤리는 행동의 선택의 기준이자 가이드 역할을 하는 것이다.
- 어원으로만 보면 윤리와 도덕은 '관습' '풍습'이란 동일한 의미를 지닌다.
- 도덕은 옳고 그름, 선하고 악한 것에 대한 개인의 기준이다.
- 인간과 인간 사이에서 지켜져야 할 도리를 바르게 밝히는 것이다.
- 도덕은 개인적이며 내부적이지만 윤리는 사회적이며 외부적이다.
- 도덕은 독립적이고 변하기 쉽지 않지만 윤리는 '타자 의존적'이어서 상대적으로 변하기 쉽다.
- 도덕은 '옳은 선택'의 기준을 말하는 것이라면, 윤리는 '왜 옳은 선택'인지 질문하고 추론하는 학문적 성격을 포함한다.

2. 이기적 인간과 윤리

- 소크라테스에 의하면 오직 올바른 행위만이 진정으로 행복할 수 있게 해 준다.
- 직장생활에서 보듯, 인간은 사회적 동물이기에 이기심을 자제할 때 모두가 행복해진다.
- 사회란 단지 여러 개인들이 모여 이뤄진 집합체가 아니라, 사람들의 상호작용의 집합체다.
- 사회란 서로 간의 상호작용을 통해 각자의 발전과 운명에 영향을 주고받는 하나의 이벤트이며 삶의 경험이다.
- 인간의 사회성은 필연적으로 개인의 이기적 행위의 제한과 억제를 수반하게 된다.
- 타인에 대한 존중과 배려가 서로의 운명을 결정하기 때문이다.
- 죄수의 딜레마는 각자가 자신의 이익에만 탐닉하게 되면 사회 전체의 이익은 감소하고 결국은 우리 모두에게 피해가 돌아온다는 사실을 알려 준다.

-각자의 관점에서 자신의 이익만을 위해 합리적으로 내린 결정이 결국은 모두의 이익을 손상시키고 상황을 악화시키는 결과를 가져올 수 있다는 것이다.

3. 윤리적 인간이란?

-윤리적 인간은 자신의 이기심이 중요한 것만큼 타인의 이기심 역시 중요하다는 사실을 인정하는 사람이다.

-윤리적 인간은 자신 만을 배려하지 않고 타인을 배려하고 공동체의 이익을 추구한다.

-윤리적 인간은 관습적 윤리가 아닌 반성적 윤리를 갖춘 사람이다.

-윤리적 인간이란 자신이 아는 것과 실제 행동이 일치하는 사람이다.

- 윤리적 인간은 자신의 도덕적 잣대와 목표 그리고 행동이 일치한다.

참고하기

서울경제, 2016. 4. 21. '연비조작' 미쓰비시자동차 시동 꺼지나.

이관춘(2009). 기업의 위기극복을 위한 윤리경영전략. 서울: 학지사.

이관춘(2013). 직업은 직업이고 윤리는 윤리인가(3판). 서울: 학지사.

한국산업인력공단(2008). 직업윤리 교수자용 워크북.

호아킴 대 포사다, 앨런 싱어(2016). 마시멜로 이야기(공경희 역). 서울: 21세기북스.

Borba, M. (2005). 도덕지능(한혜진 역). 서울: 한언.

Bowie, N. E. and Duska, R. F. (1990). *Business Ethics*. Prentice Hall , New Jersey.

Gardner, H. (2007). *Five minds for the future*(e-Book). Harvard Business School Press.

Hobbes, T.(2009). 리바이어던(최진원 역). 서울: 동서문화사.

Lennick, D. (2010). 이제는 도덕이다(정준희 역). 서울: 북스넛.

Platon (2012). 플라톤의 국가론(최현 역). 서울: 집문당.

Ritzer, G. (1992). *Sociological Theory*. New York: McGraw-Hill.

Sandel, M. (2010). **정의란 무엇인가**(이창신 역). 서울: 김영사.

Singer, P. (1997). **이렇게 살아가도 괜찮은가**(정연교 역). 서울: 세종서적.

Smith, A. (2010). **도덕감정론**(박세일, 민경국 역). 서울: 비봉출판사.

Taylor, C. (1985). *Philosophy and the human sciences*. Cambridge: Cambridge University Press.

Velasquez, M. G. (2002). *Business Ethics: Concepts and Cases*. New York: Pearson.

제4강

윤리와 윤리적 판단

1. 윤리적 판단의 기준
2. 결과론적 윤리
3. 의무론적 윤리

학습개요

윤리적 판단의 기준을 이해하고 공리주의와 의무론적 관점의 윤리적 판단 기준을 설명할 수 있다.

학습목표

1. 윤리적 판단 기준의 의미를 설명할 수 있다.
2. 공리주의적 윤리적 판단 기준을 설명할 수 있다.
3. 의무론적 윤리적 판단 기준을 설명할 수 있다.

주요용어

윤리적 판단, 결과론적 윤리, 윤리적 이기주의, 공리주의, 의무론

시작하기

〈사례 소개〉

오늘은 윤리적 판단의 기준이 무엇인지에 대해 함께 알아보겠습니다. 무엇을 기준으로 윤리적 행위냐 아니냐를 판단하는가 하는 문제입니다. 두 가지 혹은 그 이상의 선택에 직면했을 때 어떤 선택이 윤리적이냐 하는 문제는 쉽지 않을 수가 있습니다. 따라서 이때까지의 서양철학에서도 계속 논쟁거리가 되고 있는 주제이기도 합니다.

우리는 흔히 무엇이 윤리적 판단인지를 고민하게 될 때 몇 가지 기준을 떠 올리게 됩니다. 우선, 남이 보거나 말거나 나에게만 이익이 되는 쪽으로 선택하려는 유혹에 빠질 수도 있습니다. 혹은 내 이익만 챙길 수는 없고 가능한 많은 사람들에게 혜택이 돌아가도록 선택하는 것이 윤리적이라 생각할 수도 있습니다. 아니면 결과에 관계없이 내 마음속에서 요구하는 어떤 양심의 소리에 따라 선택을 하면 된다고 생각할 수도 있습니다.

먼저, 영화로도 제작된 적이 있는 실제 있었던 사건을 통해 윤리적 판단의 기준이 무엇인지를 함께 학습해 보도록 하겠습니다(출처: Sandel, 2010:40-43).

〈사례 내용〉

〈아프카니스탄의 염소치기〉

2005년 6월, 미 해군 특수부대 소속의 마커스 루트렐 하사와 해군 세 명이 파키스탄 국경과 가까운 아프카니스탄에서 비밀 정찰 임무를 수행했다. 오사마 빈 라덴의 측근인 탈레반 지도자를 찾기 위해서였다. 정보기관의 보고에 의하면 이들이 찾는 인물은 140~150명의 중무장 세력을 지휘하면서 험한 산악지대의 어느 마을에 머물고 있었다. 특수부대 팀이 그 마을이 내려다보이는 산등성이에 자리 잡은 직후, 아프카니스탄 농부 두 명이 약 100마리의 염소를 몰고 나타났다. 일행에는 열네 살 가량의 남자아이도 끼어 있었다. 모두 무장하지 않은 사람들이었다. 미군은 이들에게 총을 겨누고 땅에 앉으라는 시늉을 한 다음 어떻게 처리할지 의논했다. 염소치기들은 비무장 민간인으로 보였지만 이들을 놓아주면 미군의 소재를 탈레반에게 알려줄 위험이 있었다.

미군은 몇 가지 선택을 놓고 고민했는데, 밧줄이 없어서 이 염소치기들을 묶어 놓고 다른 은신처를 찾을 수도 없었다. 유일한 선택은 이들을 죽이든가 풀어주든가 둘 중 하나였다. 한 사람은 염소치기들을 죽여야 한다고 주장했다. 루트렐은 갈등했다. 마음속으로는 그가 옳다고 생각했다. 하지만 그리스도교 신자인 루트렐은 무장하지 않은 저들을 냉정하게 죽이는 것은 잘못이라는 내면의 소리를 외면할 수 없었다. 결국, 그들을 풀어주자는 결정을 내렸다. 곧 후회할 결정이었다.

염소치기들을 풀어준 지 한 시간 반쯤 지나 미군 네 명은 AK-47과 휴대용 로켓 발사기로 무장한 탈레반 80~100명에게 포위되었다. 곧이어 격렬한 총격전이 벌어졌고, 세 명의 특수부대원과 이들을 구출하려던 미군 헬리콥터가 격추당해 그곳에 타고 있던 군인 열여섯 명까지 모두 목숨을 잃었다.

〈강의 안내〉

실제 있었던 사건이기에 더욱 안타깝게 느껴집니다. 물론 우리의 직장생활은 미군 특수부대 요원의 상황과는 다를 것입니다. 미군 특수부대 요원들이 직면했던 것처럼 그런 운명적인 선택을 해야 하는 경우는 실제로 많지 않기 때문입니다. 그러나 그들이 처했던 딜레마를 함께 고민하다 보면, 개인의 삶이나 직장생활에서도 내용은 다르지만 크고 작은 유사한 딜레마에 봉착할 수 있게 된다는 점을 발견하게 됩니다. 내가 만일 루트렐의 입장이었다면 나는 어떤 결정을 내렸을까요? 오늘은 이 질문에 대한 해답을 대표적인 철학자들의 이론을 통해 찾아보도록 하겠습니다.

학습하기

1. 윤리적 판단의 기준

1) 윤리적 판단의 중요성

윤리는 곧 윤리적 행동이다. 윤리적인 행동을 해야 비로소 윤리적이라는 것이다. 회사 직원들이 "우리 사장님은 윤리적인 사람이야"라고 말한다면, 이 말은 그가 '윤리적인 행동'을 하는 사람임을 뜻하는 것이다. 아무리 윤리적인 의식과 태도를 지니고 있다 해도 행동을 비윤리적으로 한다면 결코 윤리적인 사람이라고 평가할 수 없기 때문이다. 윤리적 기업이란 곧 기업을 윤리적으로 경영하는 회사란 뜻이다. 그러나 회사 홈페이지에는 기업의 윤리를 강조하면서도 실제로는 비윤리적인 기업경영을 함으로써 사회적으로 지탄을 받거나 기업을 파탄시키는 사례를 우리는 수없이 목격하고 있다.

윤리적인 행동을 하기 위해서는 먼저 무엇이 윤리적인지를 판단할 수 있어야 한다. 의사결정을 윤리적으로 할 수 있어야 윤리적인 행동을 할 수 있기 때문이다. 무엇이 윤리적인지를 판단하는 것은 쉽기도 하지만 그렇지 않을 경우도 많다. 직장에서 출장비를 허위로 산정하거나, 직장 상사에게 거짓말을 하고 일찍 퇴근을 하는 것은 누구나 비윤리적이라고 판단할 수 있다. 그러나 앞의 미군 특수부대의 루트렐 하사의 경우처럼 어느 것이 윤리적 행동인지를 판단하기 어려운 경우도 적지 않다. 한 발 더 나아가 직장의 회의에 참석해야 할지, 아니면 오래 전에 약속해 놓은 딸의 피아노 연주회에 참석해야 할지를 판단하는 것처럼 옳고 그름이 명백하지 않은 경우도 있다. 미군 특수부대의 상황이 직장의 현실과 좀 벗어나 있다고 생각된다면 다음의 사례(이관춘, 2013:188)를 보도록 하자.

<직장 내 회계 부정>

당신은 생명보험회사의 이고민 과장이다. 어느 날 우연히 회계담당 부하직원의 장부를 들여다보다 100만 원이 빈 것을 발견하였다. 직속상관으로서 책임이 있는 당신은 확인을 할 수밖에 없다. 담당 직원은 전혀 모른다고 시치미를 떼더니 결국에는 지난달 밀린 집세를 내는 데 그 돈을 썼다고 자백하였다. 홀로 세 아이를 키우고 있는 그 여직원은 집세와 생활비로 항상 쪼들리고 있었다. 게다가 그 직원은 다음 달 월급을 받아 그 돈을 채우겠다고 약속하였다. 자, 당신은 그 여직원에게 동정심을 갖게 될 것이다. 이제 공은 당신에게 넘어갔다. 다시 말해, 이제 어떻게 해야 할 것인가는 당신이 결정할 몫이다.

책상으로 돌아와 무엇이 최선의 방법일까 고민하고 있는데, 부장이 다가오더니 조용히 당신에게 말을 건넨다. 회계장부에 100만 원이 부족하던데 뭔가 아는 게 있냐고 묻는 것이다. 부장은 그 돈의 행방에 대해서는 전혀 모르고 있는 눈치다. 당신이 얘기하지 않으면 그는 전혀 모를 것이다. 당신은 어떻게 하겠는가?

이런 경우 대부분 어떻게 해야 할 것인지에 대한 다양한 방법을 생각하게 될 것이다. 어떤 사람은 내가 선택한 행동이 어떤 결과를 가져오게 될 것인지를 놓고 저울질할 수도 있다. 반면에 자신이 갖고 있는 옳고 그르다는 내면의 소리에 따라 판단할지도 모른다. 또 어떤 사람은 이 둘을 종합한 의사결정을 시도할 수도 있다. 그럼 먼저 국내외적으로 여러 기업들은 어떠한 판단기준을 제시하고 있는지를 살펴보도록 하자.

2) 기업의 윤리적 판단 사례

대부분의 국내외 기업들은 임직원들이 직무수행 중 겪게 될 다양한 딜레마 상황에서 윤리적인 판단을 할 수 있도록 하는 가이드라인을 제시하고 있다. 대표적인 것이 바로 '윤리강령code of ethics'이다.

글로벌 기업인 제너럴 일렉트릭General Electric: GE은 '정직과 신뢰성'이 핵심인 윤리강령을 제시하고 있다. 윤리강령은 다음과 같이 시작한다. "1세기 이상 동안 GE의 임직원들은 계산으로 그 가치를 따질 수 없는 자산, 즉 정직과 신뢰성과 높은 사업수행 행위기준에 대한 세계적인 명성을 쌓아 왔습니다. …… 정직과 신뢰성은 그 위에 우리 사업의 성공 …… 경쟁에서 승리한 우리의 기록을 건설해야 하는 초석입니다. 경쟁에서 이길 수 있는 우수성에 대한 GE의 추구는 윤리적인 행동에 대한 우리의 공약이 그 시작이며 끝입니다."

임직원은 입사부터 윤리강령에 대한 교육을 받으며 매년 이를 서명함으로써 확인한다. 의문사항이 있으면 지체 없이 회사 채널을 통해 해결하도록 권고한다. "당신이나 다른 누군가에게 어떤 것이 적절한 행동인지에 관해 의문이 있다면 즉시 당신의 매니저나 당신이 이용할 수 있도록 회사가 마련한 다른 채널들 중의 하나를 통하여 그런 의문을 제기하십시오. 그 어떠한 것도- 대고객 서비스 경쟁, 상급자의 직접적인 명령이나 '목표치를 달성하는 것'도- 정직과 신뢰성보다 더 중요하지는 않습니다."

휴렛팩커드Hewlett Packard: HP의 윤리강령은 기업의 평판이 매우 중요하며, 그 평판은 정직과 공정에 있다는 점을 강조한다. "회사의 평판은 대단히 중요합니다. 그것은 돈으로 살 수 없는 자산이어서 우리가 고객을 방문할 때나, 사업 동반자를 구할 때, 정부와 거래할 때, 그리고 우리가 속한 지역사회를 발전시키고자 할 때 그 길을 열어줍니다. …… 그것은 우연히 그렇게 된 것은 아닙니다. 전 임직원이 수년 동안 모든 거래와 업무상 관계를 공정하고 정직하게 처리하여 HP의 평판을 쌓으려 노력했기 때문입니다. 이 평판을 유지하는 것은 경영진의 주요 목표이며, 모든 직원들 역시 각자 그 책임을 다하기를 요구하는 바입니다. …… 타협 없는 성실함이 HP식 방법이며 HP식 일처리입니다."

인터내셔널 페이퍼International Paper: IP는 1백 년 넘는 역사를 자랑하는 세계 최대 펄프 제지업체로서 일찍부터 윤리적 비즈니스 관행을 통해 경영 위험을 통제하고 있다. 제조용으로 벌목한 나무보다 더 많은 나무를 심는 사업을 전개한다는 자원관리책임서약Resource Stewardship을 공표하고 이를 준수해 오고 있다. 딜론 회장은 이사회 멤버들이 회의감을 표명했음에도 불구하고 윤리프로그램이 장기적으로 이익을 가져다 줄 것이라고 설득한다. 그 결과, 경쟁업체인 Kimberly Clark, Fort James, Georgia Pacific Pulp 등 3개사가 가격담합을 이유로 5,600만 달러의 과징금을 물었으나 IP는 사건에 연루되지 않았다.

IP는 윤리야말로 회사가 투자한 인적 자원을 유지할 수 있는 수단인 동시에 핵심인재를 끌어올 수 있는 매력 포인트임을 강조한다. 이에 따라 윤리강령을 확정하여 전 세계 IP 임직원들이 실천할 수 있도록 다양한 실행방안을 마련하고 있다. 한 예로, 윤리 핸드북을 17개국 언어로 번역하고 출장 시에는 다음과 같은 윤리관련 테스트 문항이 적힌 카드luggage card를 휴대하도록 권고하고 있다.

〈인터내셔널 페이퍼의 윤리적 판단 기준〉

잘 모르겠으면 이렇게 자문하라.
내 행동이 합법적인가?
내가 과연 공명정대하고 정직한 행동을 하고 있는가?
내 행동이 시간이 지나도 과연 옳다고 여겨질 것인가?
나중에 스스로 어떻게 느낄 것인가?
오늘 밤 편히 잘 수 있을까?
내 아이에게 무엇이라고 말할 수 있을까?
그래도 확신이 서지 않으면 옳다는 확신이 설 때까지 계속 자문하라.

알코아ALCOA의 윤리강령은 "기업의 성공은 그 명성에 좌우됩니다."로 시작한다. 따라서 회사의 명성을 유지하기 위해 회사 직원들과 사업파트너 및 프로세스가 항상 올바른 방법으로 올바른 일을 해야 한다고 규정한다.

〈(주) ALCOA 사업행동지침〉

의심이 들 때면 행동을 멈추고 다음과 같이 자문하라.

1. 합법적인 행동인가?
2. 알코아 가치관 및 적용되는 회사 방침이나 절차를 따르는 행동인가?
3. 공정하며 정직한 행동인가?
4. 시간이 흘러도 역시 똑같이 행동할 것인가?
5. 공적 감시를 얼마나 잘 견뎌낼 수 있는 행동인가?
6. 내 가족을 곤란하게 하는 행동인가?

캐터필라Caterpillar는 1974년부터 임직원 행동강령을 제정하여 의사결정 기준으로 삼고 있다. 행동강령은 "우리는 정직하고 성실하게 행동합니다."로 시작한다. 즉, '가장 높은 수준의 성실성을 갖추고 윤리적으로 행동하며, 진실을 말합니다.'를 가장 강조하고 있다. 에릭슨ERICSSON의 윤리강령 역시 다른 기업과 유사하게 정직과 윤리를 강조한다. 윤리강령의 첫 페이지는 "에릭슨의 사업수행 방침에서 변함없는 특징은 정직과 윤리입니다."라는 한스 베스트버그Vestberg회장의 인사말로 시작한다. 회사의 모든 직원들이 비즈니스를 수행하는 과정에서 최고 수준의 정직성과 윤리성을 보여주며, 또 보여주어야 함을 강조하는 것이다.

3) 고장 난 전차 딜레마

앞에서 우리는 아프카니스탄의 미 해군특수부대가 부딪힌 윤리적 의사결정의 어려움을 살펴보았다. 이런 사례는 매우 이례적이며 특수한 상황으로 현실과는 동떨어진 것으로 생각할 수도 있다. 그러나 다음의 사례를 보면 우리 주변에서도 유사한 상황이 언제든 벌어질 수 있다는 사실을 알게 된다. 먼저, 흥미로운 사실은 미 해군특수부대가 처한 윤리적 딜레마 상황은 지금으로부터 약

50년 전인 1967년 영국의 철학 전문 학술지에 처음으로 발표되었다는 점이다.

영국의 철학자 필리파 풋Foot은 1967년 옥스퍼드 리뷰(Oxford Review, 5호)에 '낙태문제와 이중 결과의 원리'라는 제목의 논문을 통해 전차문제trolley problem라는 사고실험(출처: Cathcart, 2015:9-10)을 제시했다. 이후 전차문제는 마이클 샌델의 저서와 강연을 포함한 수많은 철학자, 심리학자, 진화이론가, 일반인들의 밥상 토론이나 두뇌 게임으로 인기를 끌었다. 그 내용은 비교적 단순하다.

〈전차문제〉

〈사례1〉

브레이크가 고장 난 전차 앞에 다섯 명이 서 있다. 기관사는 선로를 유지하여 다섯 명을 치어 죽일 수도 있고 — 이유는 알 수 없지만 그들은 선로에서 벗어나지 못한다 — 다른 선로로 방향을 틀어 한 사람만 치어 숨지게 할 수 있다. 기관사는 사람이 적은 선로로 방향을 틀어 다섯 사람 대신 한 사람을 죽여야 할까?

〈사례2〉

의사가 한 사람을 죽여 혈청을 뽑아내면 여러 사람의 목숨을 살릴 수 있다. 이 경우는 전차 시나리오와 어떻게 다를까?

전차문제에 등장하는 기관사가 처한 윤리적 딜레마 상황은 2005년 6월 아프가니스탄에서 미 해군특수부대가 맞닥뜨린 상황과 매우 유사하다. 마치 그 상황을 예견한 듯한 느낌마저 든다. 그러나 더욱 놀라운 상황이 2012년 10월에 발생한다. 전차문제의 딜레마 상황과 똑같은 실제 상황이 미국에서 발생한 것이다. 토마스 캐스카트(Cathcart, 2015)가 전한 내용을 요약하면 다음과 같다.

〈전차의 영웅인가 살인자인가〉

2012년 10월 5일 오후 4시경 미국 샌프란시스코의 캘리포니아 스트리트와 밴네스 애비뉴 모퉁이에서 50세 가량의 백인 남성이 전차에 치여 사망하였다. 그런데 이 사건은 다음과 같은 사망 원인으로 인해 미국 사회에 열띤 논쟁거리를 제공하게 된다.

사건이 발생한 그 시각, 오클랜드에 사는 27세의 대프니 존스라는 여성이 길을 걷고 있었다. 그런데 마침 전차가 빠른 속도로 달려오는 것을 목격하였다. 그 전차는 제동장치가 고장 난 것이 분명해 보였다. 전차가 향하는 본선에는 다섯 명이 있었고, 지선에는 한 명이 있었다. 존스는 옆에 선로 전환기가 있는 것을 보고 의도적으로 손잡이를 당겨 전차를 지선으로 이동시켰다. 이로 인해 지선에 있던 쳇 팔리라는 사람이 사망한 것이다.

사건이 발생한 후, 경찰은 존스의 행동은 제192조 살인죄의 제3항 "자신 또는 타인을 살해나 중상으로부터 보호하기 위해 타인을 살해하는 것은 2급 살인이나 과실치사에 해당하지 않는다."라는 예외 조항을 적용해 그녀를 집에 돌려보냈다. 한 발 더 나아가 존스는 두 달 후인 12월, "뛰어난 순발력과 용기를 발휘한" 공로로 시장에게 상까지 받게 된다.

그러나 사건 발생 3개월이 지난 2013년 1월 클리블랜드의 커닝햄 지방검사는 쳇 팔리가 전차에 치여 사망한 사건과 관련하여 대프니 존스를 기소하였다. 지선에 있던 쳇 팔리를 사망하게 한 혐의로 존스를 2급 살인죄로 기소한 것이다. 이 사건에 대한 여론도 양분되었다.

당연히 아버지가 억울하게 죽었다고 생각했을 쳇 팔리의 딸은 "존스가 유죄 판결을 받아 유족이 마음을 추스를 수 있었으면 좋겠다."고 말했다. 나아가 그녀는 샌프란시스코 시 당국과 존스에게 민사소송을 제기하였다. 반면, 존스가 손잡이를 당긴 덕에 목숨을 구한 다섯 명 중 한 명인 샐리는 다음과 같이 말했다. "존스 양이 마침 그 자리에 있었고 재빨리 조치를 취해 줘서 얼마나 고마운지 몰라요. 팔리씨 유족에게는 정말 안됐지만, 대부분의 사람들은 사망자 수를 최소화하려고 같은 행동을 했을 텐데 그 때문에 존스 양을 비난해서는 안 된다고 생각해요. 제 얘기가 매몰차게 들리지 않았으면 좋겠어요. 저는 생존자의 입장에서 볼 수밖에 없으니까요."

앞에서 제시한 '미 해군특수부대'의 사례와 '전차문제의 존스'사례, 그리고 내용은 다르지만 '직장 내 회계 부정'사례는 무엇이 윤리적 판단인지에 대한 고민과 갈등, 논쟁을 유발시키고 있다. 이들 딜레마 상황에 대한 철학적 접근은 다양할 수가 있다. 그러나 철학 역사를 통해 가장 대표적으로 논의되고 있는 이론은 크게 두 가지, 즉 결과론과 의무론이다. 행위의 결과를 놓고 윤리적인지 아닌지를 저울질할 것이냐, 아니면 인간의 의무감에서 판단할 것이냐에 관한 이론이다. 두 가지 철학이론을 중심으로 윤리적 판단의 타당성에 대해 논의하기로 한다.

결과론적 윤리는 흔히 목적론적teleological 윤리체계라고 부르며, 인간 행동의 결과에 초점을 맞추어 윤리적 판단의 기준으로 삼는 이론이다. 인간의 모든 행위는 그 행위가 바람직한 결과를 성취한 정도에 비추어 평가되며, 따라서 옳고 그름 그리고 의무의 개념은 목적 혹은 목표의 개념에 종속된다(이관춘, 2013:198). 결과론적 윤리에 속하는 대표적인 이론은 윤리적 이기주의와 공리주의를 들 수 있다.

이와는 대조적으로 의무론적 윤리체계에서는 개인행동의 윤리적 기준은 행동의 결과와는 관계없이 인간의 의무 그 자체를 위해 의무를 수행할 때, 즉 의무감에서 수행할 때 비로소 윤리적인 행위가 된다는 입장이다. 여기에는 19세기 독일 철학자인 이마누엘 칸트의 의무론이 대표적이다. 여기서는 이들 세 이론을 중심으로 앞의 사례와 연결시켜 논의하기로 한다.

2. 결과론적 윤리

직장생활을 하면서 윤리적인 선택을 해야 하는 상황에 부딪히게 될 때 나는 무엇을 기준으로 선택할 것인가? 이 물음에 대해 답이라고 할 수 없는 답을 제시하는 이론이 윤리적 이기주의다.

1) 윤리적 이기주의와 윤리적 판단

윤리적 이기주의는 기원전 4세기 에피쿠로스의 윤리학에서 기원을 찾을 수 있다. 그에 의하면, 윤리적 행동의 기준은 개인에게 육체와 정신의 고통과 불안을 제거하고 피하는 것이다.

에피쿠로스의 윤리를 지지하는 학자들은 심리학적으로 인간은 이기적인 존재이기에 이기적으로 행동할 수밖에 없다고 말한다. 심리학적으로 볼 때 "인간은 항상 그리고 반드시 자신들의 이익에 의해 동기가 유발된다."는 것이다. 이를 근거로 한 윤리적 이기주의의 기본적인 주장은 "자신의 이익이야말로 옳은 행위를 위한 유일한 표준"이 된다. 다시 말해, 오로지 개인의 이익과 행복을 증대시키는 행동이면 윤리적이라는 주장이다. 위의 세 가지 사례에서 제시한 딜레마 상황에서 주인공들이 윤리적 이기주의에 기초해 판단을 한다면 아마도 다음과 유사한 행동을 할 것이다.

〈윤리적 이기주의에 따른 판단〉

- 미 해군특수부대 루트렐 하사: 자신의 안전을 최우선적으로 고려해 비밀정찰 임무를 거부 또는 포기하고 복귀한다.

- 보험회사 이고민 과장: 윤리적 의무감이 아닌, 자신에게 돌아올 책임추궁을 피하기 위해 부장에게 보고한다.
- 전차문제의 대프니 존스: 브레이크 고장 난 전차가 질주하는 것을 보고 그저 방관한다.

윤리적 이기주의는 외견상 타당한 것처럼 보일 수도 있다. 인간은 누구나 자신을 사랑하며, 자신의 이익과 행복, 쾌락을 추구하기 때문이다. 그러나 조금만 생각해보면 이런 주장은 타인과 함께 사회생활을 해야 하는 인간 공동체의 입장에서 볼 때 윤리적 행동의 기준이 될 수 없음을 쉽게 알 수 있다.

윤리적 이기주의가 정당화되려면 직업세계에서 개인 간, 조직 간에 이익의 충돌이 없다는 전제가 있어야 한다. 이익의 충돌이 있을 때 윤리적 이기주의는 내적 모순에 빠지기 때문이다. 즉, 똑같은 상황에서 자신도 이익추구를 해야 하고 남도 이익추구를 해야 한다는 모순에 빠지게 되어 문제를 해결하지 못하게 된다. 직장 내에서 발생하는 부정, 부패 등 다양한 비윤리적 행위들을 윤리적 이기주의로 정당화시킬 수는 없기 때문이다.

따라서 윤리적 이기주의는 윤리 이론으로 인정받지 못하고 있다. 피터 싱어(Singer, 1996)의 비판대로 "어떻게 내 자신의 행복 증진만을 목적으로 하는 행위를 정당화할 수 있겠는가?" 다른 사람들이 그들의 행복보다 나의 행복을 더 중요한 것으로 생각해야만 하는 이유가 무엇인가 하는 물음이다. 그러나 회사의 목전의 이익을 위해 "가습기가 유해하다는 해외보고서를 수차례나 은폐"(서울경제, 2016. 6. 4.)한 기업 사례에서 보듯 아직도 많은 부패한 기업이나 직업인들이 자신도 모르는 사이에 윤리적 이기주의에 기초해 행동을 선택하고, 그 결과 불명예스러운 종말을 맞는 경우를 수없이 목격하고 있다.

Q 주제2 돌발퀴즈 (1)

다음 중 윤리적 이기주의에 대한 바른 설명을 고르시오.

1) 소크라테스의 철학으로 거슬러 올라갈 수 있다.
2) 직장에서의 윤리적 딜레마를 해결하는 표준이 된다.
3) 사회에서 존경 받는 직장인들이 채택하는 행동의 기준이다.
4) 남과의 이익의 충돌이 있을 때 내적 모순에 빠지게 된다.

2) 공리주의와 윤리적 판단

공리주의의 대표적인 철학자는 18세기 영국의 제러미 벤담(Bentham, 1748~1832)과 19세기의 존 스튜어트 밀(Mill, 1806~1873)이다. 도덕철학자이자 법 개혁가인 벤담은 '최대 다수의 최대 행복'이란 공리주의 관점에서 영국의 법체계를 개혁하는 일에 일생을 바쳤다. 벤담은 '공리', 즉 공공복리의 극대화라는 극단적인 사회주의적 입장을 고수했다. 이에 기초해 그는 잉글랜드의 채무자 감옥 폐지, 의회 대의제 개혁, 모든 계급이 평가를 거쳐 공직을 맡게 하는 제도의 수립 등에 큰 영향을 미쳤다.

공리주의의 핵심 사상은 간결하며, 언뜻 들어도 마음에 와 닿는다. 행위의 옳고 그름은 전적으로 그 결과에 달렸으며, 도덕의 최고 원칙은 행복을 극대화하는 것, 쾌락이 고통을 넘어서도록 하여 전반적으로 조화를 이루는 것이란 주장이다. 벤담에 따르면 옳은 행위는 공리功利, 유용성를 극대화하는 모든 행위다. 그가 말하는 공리란 쾌락이나 행복을 가져오고 고통을 막는 것 일체를 가리킨다(Sandel, 2010:55).

벤담에 따르면 인간은 모두 고통과 쾌락이라는 감정에 지배된다. 이 감정은 우리의 '통치권자'다. 이는 모든 행위를 지배할 뿐만 아니라 무엇을 해야 하는

〈주제2 돌발퀴즈 (1)〉 [정답] 4)

지도 결정한다. 옳고 그름의 기준의 "그의 주권에 달렸다."(Sandel, 2010:55) 그에 의하면, 이런 원칙은 개인만이 아니라 입법자에게도 해당한다. 정부는 법과 정책을 만들 때 공동체 전체의 행복을 극대화하는 일은 무엇이든 해야 한다. 그는 정부의 입법자들은 이렇게 물어야 한다고 말한다. 즉 "우리가 이 정책에서 얻는 이익을 모두 더한 뒤에 총비용을 빼면, 다른 정책을 펼 때보다 더 많은 행복을 얻을까?"

이들 공리주의의 기본 규범은 다음과 같이 정리할 수 있다.

- 만약 한 행위가 가능한 모든 사람에게 가장 많은 쾌락과 행복을 가져다 준다면 그것은 옳다.
- 그렇지만 한 행위가 가능한 모든 사람에게 고통과 불행을 초래한다면 그것은 그르다.

공리주의자에게는 어떤 행위도 그 자체로서 도덕적으로 그르지 않으며, 행위의 옳고 그름은 오직 결과에 달려있게 된다.

앞의 첫 번째 사례로 다시 돌아가 보자. 미군 특수부대는 두 가지의 도덕원칙이 충돌하면서 도덕적 딜레마에 빠진 것이다. 하나는 다수의 특수부대원들의 생명을 보장하기 위해 염소치기 세 명을 죽이는 것이 옳다는 생각이며, 다른 하나는 무고한 민간인들의 생명을 해쳐서는 안 된다는 마음속에서 우러나오는 어떤 의무감을 따르는 게 옳다는 생각이다.

그 당시 특수부대를 이끌었던 루트렐 하사는 중상을 입고 산 아래로 굴러 떨어지는 바람에 간신히 목숨을 건져 11킬로미터를 기어서 파슈툰 마을에 도착해 그곳 주민들의 도움으로 살아났다. 그는 자신의 결정을 후회하며 그때 염소치기들을 죽였어야 했다고 말했다. 그랬다면 끔찍한 전투가 벌어져 열아홉 명의 미군이 죽는 일은 없었을 것이며 자신도 부상당하는 일이 없었을 것이기 때문이다. 루트렐 하사가 나중에 후회한 것처럼 죄 없는 염소치기 세 명을 죽여서 더 큰 미군의 인명손실을 막겠다는 결정을 했다면 이는 공리주의 원칙을 따른 것이다.

〈미 해군특수부대의 공리주의 판단〉

- 세 명의 염소치기 석방 → 특수부대를 포함한 많은 아군의 희생 가능성
- 세 명의 염소치기 살해 → 특수부대를 포함한 많은 아군의 희생 예방
- 공리주의 판단 : 세 명의 염소치기 살해

두 번째 사례인 생명보험회사 이고민 과장이 공리주의적 판단을 한다면 어떻게 할 것인가? 공리주의자로서 이 과장은 자신의 판단이 불러올 결과를 우선적으로 고려할 것이다. 어떤 결과가 가능한 모두에게 이익과 행복을 가져다 줄 것인지를 고민하는 것이다.

먼저, 회계부정을 감추면 여직원과 그 가족(세 명의 아이들)에게 이익과 행복을 줄 수 있다. 그러나 회사 입장에서는 당장은 고통은 적겠지만 부정을 눈감아 준 결과 장기적으로 회사 구성원 모두에 미치는 부정적 결과를 고민해야 한다. 다음, 회계부정을 부장에게 알리면 여직원과 그 가족의 고통은 극대화될 것이다. 퇴사를 당하게 될 수도 있을 것이다. 반면 회사는 작은 회계부정도 엄벌함으로써 장기적인 관점에서 회사 구성원 모두에게 이익이 될 수 있다. 고민을 거듭하던 이고민 과장은 공리주의와 의무론적 관점을 통합시키는 판단을 하게 된다. 이 과장은 여직원을 설득하여 함께 부장을 찾아가 자초지종을 설명하고 용서를 구한다. 부장은 회계부정이 처음이고 금액도 소액이며 경제적 어려움을 감안해 경미한 징계를 내리는 선에서 마무리 짓게 된다.

〈보험회사 과장의 공리주의 판단〉

- 회계부정 사실 보고 → 여직원: 고통의 극대화 / 회사: 장기적 관점에서 행복
- 회계부정 사실 묵인 → 여직원: 행복의 극대화 / 회사: 장기적 관점에서 고통
- 이 과장의 판단 : 여직원과 함께 부장에게 사실대로 보고 → 선처 받음

세 번째 사례인 전차문제의 존스 양이 직면한 상황은 미 해군특수부대와 유사한 구조를 지닌다. 존스는 다섯 명이 죽는 것보다 한 명이 희생되는 것이 낫다는 공리주의적 판단을 했다. 존스의 변호인단은 제러미 벤담의 철학을 인용하여 "최대 다수의 행복을 극대화하는 데 쓸모 있는 것이면 무엇이든 좋다."는 논리로 존스를 영웅으로 칭송해야 마땅하다고 주장한다.

〈전차문제 존스의 공리주의 판단〉

- 전환기 손잡이 당김 → 본선의 다섯 명 구함 / 지선의 한 명 살해
- 전환기 손잡이 당기지 않음 → 본선의 다섯 명 사망 / 지선의 한 명 구함
- 존스의 판단 : 전환기 손잡이 당김

3) 공리주의의 한계

공리주의는 다른 철학이론과 마찬가지로 그 자체로 한계를 지닌다.

첫째, 무엇보다 공리주의는 다수를 위한 행위의 결과에 초점을 맞추기 때문에 그러한 유용성의 원리는 소수의 사람 혹은 약자를 위한 불의를 묵인한다는 비판을 받는다. 예를 들어, 미국의 월마트는 회사 규모로 세계 1위의 소매기업이다. 전 세계 1억4천만 명의 고객을 상대로 연간 2,900억 달러어치의 물건을 파는 공룡기업이다. 그러나 종업원의 열악한 근무조건, 노동착취 문제로 비판

을 받기도 한다. 하지만 공리주의 입장에서 보면 종업원 노동착취 문제는 효용을 극대화할 수 있는 최선의 방법일 뿐이다.

둘째, 공리주의자는 '선을 극대화하라'고 말하지만 그 선을 규명하고 서열화하는 문제를 안게 된다. 즉, 행복과 우정을 모두 증진하도록 해야 할 상황이라면 어느 가치를 우선시해야 하는가? 그리고 그 기준과 조건은 무엇인가? 하는 문제를 안게 되는 것이다.

셋째, 선한 동기로 행한 행위가 악한 결과를 가져오는 경우, 반대로 그릇된 동기를 가진 행위가 옳은 결과를 가져오는 경우의 문제를 해결하지 못한다.

넷째, 공리주의에서는 유용한 것이 선하다고 한다. 그러나 윤리적으로 선한 것이 유용한 것이 되지 못하는 경우, 유용한 것은 많은 경우에 윤리적으로 선한 것이 되지 못한다.

Q 주제2 돌발퀴즈 (2)

공리주의의 한계점에 관한 설명이다. 괄호 안에 들어갈 말은?

선한 (   )로 행한 행위가 악한 결과를 가져오는 경우, 반대로 그릇된 (   )를 가진 행위가 옳은 결과를 가져오는 경우의 문제를 해결하지 못한다.

3. 의무론적 윤리판단

앞의 미군 특수부대 사례를 보자. 보편적 인권을 믿는 사람이라면 무고한 염소치기들을 죽이지 못했을 것이다. 루트렐 하사 역시 고민 끝에 염소치기들을 살려주었다. 그는 공리주의자는 아닌 것이다. 그들은 선택의 결과에 관계없

〈주제2 돌발퀴즈 (2)〉 [정답] 동기

이 민간인을 희생시켜서는 안 된다는 의무론적 관점에서 윤리적 선택을 한 것이다. 의무론적 윤리의 대표적인 철학자는 18세기 독일의 이마누엘 칸트(Kant, 1724~1804)다.

칸트에 따르면 행동의 결과와는 관계없이 인간의 의무 그 자체를 위해 의무를 수행할 때 비로소 윤리적인 행위가 된다. 칸트는 단지 의무 동기만이 어떤 행동에 도덕적 가치를 부여한다고 말할 뿐, 우리에게 특별히 어떤 의무가 있는지는 말하지 않는다. 도덕의 최고 원칙이 무엇을 명령하는지도 말해주지 않는다(Sandel, 2010:158). 다만 우리가 어떤 행동의 도덕적 가치를 평가할 때 그 동기를 따질 뿐, 결과를 따지지 않는다고 말할 뿐이다. 따라서 어떤 행동의 도덕적 가치는 그 결과가 아니라 동기에 있다. 중요한 건, 옳기 때문에 옳은 일을 하는 것이다. 그 이면에 다른 숨은 동기가 있어서는 안 된다는 것이다.

많은 글로벌 기업들이 칸트의 의무론적 윤리를 윤리적 판단의 지침으로 삼고 있다. 예를 들어, 타이코 인터내셔널Tyco International의 윤리행동지침은 부제가 "옳은 일 하기Doing the right thing"다. 다시 말해, '옳은 일을 하는 것'은 그 이유를 따질 수 없는 그 자체로 '옳은' 보편적인 진리라는 것이다.

〈타이코 인터내셔널 윤리행동 지침〉

우리는 옳은 일을 한다. 왜냐하면 그것이 옳은 일이기 때문이다.
We do the right thing, because it is the right thing.

이마누엘 칸트는 다른 어떤 철학자보다 개인의 의무와 권리에 대해 명확하고 영향력 있는 설명을 제시한다. 자유주의의 선구자답게 칸트는 인간은 그 자체가 목적으로서 존엄한 존재라고 주장한다. 인간이 존엄한 이유는 신의 피조물이기 때문이 아니라 인간이 이성적 존재이기 때문이다. 또한 인간은 이성을 가지고 있기에 자유롭게 행동하고 선택할 능력이 있는 존재다. 따라서 칸트에 따르면 공리주의가 주장하는 것처럼 개인의 권리는 집단적 행복의 도구로 취급되거나 공리에 좌우될 수 없는 것이다.

1) 정언명령에 따르라

칸트가 제시하는 윤리적 선택의 기준은 한 마디로 정언명령을 따르라는 것이다. 정언定言명령은 가언假言명령과 구분된다. 가언명령은 이성을 도구로 활용한다. 이를테면, '남에게 신뢰받길 원한다면 정직하라'는 식이다. 반면에 언제나 조건이 따라붙는 가언명령과는 대조적으로 정언명령은 조건이 없이 그 자체로 바람직하고 이성에 부합하는 것이다. 칸트는 논리적으로 맥락을 같이 하는 두 가지 정언명령을 제시한다.

정언명령 I: 당신의 행동준칙을 보편화하라

보편적 법칙이 되어야 한다고 주장할 수 있는 그런 준칙을 따르라는 것이다. 다시 말해, "행동준칙에 따라 행동하되, 이는 보편적 법칙이 되어야 한다고 주장할 수 있는 준칙이라야 한다." 예를 들어, 우리가 어떤 행위를 선택할 때 그 행위가 선한가 악한가를 판단하기 위해 우리는 똑같은 상황에서 다른 모든 사람이 나와 똑같이 행동하기를 나 자신이 기꺼이 바랄 수 있는지를 자기 자신에게 되물어 보라는 것이다.

이를 위해서는 먼저 개인의 흥미나 욕구, 동정심, 기호 같은 경험적 요소에 기초한 윤리적 판단을 배격하라고 강조한다. 이러한 요소들은 가변적이고 우연적이라서 보편적인 도덕적 원칙이 되기 어렵기 때문이다.

정언명령 II: 인간을 목적으로 대하라

두 번째 공식은 인간을 목적으로 대하라는 것이다. 칸트는 그 자체가 목적이면서 존재만으로도 절대적 가치를 지니는 존재가 바로 인간이라고 말한다. 인간은 이성적 존재이기 때문에 자유롭게 행동하고 선택할 능력이 있으며 따라서 누구나 존중받을 가치가 있는 존재인 것이다. 따라서 인간은 임의로 사용되는 수단이 아니라 그 자체가 목적으로 존재한다는 것이다. 칸트는 말한다. "나 자신이든 다른 어떤 사람이든, 인간을 절대 수단으로 다루지 말고, 언제나 한결같이 목적으로 다루도록 행동하라."

2) 세 가지 딜레마 해법

그렇다면 의무론적 관점에서 볼 때, 앞의 사례들은 어떻게 판단해야 할 것인가? 먼저 미 해군특수부대의 사례를 보자. 리더인 루트렐 하사는 앞서 언급한 대로 무고한 세 명의 염소치기를 살해하지 않았다. 무장하지 않은 민간인을 냉정하게 죽이는 것은 잘못이라는 내면의 의무감에 따르기로 결정한 것이다. 또한 그들을 자신과 부대원들의 안전을 위한 수단 혹은 도구로 취급하지 않고 존엄한 목적 그 자체로 다루기를 판단한 것이다.

두 번째 사례인 보험회사 회계부정으로 가 보자. 이고민 과장은 어떤 판단을 해야 의무론에 충실한 것인지를 고민한다. 결국 그는 '거짓말하지 말라'는 정언명령에 따르기로 하고 부장에게 사실대로 보고한다. 단, 여직원의 어려운 경제형편을 설명하고 선처를 부탁한다.

세 번째 사례의 주인공인 존스는 지금 검찰에 기소되어 여론법정에 나와 있다. 배심원들 중 몇 몇은 "자기가 뭔데 신처럼 행동하는가? 누구를 살리고 누구를 죽일지 결정할 권한을 누가 그녀에게 주었는가?"란 질문을 던졌다. 배심원들은 우리가 어느 시점에는 권리문제를 고려할 수밖에 없다고 말한다. 캘리포니아대 철학교수인 한 배심원은 이마누엘 칸트를 인용했다. 칸트는 사람을 그 자체로 목적이 아니라 단지 수단으로 취급하는 것은 무조건 잘못이라고 주장했음을 강조한다. 죽음을 당한 한 명은 수단으로 이용된 것이며, 인격을 침해받지 않을 권리, 목숨을 빼앗기지 않을 권리를 존중받지 못했다는 것이다. 그에게는 고의로 희생되지 않을 권리가 있었으나, 목숨을 건진 다섯 명에게는 구원받을 특별한 권리가 없었다고 주장하는 철학교수도 있었다. 많은 배심원들은 칸트의 의무론적 관점에서 볼 때 존스는 유죄라고 주장하는 것이다.

〈세 가지 사례의 의무론적 판단〉

- 미 해군특수부대 루트렐 하사 : 세 명의 염소치기를 살려주어야 한다.
- 보험회사 이고민 과장 : 부장에게 회계부정에 대해 거짓말하지 말아야 한다.
- 전차문제의 존스 : 본선의 다섯 명을 살리려고 지선의 한 명을 죽게 해서는 안 된다.

Q 주제3 돌발퀴즈

의무론적 윤리를 설명한 내용 중 올바른 것은?

1) 인간을 수단이 아닌 목적으로 대해야 한다.
2) 나에게 돌아올 평판이 두려워 거짓말을 하지 않는다.
3) 최대 다수에게 최대의 효용이 돌아가게끔 결정을 한다.
4) 행동의 동기보다 결과가 중요하다.

〈주제3 돌발퀴즈〉 [정답] 1)

평가문제

1. '자신의 이익이야말로 옳은 행위를 위한 유일한 표준'이라는 주장과 관계가 있는 것은?
   1) 에피쿠로스 학파의 주장으로 의무론적 윤리라 부른다.
   2) 제러미 벤담의 주장으로 영국을 중심으로 발전하였다.
   3) 윤리적 이기주의의 주장으로 도덕적 딜레마의 해결 방안이 되지 못한다.
   4) 자신의 이익 추구 행위가 결국 모두에게 이익이 된다는 의미다.
   5) 최대다수의 최대행복의 원리다.

2. 의무론적 윤리와 관계있는 내용을 올바로 묶은 것은?
   1) 제러미 벤담: 최대 다수의 효용을 증가시켜라.
   2) 소포클레스: 자신의 이익을 우선시 하라.
   3) 존 스튜어트 밀: 보편적 법칙을 따르라.
   4) 소크라테스: 너 자신을 알라.
   5) 칸트: 인간을 목적으로 대하라.

3. 공리주의 윤리에 관한 설명으로 맞으면 O, 틀리면 X 표를 하시오.
   1) 미군 특수부대 사례에서 미군이 염소치기를 살려주기로 결정한 윤리 원칙이다. (　　　)
   2) 제러미 벤담과 존 스튜어트 밀이 주장한 윤리 원칙이다.(　　　)
   3) "만약 한 행위가 가능한 모든 사람에게 가장 많은 쾌락과 행복을 가져다준다면 옳은 행위다."(　　　)
   4) "너의 양심에 따라 행동하라."(　　　)
   5) 다수를 위한 행위의 결과에 초점을 맞추기 때문에 소수를 위한 불의를 묵인한다는 비판을 받을 수 있다.(　　　)

평가문제 정답 및 해설

1. [정답] 3)

[해설] 윤리적 이기주의의 주장으로 자신도 이익추구를 해야 하고 남도 이익추구를 하는 딜레마 상황에서 문제를 해결하지 못하게 된다.

2. [정답] 5)

[해설] 칸트는 두 번째 정언명령으로 인간을 목적으로 대하라고 주장한다.

3. [정답]: 1) x 2) o 3) o 4) x 5) o

[해설] 1)은 의무론적 윤리이며, 4)는 공리주의와는 관계가 없다.

정리하기

1. 윤리적 판단의 기준

- 윤리적인 행동을 위해서는 먼저 윤리적인 판단을 할 수 있어야 한다.
- 국내외 기업들은 윤리강령을 통해 윤리적 판단의 가이드라인을 제시한다.
- 제너럴 일렉트릭은 '정직과 신뢰성'이 핵심인 윤리강령을 제시한다.
- 휴렛팩커드는 기업의 평판이 중요하며, 그 평판은 정직과 공정에 있다는 점을 강조한다.
- 인터내셔널 페이퍼는 윤리는 회사가 투자한 인적 자원을 유지할 수 있는 수단인 동시에 핵심인재를 끌어올 수 있는 매력 포인트임을 강조한다.
- 인터내셔널 페이퍼의 윤리관련 테스트 문항이 적힌 카드에 명문화된 간이 테스트는 윤리적 판단의 6가지 기준을 제시한다.

  첫째, 내 행동이 합법적인가?

  둘째, 내가 과연 공명정대하고 정직한 행동을 하고 있는가?

  셋째, 나의 행동이 시간이 지나도 과연 옳다고 여겨질 것인가?

  넷째, 나중에 스스로 어떻게 느낄 것인가?

다섯째, 오늘 밤 편히 잘 수 있을까?

여섯째, 내 아이에게 무엇이라고 말할 수 있을까?

- 에릭슨의 윤리강령은 "에릭슨의 사업수행 방침에서 변함없는 특징은 정직과 윤리임을 강조한다.
- 철학 역사를 통해 대표적으로 논의되고 있는 윤리 판단 이론은 결과론과 의무론이다.
- 결과론적 윤리는 목적론적 윤리체계라고 부르며, 인간 행동의 결과에 초점을 맞춘다.
- 즉, 인간의 모든 행위는 그 행위가 바람직한 결과를 성취한 정도에 비추어 평가되며, 따라서 옳고 그름 그리고 의무의 개념은 목적 혹은 목표의 개념에 종속된다.
- 결과론적 윤리에 속하는 대표적인 이론은 윤리적 이기주의와 공리주의를 들 수 있다.

2. 결과론적 윤리

- 윤리적 이기주의의 주장은 '자신의 이익이야말로 옳은 행위를 위한 유일한 표준'이 된다.
- 공리주의의 주장은 행위의 옳고 그름은 전적으로 그 결과에 달렸다는 것이다.
- 따라서 도덕의 최고 원칙은 행복을 극대화하는 것, 쾌락이 고통을 넘어서도록 하여 전반적으로 조화를 이루는 것이다.

3. 의무론적 윤리판단

- 의무론적 윤리체계에서는 인간의 의무 그 자체를 위해 의무를 수행할 때, 즉 의무감에서 수행할 때 비로소 윤리적인 행위가 된다는 입장이다.
- 의무론은 18세기 독일 철학자인 이마누엘 칸트가 대표적이다.
- 칸트가 제시하는 윤리적 선택의 기준은 정언명령을 따르라는 것이다.

참고하기

서울경제, 2016. 6. 4. 옥시, 가습기 유해 해외보고서 수차례 은폐.

이관춘(2013). 직업은 직업이고 윤리는 윤리인가(3판). 서울: 학지사.

Cathcart, T. (2015). 누구를 구할 것인가(노승영 역). 경기: 문학동네.

Lennick, D. (2010). 이제는 도덕이다(정준희 역). 서울: 북스넛.

Sandel, M. (2010). 정의란 무엇인가(이창신 역). 경기: 김영사.

Singer, P. (1997). 이렇게 살아가도 괜찮은가(정연교 역). 서울: 세종서적.

제5강

직업윤리란 무엇인가

1. 직업윤리와 개인윤리
2. 개인윤리의 두 가지
3. 직업윤리의 2단계 실행 전략

학습개요

직업윤리의 의미 및 개인윤리와의 조화의 중요성을 이해하고 직업윤리의 2단계 실천 방안을 설명할 수 있다.

학습목표

1. 직업윤리의 의미를 설명할 수 있다.
2. 직업윤리와 개인윤리와의 조화가 중요함을 설명할 수 있다.
3. 직업윤리의 2단계 실천 방안을 설명할 수 있다.

주요용어

직업윤리, 개인윤리, 규범준수, 이해관계자, 배려

시작하기

〈사례 소개〉

지금까지 우리는 직업이란 무엇인지에 대해, 그리고 윤리란 무엇인지, 윤리적 판단의 기준은 무엇인지에 대해 각각 생각해 보았습니다. 오늘은 직업과 윤리를 합한 직업윤리란 무엇인지에 대해 학습해 보도록 하겠습니다. 먼저, 직업윤리가 무엇인지를 생생하게 보여 주는 감동적인 실화를 들어보겠습니다(출처: 김덕수, 2013).

〈사례 내용〉

〈어느 전투기 조종사의 유언장〉

내가 죽으면 우리 가족은 내 죽음을 자랑스럽게 생각하고 담담하고 절제된 행동을 했으면 좋겠다. 부대장을 치러주는 부대에 피해가 가지 않도록 요구 사항과 장례절차를 줄여야 한다. 무슨 일이 있어도 돈으로 마찰을 빚는 일은 말아야겠다. 위로금 일부를 떼어 반드시 부대와 대대에 감사 표시를 해야 한다. 돈 문제와 조종사의 죽음을 결부시킴으로써 대의를 그르치는 일은 일절 없어야 한다. 조국이 나를 위해 장례를 치러주는 것은 조종사인 나를 조국의 아들로 생각하기 때문이다.

그러니 이 말을 명심해 가족의 슬픔만 생각하고 경거망동하지 말아야 한다. 나로 인해 조국의 재산이 낭비되고 공군의 사기가 실추되었음을 깊이 사과해야 한다. 군인은 오로지 '충성'만을 생각해야 한다. 세상이 아무리 타락해도 군인은 변치 말아야 한다. 영원한 연인, 조국을 위해 오로지 희생만을 보여야 한다. 그것이 대한민국 전투기 조종사의 운명이다.

〈강의 안내〉

지난 2010년 3월, 전투기를 갓 몰기 시작한 후배 조종사의 비행훈련을 돕기 위해 F-5F 전투기에 동승했다가 추락 사고로 순직한 조종사가 있었습니다. 오충현 공군 중령입니다. 오충헌 중령은 공사(38기)를 수석 졸업한 인재였고, 비행시간도 2천8백 시간이나 되는 베테랑 조종사였습니다. 그는 공군 역사상 비행훈련 중 순직한 첫 번째 비행대대장으로 기록되었을 만큼 솔선수범과 책임정신이 투철했던 지휘관이었습니다.

오충현 중령의 이야기가 군인들은 물론 국민을 더욱 감동시킨 것은 사고로 순직한 후 발견된 그의 일기 때문이었습니다. 그는 1992년 12월 동료 조종사의 장례식장을 다녀오면서 마치 18년 후에 있을 자신의 유언처럼 일기를 써 두었는데 그 일기가 유언장이 되었던 것입니다. 오충현 중령이 순직한 후 일기를 찾아낸 부인은 남편의 당부대로 소속 부대였던 강릉 전투비행단에 성금 300만 원을 전달했다고 합니다.

오충현 중령의 일기를 읽은 사람들 가운데는 가슴에서 뜨거운 기운이 울컥 솟구치고 마음속에 커다란 위안을 받은 사람이 많았을 것입니다. 조종사들이 가장 듣고 싶어 하는 말이 '알투비R2B'라고 합니다. 오 중령도 리턴 투 베이스, 즉 무사귀환을 염원하면서 어느 직업보다 죽음의 위험성에 노출되어 산 전투기 조종사였을 것입니다. 그럼에도 불구하고 자신의 직무가 요구하는 조국애와 투철한 직업윤리의식을 온몸으로 보여 준 우리시대의 영웅이라 할 수 있습니다.

우리 사회가 아무리 물신풍조에 젖어 이기주의와 보신주의가 판친다 해도, 보이지 않는 곳에서 자신의 직무를 철저히 그리고 윤리적으로 수행하고 있는 사람들이 있다는 것에 무한한 위로를 받게 됩니다.

그럼, 이번 시간에는 직업윤리란 무엇이고, 왜 중요한지, 그리고 직업윤리를 실천하는 2단계 방안에 대해 함께 살펴보도록 하겠습니다.

학습하기

1. 직업윤리와 개인윤리

1) 직업윤리의 의미

일반적으로 직업윤리는 "사람들의 직업적 활동에 있어서 무엇이 옳고 그른지, 무엇이 선하고 악한 것인지에 대해 공통적으로 갖고 있어야 할 기준이자 규범"(Shaw & Barry, 1995:3)이라고 정의할 수 있다. 직장인 모두가 각자의 직업에 종사하는 과정에서 요구되는 특수한 윤리규범인 것이다.

그러나 직업윤리를 '개개의 직업인이 직업 활동을 하면서 직면하는 윤리적 문제'로 한정하는 것은 직업윤리의 개념을 지나치게 제한하는 것이다. 일반적으로 직업윤리라 하면 직업 활동에서 부딪히는 윤리적 문제는 물론 직업에 대한 의식, 신념, 가치, 태도 등을 포괄하는 개념으로 인식되고 있기 때문이다. 따라서 넓은 의미로 해석할 때 직업윤리는 '사회에서 직업이 차지하는 역할, 직업인의 행위 등에 함축되어 있는 윤리 및 가치와 관련된 모든 주제를 포함한다.'(Bayles, 1995:21)고 보아야 한다. 이렇게 볼 때 직업윤리는 단순히 협소한 윤리 이론의 적용이 아니라 고객과 직업인 간의 관계에서 발생하는 윤리문제, 고객을 위해서 행한 직업적 행위가 제삼자에게 끼치는 영향 등을 포함하는 광의의 개념으로 이해해야 한다.

앞에서 우리는 윤리는 반성적 도덕이라는 관점에서 습관적인 도덕규범과 개념을 달리한다는 점을 배웠다. 직업윤리도 같은 개념에서 생각해 볼 수 있다. 즉, 직업에서 무엇을 해야 하고, 무엇을 하지 말아야 한다는 일련의 규칙을 엄격히 준수하는 것에 관심을 두는 것은 좁은 의미의 직업윤리다.

직업윤리는 직업 활동에서 요구되는 윤리는 무엇이며, 그것이 직장인 자신과 조직, 사회를 위해 왜 필요하고 타당한지에 대한 철학적 반성을 하는 학문이라고 할 수 있다. 다시 말해, "직장인 각자가 어떻게 살아야 의미 있는 직장생활이 될 것인지에 대한 반성"이라 할 수 있다. 이렇게 직업윤리를 폭넓게 이해할 때 직업에서의 윤리적인 생활이 자기를 실현하는 수단이 될 수 있을 것이다.

2) 직업윤리와 개인윤리의 조화

직업윤리는 개인윤리에 비해 특수성을 지닐 수가 있다. 예를 들면, 개인윤리의 덕목에는 타인에 대한 물리적 행사(폭력)가 절대 금지되어 있지만, 경찰이나 군인 등의 경우에는 필요한 상황에서 폭력행사가 허용된다는 점을 생각하면 쉽게 이해될 것이다. 직업윤리와 개인윤리는 다음과 같이 조화를 이루게 된다(한국산업인력공단, 2008:58).

- 업무상 개인의 판단과 행동이 사회적 영향력이 큰 기업시스템을 통하여 다수의 이해관계자와 관련되게 된다.
- 수많은 사람이 관련되어 고도화된 공동의 협력을 요구하므로 맡은 역할에 대한 책임완수가 필요하고, 정확하고 투명한 일 처리가 필요하다.
- 규모가 큰 공동의 재산, 정보 등을 개인의 권한 하에 위임・관리하므로 높은 윤리의식이 요구된다.
- 직장이라는 특수 상황에서 갖는 집단적 인간관계는 가족관계, 개인적 선호에 의한 친분관계와는 다른 측면의 배려가 요구된다.
- 기업은 경쟁을 통하여 사회적 책임을 다하고, 보다 강한 경쟁력을 키우기 위하여 조직원 개개인의 역할과 능력이 경쟁상황에서 적절하게 꾸준히 향상되어야 한다.
- 각각의 직무에서 오는 특수한 상황에서는 개인적 덕목차원의 일반적인 상식과 기준으로는 규제할 수 없는 경우가 많다.

3) 직업윤리가 우선

사회에는 전문적인 지식과 기술 혹은 노하우가 필요한 전문직이 있다. 전문직이란 고도의 전문교육을 통해 특정한 분야의 지식과 기술을 연마하고 자격이나 면허를 취득함으로써 독립적이고 자율적으로 해당 분야의 서비스나 제품을 제공하는 직업이다. 이들 전문직에서도 개인윤리와 직업윤리가 충돌하거나 갈등을 빚을 수도 있다. 이 경우 전문인들은 개인윤리에 앞서 직업에서 요구하는 윤리규범을 따라야 하는 것이다(Kizza, 1998:35).

윤리의 우선순위 지역사회 윤리 〉 직업윤리 〉 개인윤리

예를 들어, 어느 병원에 근무하는 의사가 있는데 그 병원과 지역사회에서는 안락사를 금지하고 있다. 그런데 만일 환자 가족으로부터 연명치료 중인 환자의 생명을 끊을 수 있게 도와달라는 부탁을 받았다고 하자. 이 경우 의사는 개인적으로는 안락사를 찬성한다 해도 지역사회 윤리, 그 다음 직업윤리 순서로 확인해 결정해야 하기 때문에 안락사를 시켜서는 안 되는 것이다.

그러나 직업윤리가 직업에 따른 특수성을 지닌다고 해도 직업윤리가 개인윤리와 구분된다는 생각은 잘못이다. 윤리의 성격은 동일하나 단지 그 윤리를 적용하는 방식이 직업에 따라 차이가 있는 것일 뿐이다. 예를 들어, 생명의 존엄성 가치는 개인윤리나 직업윤리나 동일하지만, 그 가치를 실현시키기 위한 방법이 경찰직이나 의료직 등 직업에 따라 다를 수 있다는 것이다.

일본에서 '경영의 신'으로 불리며 가장 존경받는 기업가로 꼽히는 교세라 그룹 명예회장 이나모리 가즈오(2005)는 저서 『카르마 경영』에서 직업윤리와 개인윤리와의 관계를 다음과 같이 결론짓고 있다. "경영도 인간을 상대로 하는 것이므로 경영에서 해야 할 것과 해서는 안 되는 것 역시 인간으로서 옳고 그른 것, 해도 되는 것과 안 되는 것 등 인간을 인간답게 만드는 도덕과 윤리를 그대로 경영의 지침이자 판단 기준으로 삼았다. 나의 성공에 이유를 댄다면 단지 그 이유뿐이다."

Q 주제1 돌발퀴즈

다음 중 직업윤리에 대한 바른 설명을 묶은 것을 고르시오.

가. 직업을 가진 사람이라면 반드시 지켜야 할 공통적인 윤리규범이다.
나. 직장인이 각자의 직업에 종사하는 과정에서 요구되는 특수한 윤리규범이다.
다. 직업적 활동에 있어서 무엇이 옳고 그른지, 무엇이 선하고 악한 것인지에 대한 공통적인 기준이자 규범이다.
라. 특정한 직업, 특정한 직업인에게만 해당되는 윤리규범이다.

1) 가, 나, 라 2) 가, 나, 다 3) 나, 다, 라 4) 가, 다, 라

2. 직업윤리의 두 가지

1) 십계명과 산상수훈 윤리

윤리학자인 콜린 피셔와 앨런 로벨은 윤리를 '십계명 도덕'과 '산상수훈 윤리'의 두 가지로 구분한다(Fisher & Lovell, 2003). 십계명 도덕은 '살인하지 말라' '도둑질을 하지 말라'와 같이 해서는 안 될 행동을 구체적으로 제시한다. 옳고 그름, 선과 악의 기준을 명확히 하고, 이를 지킬 것을 요구하는 도덕규범인 것이다. 따라서 소극적이고 반응적인 특성을 지닌다. 또한 남에게 피해를 주지 말고, 피해

〈주제1 돌발퀴즈〉 [정답] 1)

를 주었다면 배상해야 함을 강조하는 '정의'의 개념과 연계된다.

십계명과는 대조적으로 산상수훈은 예수 그리스도가 제자들에게 설교하면서 칭찬했듯이 구체적인 행위와 타인에 대한 관심과 배려에 초점을 맞춘다. '마음이 온유해야 한다.' '남에게 자비를 베풀어야 한다.' 등과 같이 온유함, 자비, 순수한 마음, 평화 등을 위한 행동에 적극적으로 나설 것을 촉구한다.

2) 애덤 스미스의 두 가지 윤리

시장경제의 아버지라 불리는 애덤 스미스는 오래전에 『국부론』에 앞서 발간(1759년)한 『도덕감정론』(제3부 제4장)에서 윤리는 두 가지로 구분된다는 점을 다음과 같이 밝히고 있다(Smith, 2010).

- 마음속 공평한 관찰자가 비난할 만하다고 판단할 행위는 모두 피해야 한다.
- 마음속 공평한 관찰자가 칭찬할 만하다고 판단할 행위는 모두 추진되어야 한다.

첫 번째 규칙은 행위를 받는 사람이 분노할 행위를 금지하고, 두 번째 규칙은 행위를 받는 사람이 감사할 행위를 하라는 의미다. 다시 말해, 첫 번째 규칙은 정의justice, 즉 타인의 생명, 재산, 명예에 상처를 입히는 행위를 하지 않도록 우리에게 지시하는 것이다. 두 번째 규칙은 선행beneficience, 즉 타인의 이익을 증진시키는 행위를 하도록 우리에게 지시하는 것이다.

스미스는 경제활동을 하는 모든 사람들은 이 두 가지 규칙을 자신의 행위의 기준으로 삼아야 한다고 주장하며, 이는 의무감에서 나오는 것이라고 말한다. 이런 의무감은 인간의 생활에서 가장 중요한 원칙이며, 모든 사람들이 자신의 행동을 지도할 수 있는 유일한 원칙이라고 강조한다. 특히 이런 의무감을 통해 인간의 동물적 본능인 이기심self-interest과 자애심self-love을 제어시켜야 하고, 또

제어시킬 수 있다고 주장한다. 실제로 애덤 스미스는 "조물주는 우리를 완전히 자애自愛의 망상에 빠지도록 내버려두지 않았다."(제3부 제4장)고 강조한다. 이를 보면, 흔히 경제학자들이 주장하듯이 애덤 스미스가 경제활동에서 무제한의 이기심이 방임되어야 한다고 주장한 것이 아님을 알 수 있다.

직업윤리를 실천하는 방안도 같은 맥락에서 2단계로 구분할 수 있다. 먼저, 직업생활에서 타인에게 피해를 주지 않는 것이 우선시되어야 하며, 그 다음 한 발 더 나아가 타인의 이익을 증진시키는 행위를 해야 하는 것이다. 애덤 스미스가 강조하듯, 마음속 공평한 관찰자impartial spectator가 보기에 남이 분노할 행위를 하지 말아야 하는 것이 먼저다. 즉, 자신이 맡은 직무를 윤리적으로 수행하는 일이 사회적인 봉사나 공헌활동에 앞서 선행되어야 한다는 것이다.

3. 직업윤리의 2단계 실행 전략

1) 1단계: 규범준수

〈외다리로 서서 들어도〉

사람들이 랍비 힐렐Hilel에게 와서, 외다리로 서서 들어도 될 정도로 율법Torah을 간략하게 가르쳐 줄 수 있는지를 간청하였다. 랍비는 대답했다.

"남에게 당하고 싶지 않은 일을 남에게 하지 말라! 나머지는 모두 주석에 불과하다."

세계적 기업인 구글Google이 자사의 기업철학을 '악한 짓을 하지 말자Don't be evil!'로 정한 것은 바로 이 때문일 것이다. 비공식적인 사훈이기는 하지만 '악한 짓을 하지 않고도 돈을 벌 수 있다는 것'을 보여주자는 의미도 있다. 단기간 이익을 위해 장기간 쌓아올린 이미지, 신뢰성 등을 포기해서는 안 된다는 강력한 기업의 에토스ethos가 담긴 말이라 할 수 있다. 단순하지만 강력한 사훈의 실천으로 구글의 브랜드 가치는 글로벌 기업 가운데 최상위를 차지하고 있다.

구글만이 아니다. 무려 14년간이나 연속해서 미국 포춘지가 선정하는 "가장 일하기 좋은 100대 기업"에 올랐던 기업이 회계법인 플랜트앤모란Plante & Moran 이다. 이 기업은 자사의 미션을 "내가 싫어하는 일을 남에게 행하지 말자!"로 정해놓고 있다. 고객에 대한 최상의 서비스는 법을 지키고 남에게 피해를 주지 않는 공정함에서 출발한다는 믿음 때문이다. 회사는 이 황금률을 대고객 서비스에서는 물론 직원 채용과 보상, 진급, 교육훈련 등 인사관리 및 개발에 원칙으로 고수하고 있다.

직업 현장에서 제기되는 윤리적 규범들은 다양하지만 직종이나 직무의 차이에 관계없이 공통적으로 중시되는 핵심적인 도덕규칙은 의외로 많지 않다. 철학자 버나드 거트Gert는 구체적으로 직업에서 중요시해야 할 핵심 도덕규칙을 제시하고 있다(이관춘, 2009:94에서 재인용). 이것은 마치 십계명과 같은 진부한 도덕규칙으로 보일 수도 있지만 직업 현장에서 부딪히게 되는 대부분의 윤리적 갈등은 이들 도덕규칙과 관련되어 있기에 직업윤리의 기초로서 시사하는 바가 크다고 할 수 있다.

〈직업에서의 핵심 도덕규칙 10가지〉

1. 살생하지 말라	6. 속이지 말라
2. 상해를 입히지 말라	7. 약속을 지켜라
3. 고통을 유발시키지 말라	8. 부정한 짓을 하지 말라
4. 자유를 박탈하지 말라	9. 법을 준수하라
5. 기쁨을 빼앗지 말라	10. 책임을 다하라

이중 앞의 다섯 가지 규칙은 남에게 손해를 끼치는 행동을 피할 것을 요구하는 규칙이고, 나머지 다섯 가지는 손해를 유발할 경향이 강한 행동을 금하는 규칙들이다. 남에게 좋은 일을 하거나 사회에 공헌이 되는 일을 행하기 전에 우선 남에게 손해를 끼치는 일을 반드시 피해야 한다는 말이다. 기업을 포함한 모든 직업 활동에서 이들 핵심 도덕규칙은 직업윤리를 실천하는 첫 단계이면서 윤리적 결정 및 윤리적 행위의 기초로서 준수되어야 하는 것들이다.

2) 2단계: 적극적 배려

시장경제의 아버지라는 애덤 스미스는 사회질서를 유지하는 데는 물론 시장경제가 제대로 작동하기 위해서는 필수적인 것이 하나 있다고 강조한다. 그것은 타인에 대한 적극적인 배려다. 그는 『도덕감정론』 첫 장(제1부 제1편 제1장)에서 배려의 중요성을 명확히 밝히고 있다.

> 인간이 아무리 이기적인 존재라 하더라도, 그 천성에는 분명히 이와 상반되는 몇 가지가 존재한다. 이 천성으로 인해 인간은 타인의 운명에 관심을 갖게 되며, 단지 그것을 바라보는 즐거움밖에는 아무것도 얻을 수 없다고 하더라도 타인의 행복을 필요로 한다. 연민pity과 동정심compassion이 이런 종류의 천성에 속한다. 이것은 타인의 고통을 보거나 또는 그것을 아주 생생하게 느낄 때 우리가 느끼는 종류의 감정이다. 우리가 타인의 슬픔을 보고 흔히 슬픔을 느끼는 것은, 굳이 그것을 증명하기 위해 예를 들 필요조차 없는 명백한 사실이다.

인간은 이기적이지만 또 다른 한편으로 타인의 감정과 행위에 관심을 가지고 거기에 동감하는 능력이 있다는 것이다. 다시 말해, 애덤 스미스에 따르면 직장인 개개인은 타인에 대해 동감하고 타인으로부터 동감받는 것을 바라는 본성을 모두 갖추고 있으며 남의 처지에 동감하는 마음을 지닐 때 마음의 평화를 느끼게 되고 나아가 행복한 직장생활을 할 수 있다는 것이다. 따라서 개인적 차원에서 볼 때, 직장인은 직장 내에서의 상사와 부하직원 간에, 동료 직원 간에 그리고 직장 밖의 소비자를 포함한 이해관계자들의 처지에 동감하고 배려하는 것이 필수적이다.

배려의 바탕은 역지사지易地思之의 마음이다. 역지사지란 자신과 상대방의 처지를 바꾸어 놓고 생각해 보는 의식과 태도다. 즉, 상대방과 마찬가지로 대상과 관계를 맺어봄으로써 자신이 그 사람과 같은 경우라면 어떤 감정을 느낄 것인가, 또는 어떤 행위를 할 것인가를 상상해 보는 것이다. 인류가 역사를 이루고 진화를 해오면서 도출해 낸 최상의 윤리는 바로 역지사지에 바탕을 둔 황금률이라 할 수 있다. 도덕과 윤리가 시대와 문화에 따라 차이는 있을 수 있겠지만 동서고금을 막론하고 보편적으로 수용하고 있는 진리는 바로 황금률이다. 대부분의 종교가 황금률을 교리敎理의 핵심으로 삼고 있다(Shaw & Barry, 1995)는 것은 이를 입증한다. 예를 들어 보자.

너희는 남에게서 바라는 대로 남에게 해 주어라(마태 7:12). 기독교, 즉 그리스도교의 황금률이다.

유대인들은 "너에게 하듯이 남을 사랑하라"(레위기 19:18)고 가르친다. 정의롭고 공정한 행위를 통해 신에게 봉사하고 신을 사랑해야 하듯이 남을 사랑해야 함을 강조한다. 그들은 또한 진리와 겸손, 충실함 그리고 타인에 대한 친절에 헌신함으로써 명예로운 인간상을 개발한다. 이러한 윤리의식은 자연히 가정과 지역사회에 대한 헌신으로 연결된다.

힌두교와 불교에서도 똑같은 의미의 황금률을 강조한다. 선한 사람들은 남에게 가장 좋은 것이 자신들에게 가장 좋은 것이라고 생각하면서 살아간다(Hitopadesa, 힌두교). 너에게 고통을 주는 것으로 남을 괴롭히지 마라(Udanavarga 5:18, 불교).

한국 문화의 전통이라 할 수 있는 유교에서도 황금률의 정신이 중심이 되고 있다. 공자는 인간이 인간일 수밖에 없는 씨앗이 '인仁'에 있다고 가르친다. '인'을 실현하기 위한 보편적 기준이 '예禮'이며, 이 '예'는 부모자식이나 형제와 같이 가장 가까운 사람에게서 실천하는 것이 인의 근본이 되는 것이다. 그 '인'의 수칙은 한 마디로 "남이 네게 하길 원하지 않는 바를 남에게 행하지 마라." (Analects 15:23)이다. 이 말은 달리 말해, '남이 네게 해 주길 원하는 것을 너도 남에게 행하라'는 다른 종교의 황금률과 일치한다.

대부분의 종교가 핵심 교리로서 타인에 대한 적극적인 배려와 사랑을 강조한다는 것은 신기할 정도로 일치하고 있다. 또한 황금률을 인류 최고의 윤리적인 이상으로 꼽는 이유도 여기에 있을 것이다.

선한 사람들은 남에게 가장 좋은 것이 자신들에게 가장 좋은 것이라고 생각하면서 살아간다(Hitopadesa, 힌두교).

- 너에게 하듯이 남을 사랑하라(레위기 19:18, 유대교).
- 너희는 남에게서 바라는 대로 남에게 해 주어라(마태 7:12, 그리스도교).
- 너에게 고통을 주는 것으로 남을 괴롭히지 마라(Udanavarga 5:18, 불교).
- 남이 네게 하길 원하지 않는 바를 남에게 행하지 마라(Analects 15:23, 유교).
- 자신을 사랑하듯이 자기 형제를 사랑하기 전까지는 아무도 신도라고 말할 수 없다(Tradition, 이슬람교).
- 자신에게 불쾌한 일을 다른 사람에게 하지 않도록 하라(마하바라타 인도).

Q 주제3 돌발퀴즈

괄호 안에 들어갈 단어는?

인류가 역사를 이루고 진화를 해오면서 도출해 낸 최상의 윤리는 바로 역지사지에 바탕을 둔 (　　)이라 할 수 있다. 도덕과 윤리가 시대와 문화에 따라 차이는 있을 수 있겠지만 동서고금을 막론하고 보편적으로 수용하고 있는 진리는 바로 (　　)이다. 대부분의 종교가 (　　)을 교리敎理의 핵심으로 삼고 있다는 것은 이를 입증한다.

평가문제

1. 다음 중 개인윤리와 직업윤리의 조화로운 상황을 바르게 묶은 것은?(한국산업인력공단, 2008:59)

가. 업무상 개인의 판단과 행동은 직장 내 다수의 이해관계자와 관련된다.
나. 개인윤리를 기반으로 공동의 협력을 추구한다.
다. 규모가 큰 공동의 재산, 정보 등을 개인의 권한 하에 위임하는 것이다.
라. 팔은 안으로 굽는다는 속담이 있듯이, 직장 내에서도 활용한다.
마. 각 직무에서 오는 특수한 상황에서는 개인윤리와 충돌하는 경우도 있다.

1) 가, 나, 다, 라　　2) 가, 다, 라, 마　　3) 가, 나, 다, 라, 마　　4) 가, 나, 다, 마

2. 직업윤리와 개인윤리 간의 우선순위를 정해 보시오.

윤리의 우선순위

지역사회 윤리〉 (㉮) 〉 (㉯)

〈주제3 돌발퀴즈〉 [정답] 황금률

3. 직업윤리에 대한 설명으로 바른 것끼리 묶은 것은?

가. 직업적 활동에 있어서 무엇이 옳고 그른지에 대한 기준이자 규범이다.

나. 직장인 모두가 각자의 직업에 종사하는 과정에서 요구되는 윤리규범이다.

다. 일반 직장인이 아닌 기업 경영자의 경영활동에 관련되는 윤리규범이다.

라. 넓게 보면 직업에 대한 의식, 신념, 가치, 태도 등을 포괄하는 개념이다.

마. 사회에서 직업이 차지하는 역할, 직업인의 행위 등에 함축되어 있는 윤리 및 가치와 관련된 모든 주제를 포함한다.

1) 가, 나, 다, 라, 마　2) 가, 나, 라, 마　3) 가, 나, 다, 마　4) 나, 다, 라, 마

4. 직업윤리의 2단계에 관한 설명으로 맞으면 O, 틀리면 X 표를 하시오.

1) 애덤 스미스의 첫 번째 규칙은 타인의 생명, 재산, 명예에 상처를 입히는 행위를 하지 않도록 우리에게 지시하는 것이다. (　)

2) 산상수훈 윤리는 타인의 이익증진을 위한 배려에 초점을 맞춘다.(　)

3) 배려의 바탕은 온고이지신(溫故而知新)의 마음이다.(　)

4) 플랜트앤모란 기업의 경영정신은 황금률과 관련이 있다.(　)

5) 황금률은 그리스도교의 정신으로서 다른 종교들에는 황금률이 없다.(　)

평가문제 정답 및 해설

1. [정답] 4)

[해설] 팔은 안으로 굽는다는 속담은 공과 사를 구분하지 못한 것으로 올바른 직업윤리라 할 수 없다.

2. [정답] ㉮ 직업윤리 ㉯ 개인윤리

[해설] 개인윤리보다 직업윤리, 직업윤리 보다 지역사회윤리가 우선시 되어야 한다.

3. [정답] 2

[해설] 직업윤리는 경영진에게만 해당되는 것이 아닌 직업인 모두에게 해당되는 윤리규범이다.

4. [정답] 1) O 2) O 3) X 4) O 5) X

[해설] 3)은 역지사지이며, 5)는 황금률은 대부분의 종교가 공유하고 있다.

정리하기

1. 직업윤리와 개인윤리

- 직업윤리는 사람들의 직업적 활동에 있어서 무엇이 옳고 그른지, 무엇이 선하고 악한 것인지에 대해 공통적으로 갖고 있어야 할 기준이자 규범이다.
- 넓은 의미에서 직업윤리는 사회에서 직업이 차지하는 역할, 직업인의 행위 등에 함축되어 있는 윤리 및 가치와 관련된 모든 주제를 포함한다.
- 직업윤리는 직업 활동에서 요구되는 윤리는 무엇이며, 그것이 직장인 자신과 조직, 사회를 위해 왜 필요하고 타당한지에 대한 철학적 반성을 하는 학문이다.
- 직업윤리는 개인윤리에 비해 특수성을 지닐 수가 있다.
- 개인윤리와 직업윤리가 충돌하거나 갈등을 빚을 수도 있다.
- 이 경우 직장인들은 개인윤리에 앞서 직업에서 요구하는 윤리규범을 따라야 한다.
- 직업윤리가 직업에 따른 특수성을 지닌다고 해도 직업윤리가 개인윤리와 구분된다는 생각은 잘못된 생각이다.

2. 직업윤리의 두 가지

- 윤리를 '십계명 도덕'과 '산상수훈 윤리'의 두 가지로 구분하기도 한다.
- 십계명 도덕은 옳고 그름, 선과 악의 기준을 명확히 하고, 이를 지킬 것을 요구하는 도덕규범이다.
- 따라서 소극적이고 반응적인 특성을 지닌다. 또한 남에게 피해를 주지 말고, 피해를 주었다면 배상해야 함을 강조하는 '정의'의 개념과 연계된다.
- 산상수훈은 타인을 향한 구체적인 행위의 실천과 타인에 대한 배려에 초점을 맞

춘다.

- 애덤 스미스도 두 가지의 윤리를 강조한다.

  첫째, 마음속 공평한 관찰자가 비난할 만하다고 판단할 행위는 모두 피해야 한다.

  둘째, 마음속 공평한 관찰자가 칭찬할 만하다고 판단할 행위는 모두 추진되어야 한다.

- 스미스는 경제활동을 하는 모든 사람들은 이 두 가지 규칙을 자신의 행위의 기준으로 삼아야 한다고 주장하며, 이는 의무감에서 나오는 것이라고 말한다.

3. 직업윤리의 2단계 실행 전략

- 1단계 직업윤리는 규범을 준수하는 것이다. 즉, 남에게 당하고 싶지 않은 일을 남에게 하지 말라는 것이다.
- 직업생활에서 타인에게 피해를 주지 않는 것이 우선시되어야 한다.
- 애덤 스미스가 강조하듯, 마음속 공평한 관찰자가 보기에 남이 분노할 행위를 하지 말아야 하는 것이 먼저다.
- 구글은 자사의 기업철학을 '악한 짓을 하지 말자!'로 정하고 있다.
- 회계법인 플랜트앤모란은 자사의 미션을 "내가 싫어하는 일을 남에게 행하지 말자!"로 정해놓고 있다.
- 2단계는 직업의 이해관계자를 배려하는 것이다.
- 애덤 스미스는 시장경제가 제대로 작동하기 위해서는 타인에 대한 배려가 필수적이라고 강조한다.
- 직장인 개개인은 타인에 대해 동감하고 타인으로부터 동감 받는 것을 바라는 본성을 모두 갖추고 있다.
- 따라서 남의 처지에 동감하는 마음을 지닐 때 마음의 평화를 느끼게 되고 나아가 행복한 직장생활을 할 수 있다.
- 배려의 바탕은 역지사지(易地思之)의 마음이다.
- 인류가 역사를 이루고 진화를 해오면서 도출해 낸 최상의 윤리는 바로 역지사지에 바탕을 둔 황금률이다.

참고하기

김덕수(2013). 하늘에 새긴 영원한 사랑, 조국. 경기: 21세기북스

이관춘(2009). 윤리경영전략. 서울: 학지사.

이관춘 (2013). 직업은 직업이고 윤리는 윤리인가(3판). 서울: 학지사.

이나모리 가즈오(2005). 카르마 경영(김형철 역). 서울: 서돌.

한국산업인력공단(2008). 직업윤리 교수자용 워크북.

Bayles, M. (1995). 직업윤리(최준영 외 역). 군산대출판부.

Fisher, C. & Lovell, A. (2003). *Business ethics and values*. London: Prentice Hall.

Kohlberg, L. (1995). 인간발달신강(유안진 역). 서울: 문음사.

Kizza, J. (1998). *Ethical and social issues in the information age*. New York: Springer.

Shaw, W. & Barry, V. (1995). *Moral issues in business* (6th ed.) Belmont: Wadsworth Publishing Company.

Smith, A. (2010). 도덕감정론(박세일, 민경국 역). 서울: 비봉출판사.

제2부

근로윤리

학습목표

일반목표

직업윤리를 실천하기 위하여 근면하고 정직하며 성실하게 업무에 임하는 자세를 배양할 수 있다.

세부목표

1. 직업생활에서 근면한 태도를 설명할 수 있다.
2. 직업생활에서 정직한 태도를 설명할 수 있다.
3. 직업생활에서 성실한 자세를 설명할 수 있다.

제6강

근면한 태도

1. 근면의 의미와 중요성
2. 근면의 종류
3. 근면에 필요한 자세

학습개요

직업생활에서 근면의 의미와 종류를 이해하고 근면한 태도를 습득할 수 있다.

학습목표

1. 근면의 의미를 설명할 수 있다.
2. 근면의 종류를 설명할 수 있다.
3. 근면에 필요한 자세를 습득할 수 있다.

주요용어

근면의 의미, 근면의 종류, 근면한 자세

시작하기

〈사례 소개〉

지난 5강까지는 직업윤리에 관한 내용을 함께 살펴보았습니다. 이번 6강부터는 네 번에 걸쳐 근로윤리란 주제를 가지고 학습하도록 하겠습니다. 오늘은 그 첫 번째로 근면한 태도의 중요성에 관한 내용입니다.

먼저 근면한 자세가 얼마나 중요한지를 보여주는 이야기를 들어보시겠습니다(장샤오헝, 2014:159).

〈사례 내용〉

〈등산로 청소부 노인〉

한 청년이 산을 오르다가 등산로 계단을 청소하고 있는 노인을 만났다. 깡마른 노인은 이미 일흔 살이 넘은 고령이었지만 여전히 매일 이 산의 등산로를 청소하고 있다고 했다. 청년은 자신이 지금까지 올라온 계단과 산 정상으로 이어지는 계단을 번갈아 바라봤다. 위아래로 족히 1,600개가 넘는 계단이 죽 이어져 있었다. 워낙 가파르고 험해서 오르다가 중도에 포기하는 사람이 절반을 넘을 정도로 악명이 높은 계단이었다. 청년은 믿을 수 없다는 듯 물었다.

"이 계단을 매일 청소하신다구요? 굉장히 힘드실 텐데요!"

하지만 노인은 별 것 아니라는 듯 대답했다.

"그렇지도 않다네. 아침에 올라가면서 한 번, 저녁에 내려오면서 한 번 쓸면 그만인걸. 계단을 쓸다가 피곤하면 잠시 쉬기도 하고, 그러면서 멋진 풍경도 구경하는 게지. 이렇게 쉬엄쉬엄 일하는 데 힘들 게 뭐 있겠는가?"

청년이 깜짝 놀란 표정을 짓자 노인은 미소를 지으며 말했다.

"사실, 나는 진즉 퇴직해서 고향으로 돌아갔어야 했네. 하지만 아직도 이곳에 남아 일하고 있지. 아쉬운 점은 없다네. 매일 맑은 계곡물을 마시고 직접 기른 채

소를 먹으며 신선한 공기를 들이쉴 수 있으니까. 게다가 꽃과 새가 친구가 되어 주니 더더욱 아쉬울 것이 없지!"

〈강의 안내〉

물론 등산로를 청소하는 일이 그리 대단한 일로 보이지 않을 수도 있습니다. 그러나 조금만 관찰해 보면 우리는 청소부에게서 행복한 일터, 성공적인 직업 생활의 단순한 비결을 찾아낼 수 있다고 봅니다. 등산로 계단을 청소하는 노인에게서 우리는 두 가지 점을 발견하게 됩니다.

하나는 부지런함입니다. 이 노인은 비가 오나 눈이 오나 한결같이 자신이 맡은 일을 하고 있습니다. 청년이 보고 놀랄 만큼 악명이 높을 정도로 가파른 계단을 청소하는 노인의 부지런함이 대단합니다. 그러나 부지런함으로 따지면 우리 주변에도 그런 직장인들은 많습니다. 더욱 중요한 것은 다음입니다.

그것은 다름 아닌 스스로 자진해서 부지런하다는 점입니다. 청소부 노인의 근면함은 외부로부터 강요당한 근면이 아니라 자신의 내부에서 우러나온 근면임을 느끼게 됩니다. 내부에서 우러나온 근면함은 저절로 생기는 것이 아닙니다. 일을 기쁨으로 생각할 때만이 가능해집니다. 이 노인은 청소하면서 멋진 풍경을 감상할 수 있다는 것, 맑은 계곡물, 신선한 공기, 꽃과 새와 함께 할 수 있다는 것을 기쁨으로 생각했기에, 그에게 노동은 더 이상 노동이 아니었습니다.

똑같은 일, 똑같은 직장이어도 어떤 마음가짐으로 대하느냐에 따라 강요당한 일이 될 수도, 아니면 마음에서 우러나온 일이 될 수도 있습니다. 강요당한다고 생각하는 사람들에게 일은 지겹습니다. 이들은 항상 쳇바퀴 도는 반복되는 일상 속에 업무는 해도 해도 끝이 없고 늘 자존심 상하는 일만 생긴다고 투덜댑니다. 반면, 어떤 사람은 일하러 갈 때부터 콧노래를 부릅니다. '현대신화'를 창조했던 정주영 회장은 생전에, "나는 아침에 일어나 오늘 할 일을 생각하면 가슴이 뛸 정도로 즐겁다."는 말을 했다고 합니다. 이런 사람은 업무상 비난을 받아도 오히려 고마워합니다. 자신의 잘못을 바로잡을 공짜 레슨을 받았다고 생각하기 때문입니다.

그럼, 이번 시간에는 근면의 의미와 종류, 그리고 근면한 자세를 위해 필요한 것은 무엇인지에 대해 함께 생각해 보겠습니다.

학습하기

1. 근면의 의미와 중요성

1) 근면의 의미

근면勤勉은 문자 그대로 부지런함을 의미한다. 근면이란 원래 한자어의 의미에서 유래하듯 '부지런히 일하며 힘씀' 혹은 '마음을 쏟아서 애씀'이란 뜻으로서 소처럼 일만하는 것이 아니라 마음을 집중하고 힘을 다해서 노력한다는 뜻이다. 근면이란 영어 단어는 'industry(산업으로도 풀이됨)'다. 근면사상이 산업주의와 밀접한 관계가 있음을 알 수 있다. 18세기를 전후로 영국에서 자본주의가 발달하고 산업혁명이 일어나자 천한 사람들의 활동이던 노동이 새로운 의미를 갖게 된 것이다. 노동은 천한 것이며 노예의 몫이라는 산업화 이전 시대의 패러다임이 깨지고 오히려 열심히 일하지 않는 사람은 나쁜 사람이라는 새로운 패러다임이 등장하게 된 것이다.

근면은 단순히 현대적인 의미에서의 노동만을 뜻하는 것이 아니고 인간 내면세계 곧 마음의 세계에 생각을 돌려 그 뜻을 실현하기 위해서 애쓴다는 뜻을 함께 가지고 있다. 근면은 단순히 어떤 일을 열심히 해낸다는 것을 넘어 더 높은 정신세계를 지향하는 인간의 생활태도와 관련된 덕목인 것이다. 따라서 노동이라 하면 단지 육체노동뿐만 아니라 정신노동도 함께 의미한다.

근면의 의미는 쉽게 이해할 수 있지만 직장생활에서 그리고 삶에서 실천하기는 그리 쉽지가 않다. 그래서인지 예부터 근면의 중요성을 강조하는 말들이 적지 않다. 예를 들어, 서양에서는 '근면은 행운의 어머니'라는 금언이 널리 알려져 있다. '3년간 근면하면 작은 성공소성을 하고 10년을 근면하면 큰 성공대성을 이룬다.'는 말도 있다. '끊임없이 떨어지는 물방울이 돌을 뚫고, 근면함과 인내심을 가진 생쥐가 밧줄을 갉아서 두 동강을 낸다.'는 말도 있다. '일하는 개가 게으름 피우는 사자보다 낫다.'는 금언도 근면의 중요성을 역설하고 있다.

2) 근면의 중요성

동양의 철학자들도 근면의 중요성을 다양한 관점에서 강조하고 있다. 주자朱子는 '권학문'에서 다음과 같이 배움에서의 부지런함이 얼마나 중요한지를 일깨워준다.

> 少年易老 學難成소년이노 학난성하니: 소년은 쉽게 늙고 학문은 성취하기가 어렵나니
>
> 一寸光陰 不可輕일촌광음 불가경이라: 짧은 시간이라도 가벼이 여겨서는 안 된다.
>
> 未覺池塘 春草夢미각지당 춘초몽한데: 연못가의 봄풀은 꿈을 아직 깨지 못했는데
>
> 階前梧葉 已秋聲계전오엽 이추성이라: 어느덧 계단 앞 오동잎이 이미 가을 소리를 알리는구나.

공자는 한 걸음 더 나아가 삶의 근간이 부지런함에 있음을 강조한다孔子三計圖.

一生之計일생지계는 在於幼재어유요: 일생의 계획은 어릴 때에 있으며,

一年之計일년지계는 在於春재어춘이며: 한 해의 계획은 봄에 있고,

一日之計일일지계는 在於寅재어인이니: 하루의 계획은 새벽에 있으니,

幼而不學유이불학하면 老無所知노무소지요: 어려서 배우지 않으면 늙어서 아는 것이 없고,

春若不耕춘약불경이면 秋無所望추무소망이며: 봄에 밭을 갈지 않으면 가을에 바랄 것이 없으며,

寅若不起인약불기면 日無所辦일무소판이니라: 새벽에 일어나지 않으면 그날에 할 일이 없느니라.

'성공도 실패도 하나의 버릇에서 온다'는 유대인의 속담이 있다. 근면이란 버릇이며 습관이다. 근면과 인생의 성공은 인과론적인 관계에 있다. 근면하기 때문에 성공한 사람은 있어도, 게을러서 성공했다는 사람 얘기는 동서고금을 막론하고 들어본 적이 없다(한국산업인력공단, 2008:73). 주자나 공자의 말은 모두 삶의 성공과 행복은 근면함에서 비롯된다는 점을 강조한다. 영국의 신비주의 시인이자 화가인 윌리암 블레이크Blake도 땀과 노력이 행복의 열쇠임을 다음과 같이 말하고 있다. "대개 행복하게 지내는 사람은 노력하는 사람이다. 게으름뱅이가 행복하게 사는 것을 보았는가? 노력의 결과로서 오는 어떤 성과의 기쁨 없이는 누구도 참된 행복을 누릴 수 없기 때문이다. 수확의 기쁨은 그 흘린 땀에 정비례하는 것이다(이옥순, 2012)."

미국 건국의 초석을 놓고 피뢰침과 다초점렌즈의 발명가로 알려진 벤자민 프랭클린은 인생의 원칙으로 13가지 덕목을 제시하면서, 그 중에 무엇보다 근면의 중요성을 강조하였다. 19세기 중반의 강철왕 앤드류 카네기나 토마스 에디슨, 성공학의 대명사가 되다시피한 20세기의 데일 카네기는 성공의 열쇠로서 근면의 중요성을 역설한 전도사들이다. 최근 들어, 맬컴 글래드웰은 저서 『아웃라이어』 에서 근면의 위력을 다시금 일깨워주었다. 빌 게이츠, 비틀스,

모차르트 등 시대를 대표하는 천재들아웃라이어의 공통점으로 '1만 시간의 법칙'을 꼽은 것이다. 자신의 분야에서 최고의 자리에 오르기 위해서는 선천적 재능 대신 1만 시간 동안 꾸준히 노력해야 한다는 것이다. 1만 시간은 하루 3시간, 일주일에 20시간씩 총 10년 동안 빠짐없이 노력한 시간과 같다.

서양과 마찬가지로 우리나라에서도 행복한 삶의 조건으로서 근면의 중요성을 강조하는 이야기들이 많이 전해져 온다. 초등학교 교과서에 나올 법한 이야기 하나를 들어보자(이옥순, 2012).

〈소가 된 게으름뱅이〉

옛날 어느 시골에 한 게으름뱅이가 살고 있었다. 이 게으름뱅이는 전혀 일을 하지 않았다. 아내는 밭에서 열심히 일을 했지만 이 게으름뱅이는 낮잠만 잤다.

어느 날 아내가 게으름뱅이 남편에게 불평을 했다. 게으름뱅이는 화가 났다. 그래서 게으름뱅이는 집을 떠났다. 게으름뱅이는 산 속에서 한 노인을 만났다. 이 노인은 나무로 탈을 만들고 있었다. 게으름뱅이는 노인에게 물었다.

"할아버지, 무엇을 만드십니까?"

"소머리 탈을 만들고 있소."

"그런데 그걸 왜 만드십니까?"

"게으름뱅이가 이걸 쓰면 좋은 일이 생기오."

"아, 그래요? 그럼, 제가 한 번 써 보겠습니다."

게으름뱅이는 소머리 탈을 썼다. 그러자 게으름뱅이는 정말 소가 됐다. 그는 깜짝 놀라 "할아버지, 이 탈을 벗겨 주십시오!"라고 말했다. 그렇지만 사람의 목소리는 나오지 않았다. 그 대신 '음메, 음메' 소리만 났다. 노인은 이 소를 시장으로 데리고 가 한 농부에게 팔았다.

농부는 매일 이 소에게 많은 일을 시켰다. 소는 새벽부터 밤까지 하루 종일 일을 해야 했다. 그래서 게으름뱅이는 '아, 너무 힘들다. 차라리 죽고 싶다!'고 생각했다. 그 순간 게으름뱅이는 노인이 했던 말이 생각났다. 노인은 소를 팔 때 농부에게 이렇게 말했다.

"이 소는 무를 먹으면 죽습니다. 그러니 무를 조심하십시오."

다음 날도 게으름뱅이는 밭에서 일을 해야 했다. 그러다가 갑자기 게으름뱅이는 무밭으로 달려가 허겁지겁 무를 뽑아 먹었다. 게으름뱅이는 곧 다시 사람이 되었다. 집으로 돌아온 게으름뱅이는 그 후부터 아주 열심히 일을 하며 아내와 행복하게 살았다.

우리나라 여러 지방에서 전해지는 '소가 된 게으름뱅이'는 게으른 사람은 행복해질 수 없다는 사실을 교훈으로 알려주고 있다. 게으른 사람은 벌을 받고 부지런한 사람은 행복하게 산다는 이야기다.

실제로 우리나라가 일제강점하 36년의 악몽에 이어 6·25전후의 쓰라린 빈곤기를 겪고 사회 각 방면에서 괄목할 만한 발전을 이룬 것은 우리 국민의 근면성 때문이라는 데 이의를 제기할 사람은 없을 것이다. 확실히 세계에 자랑할 만한 우리 국민들의 장점은 근면성이다. 김정흠 교수는 교육열과 근면성, 이 두 무기야말로 과거 우리나라 경제를 부흥시킨 원동력이자 고도화한 산업세계, 발전하는 미래사회가 요구하는 가장 알차고 힘 있는 자원이라고 강조한다(중앙일보, 1977. 12. 30.).

〈근면이라는 무기〉

1977년은 속된 말로 7땡의 해, 야구로 말하면 「러키 · 세븐」이 2중으로 겹친 운소 좋은 해였다.

정치적으로는 새로 출범한 미국의 「카터」정부 및 일본의 「후꾸다」 내각과 새로운 협력 체제를 구성한 해요, 경제적으로는 수출 1백억 「달러」를 돌파하여 세계 무역고의 1%를 차지한 17번째의 나라가 된 영광스러운 해였다.

과학계 쪽에서 본다면 77년은 60만kW의 출력을 내는 고리 원자력 발전소 제1호기가 정화되고 부분적 가동을 시작한 원자력 시대 출범의 해요, 또 과학 재단이 설립되어 과학한국의 「이미지」를 높인 해이기도 하였다.

또 사회학적으로는 한국의 총 가구 수 약 6백47만의 반이 TV를 보유하게 된

단자매체시대의 기원 영년이기도 하였다. 전자 「미디어」 시대, 좀 더 넓게는 정보화 시대의 도래에 따라 필연적으로 우리나라 사회도 큰 변혁을 겪게 되고 가치관 · 윤리관 · 도덕관 등등에도 점차적인 일대변혁이 시작된 해였던 것이다.

또 산업방면에서는 중화학공업에의 약진에 대비한 기계공업이 급진적 발전을 이룩하여 한국산의 우수한 공작기계는 드디어 미국에까지 상륙하게 되었고 세계 공업국가의 「심벌」이라고도 할 자동차 및 조선 산업이 급「템포」로 발달되어 세계 각국을 깜짝 놀라게 하고 있다. 지난 1년 동안 외국의 유명 일간지 · 월간 경제지들은 한국 「붐」을 일으켜 늦어서는 안 될세라 앞을 다투어 「한국특집」을 내고 약진하는 한국 공업, 한국인의 근면성, 한국의 꿈을 소개하는 등 77년은 정말로 「한국의 해」와도 같은 느낌이 난다. 그에 따라 우리는 오랫동안 잃어버렸던 한국인으로서의 긍지와 자존심을 되찾게 되고 무엇인가 으쓱해지고 뽐내고 싶은 심정을 느낀다.

한 나라의 역사를 돌이켜 보면 쓰라리고 비참한 시대가 반드시 있는 법이다. 우리는 일제하 36년의 악몽에 이어 6 · 25전후의 쓰라린 빈곤기를 겪어 오는 동안 자신감이나 자존심마저 잃어버리려 했던 것 같다. 그러나 이제 77년을 계기로 우리에게도 볕은 들기 시작했다.

그렇다면 무엇이 우리에게 이토록 자신감과 용기를 북돋워주는가. 사실 한국은 고래로 자원이 거의 없는 가난한 나라였고, 게다가 달갑지 않아도 세계 제1의 인구밀도를 가진 나라이기도 하였다. 식량마저도 자급이 안 되었고, 광물이고, 임산물이고 신은 그토록 우리에게 불공평하기만 하였던 것이다. 그러나 단 한 가지 세계에 자랑할 수 있는 재산이 있었다.

그것은 교육열이다. 북청의 물지게꾼의 이야기는 너무도 유명하다. 남의 집 물을 길어주면서 겨우 생계를 유지해 나가는 가난한 살림 속에서도 아들딸만은 어떤 일이 있어도 학교에 보낸 자기희생적인 정신, 북청 물지게꾼의 이 미담은 북청 사람들만의 미담이 아니라 실은 5천만 한국인은 누구나 다 갖고 있는 정신적 재산이었던 것이다. "고기 한 마리를 주면 며칠간의 식량이 되나 고기 잡는 법을 가르쳐 주면 일생의 식량이 보장된다."라는 중국의 속담이 있다. 가난 속에서도 고기 잡는 법을 가르쳐왔던 우리 아버지와 어머니, 그리고 할아버지와 할머니들의 얼은 70년대의 이 영광스러운 도약의 시대에 그 빛을 발휘하기 시작한 것이다.

높은 교육 보급율 외에 우리에게는 근면이라는 또 하나의 무기가 있다. 불행하게도 일제 36년간 우리는 가난 속에 너무도 자기비하, 자학을 한 나머지 게으른 백성인 줄만 착각한 일조차 있었다. 그러나 세계 어느 나라 사람보다도 부지런했다는 것이 우리의 민족성이었다. 지난 1년 동안 세계 각국의 유명 일간지와 월간지에 소개된 때 비로소 우리는 우리의 근면성을 재발견하고 놀라기조차 했다.

확실히 우리는 근면한 백성들이다. 세계에 자랑할 만한 두 무기, 교육열과 근면성, 이 두 무기야말로 고도화한 산업세계, 발전하는 미래사회가 요구하는 가장 알차고 힘 있는 자원인 것이다. 자신감을 되찾고, 근면성을 재발견한 해, 그리고 당당히 세계 17개 강대국 속에 끼게 된 해, 이 해를 보내면서 이토록 자신감에 넘쳐 무엇인가 솟아오르는 힘을 느끼는 것은 필자만은 아닐 것이다.

Q 주제1 돌발퀴즈

다음에서 괄호 안에 들어갈 말은?

(　　)이란 게으르지 않고 부지런한 것이다. (　　)하기 때문에 성공한 삶은 있어도, 게을러서 성공했다는 사람 얘기는 동서고금을 막론하고 들어본 적이 없다.

2. 근면의 종류

1) 구글과 내발적 근면

세계 최대 인터넷 기업이자 구직자들 사이에 취업 희망 1순위로 꼽히는 회사가 구글Google이다. 그렇다면 구글이 원하는 인재는 어떤 사람일까? 아무리 어

〈주제1 돌발퀴즈〉 [정답] 근면

려운 문제라도 척척 풀어내는 미국 아이비리그Ivy league 명문대 출신의 수재형 인물을 상상할지도 모른다. 하지만 구글의 인사담당 수석부사장은 의외의 대답을 내놓는다. 구글이 원하는 인재는 "회사 복도에 떨어진 종이컵이나 휴지를 주워서 버릴 수 있는 사람"이라는 것이다. 라즐로 복Bock 부사장은 언론 인터뷰(조선일보, 2015. 5. 29.)에서 "내가 속해 있는 회사와 자신의 근무환경에 대해 관심과 의식consciousness을 갖는 태도가 중요하다."고 말한다. "아무리 똑똑한 사람이라도 사무실 바닥이 지저분한 것을 그냥 보고 지나친다면 자격미달입니다."

구글 임원의 이 말은 아무리 혁신적인 기업 혹은 글로벌 기업이라도 인재상은 근본적으로 차이가 없음을 보여준다. 즉 스스로 근면 성실한 사람, 주인의식을 갖춘 사람을 원한다는 것이다. "누군가 하겠지."라는 피동적 태도가 아니라 자신이 회사의 일부분이자 주인이라는 의식을 가진 사람이 결국 기업의 혁신을 도모할 수 있다는 것이다. 또한 주인의식을 갖춘 사람만이 자신의 삶을 주인으로서 살 수 있게 된다. 겉으로 보기엔 한 직장의 종업원이지만 실제 그의 내면에서는 그는 주인으로서 자신의 일을 하고 있기 때문이다.

그렇다면 주인의식이란 무엇인가? 세계적인 경영컨설턴트인 짐 콜린스는 주인의식을 '스스로 동기부여self-motivated'되는 사람들이라고 정의한다. 스스로 동기부여 되는 사람들은 직장을 직장으로 생각하기 보다는 자신이 해야 할 사명으로 생각한다는 것이다. 교육계 직업 종사자는 아이들을 돌보고 자라게 할 책임, 의료보건계는 사람들의 건강을 나아지게 할 책임, 환경미화원은 주변 환경을 깨끗하고 위생적으로 만들어야 할 사명이 있다고 생각한다는 것이다. 이렇게 스스로 동기부여 되는 사람들은 자진해서 일을 하며, 스스로 하기에 즐겁고, 즐겁게 일하기에 업무 성과가 좋게 나타나는 선순환을 보이게 된다.

앞의 등산로 계단 청소부의 사례로 돌아가 보자. 청소부 노인이 사람들에게 감동을 준 것은 그가 부지런했을 뿐만 아니라, 짐 콜린스가 말한 대로 '스스로 동기부여'가 되어서 즐기면서 행한 부지런함이었기 때문이다.

이렇게 본다면 근면에는 두 종류가 있게 된다. 첫째는 외부로부터 강요당한 근면이요, 둘째는 스스로 자진해서 하는 근면이다(한국산업인력공단, 2008:73). 심리학의 표현을 빌리면 내발적 근면과 외발적 근면으로 구분할 수 있다. 내발적 근면이란 일을 하는 이유가 그냥 좋아서, 하고 싶어서, 감사해서, 의미가 있어서 등의 동기에서 비롯되는 근면이다. 이 경우 '스스로 동기부여'가 되기 쉽다. 반면에 외발적 근면이란 생계를 유지하기 위해, 남에게 잘 보이기 위해, 취업에 도움이 되기 위해 등의 동기처럼 어떤 수단과 목적을 달성하기 위해 행하는 근면함을 말한다. 물론 외발적 근면 역시 현실적으로 필요하고 중요하다. 과거 우리사회가 가난했을 때 논밭이나 작업장에서 오랜 시간 동안 열악한 노동 조건하에서 기계적으로 일을 했던 적도 있었다. 생존을 위해 할 수 없이 강요받은 근면이었다. 당장 먹고사는 문제 해결이 급했기 때문이었다. 경제가 발전하면서 상황은 크게 개선되었지만 요즘도 같은 이유로 근면함을 강요받는 사람들이 적지 않다. 그러나 사회구조적으로 강요된 외발적 근면이라 해도 어떤 가치와 의미를 부여하는가에 따라 결과는 다를 것이다. 만일 아무런 의미부여 없이 수동적으로 근면하기만 하다면 환경이 변할 경우 자신에게 남을 것은 기대할 수 없을 것이다.

하지만 스스로 자진해서 하는 근면함은 자신의 것을 창조하며 조금씩 자신을 발전시켜 나가게 된다. 자발적인 부지런함은 시간의 흐름에 따라 자신을 성숙시키고 자아를 확립시켜 준다. 이러한 근면은 능동적이며 적극적인 태도로 나타난다. 직장 생활에서 성공과 실패 혹은 만족과 불만족의 심리적 갈림길은 바로, 능동적이며 적극적인 태도로 솔선수범 할 것인가 아니면 수동적이며 소극적인 태도로 시키는 대로 일을 할 것인가 하는 선택에 달려 있는 것이다.

2) 유태인 상인과 내발적 근면

등산로 계단 청소부 사례에서 보듯, 스스로 동기부여가 되어서 하는 일은 즐겁고 성과도 좋을 수밖에 없다. 그런 사람들의 행동은 머지않아 남의 눈에 띄게 되고 자연스럽게 남으로부터 인정을 받게 된다. 이유가 무엇일까? 심리학자들은 그 이유를 내발적 동기가 주는 강한 힘에서 찾고 있다. 내발적 동기가 외발적 동기보다 더욱 강하다는 말이다. 실제 있었던 유태인 상인의 사례(출처: 최지연, 2012)를 들어보자.

〈유태인 상인의 지혜〉

미국 남부 지방의 작은 마을에서 있었던 일이라고 한다. 마을에 새로 이사 온 유태인 상인이 시내 한복판에 커다란 양복점을 열었다. 평소 유태인들을 좋아하지 않던 몇 명의 백인 주민들에게는 결코 반가운 소식이 아니었다. 그래서 동네 꼬마들을 선동해 매일 이 가게 앞에 가서 돌을 던지며 "유태인 물러가라!"고 소리 지르도록 만들었다.

꼬마들의 '테러'에 몇 날을 시달린 유태인 주인은 기발한 대응책을 마련했다. 유태인 주인은 어김없이 찾아와서 횡포를 부린 꼬마들을 모아 놓고 "수고했다."고 말하며 10센트씩 아이들의 손에 쥐어 주었다. 놀려대는 일도 신이 나는데 돈까지 받으니 아이들은 신바람이 나서 놀리는 일에 더욱 신명을 냈다.

얼마 지난 후 유태인 주인은 한참 놀려댄 후 10센트를 받으려고 나선 아이들에게 "어쩌지? 오늘은 5센트 밖에 줄 수가 없구나."하면서 5센트씩만 아이들 손에 쥐어 주었다. 5센트를 받고는 놀리는 일을 할 수 없다는 몇몇 아이들이 놀리는 일을 그만두었지만 대부분의 아이들은 또다시 가게에 찾아와 놀리기를 계속했다.

5센트씩을 주던 며칠이 지난 어느 날, 주인은 매우 미안한 표정을 지으며 "사정이 좋지 않아 오늘부터는 1센트씩 밖에 줄 수 없다."고 말하자 그중 가장 똘똘한 녀석이 "우리가 고작 1센트 받기 위해 매일 여기까지 와서 목 아프게 소리를 지를 것 같아요!"라며 강하게 항의하였고, 그날 이후로 꼬마들은 유태인 상점을 더 이상 찾아오지 않았다.

자, 유태인을 놀리던 소년들이 스스로 물러난 이유는 무엇일까? 함께 생각해 보자.

Q 주제2 돌발퀴즈

㉮와 ㉯에 들어갈 단어는?

위의 유태인 사례에서, 동네 꼬마들이 더 이상 유태인 상점을 찾아오지 않은 이유는 유태인 주인이 꼬마들의 (㉮)동기를 (㉯)동기로 바꾸어 놓았기 때문이다.

3. 근면에 필요한 자세

우리나라 우장춘 박사의 사위로서 일본의 경영의 신으로 불리는 이나모리 가즈오 회장은 직원들을 세 종류로 분류해 설명한다. 물질을 세 가지로 분류할 수 있듯이 직원도 그렇다는 것이다. 물질은 불에 가까이 대면 타는 가연성 물질, 불에 가까이 대도 타지 않는 불연성 물질, 그리고 스스로도 잘 타는 자연성 물질이 있다(이나모리 가즈오, 2010:75)고 말한다. 사람도 마찬가지라는 것이다.

가연성 인간은 주변 사람들의 영향을 받아야만 행동한다. 스스로 알아서 하는 것은 약하지만 환경과 조건만 갖추어지면 행동할 수 있는 유형이다. 그래서 누군가 가까이 다가가면 같이 활활 타줄 수 있는 사람이다.

불연성 인간은 좀처럼 불타지 않는다. 비에 흠뻑 젖은 나뭇잎처럼 불이 붙기 힘들다. 일을 하는 데 있어서도 절대 나서지 않는다. 어렵거나 힘든 일을 귀찮아하며, 앞서가는 것은 남들한테 찍히는 것이라고 믿는다. 그저 아무 탈 없이 편하게 지내기만 바란다(이나모리 가즈오, 2010:76). 지시나 명령을 받으면 행동은 하

〈주제2 돌발퀴즈〉 [정답] ㉮ 내발적 ㉯ 외발적

지만 그 일에 아무런 흥미가 없다. 문제는 이런 불연성 직원은 옆에서 그를 지켜보는 사람들조차 의욕을 상실하게 만든다는 것이다.

이에 반해, 자연성 인간은 스스로 활활 타오른다. 지시를 받기 전에 스스로 알아서 적극적으로 일을 찾아 나선다. 필요하면 옆자리 동료의 일도 기꺼이 도와준다. 그를 보는 사람들이 덩달아 신이 날 정도다. 맡은 일은 누구보다 좋아하고, 이루고자 하는 책임감도 대단하다. 설령 일이 뜻대로 되지 않더라도 결코 비관하지 않는다.

같은 맥락에서 과거에 나무를 팔아 생계를 이어가던 나무꾼이나, 나무 베는 일이 직업인 벌목공과 등산객을 비교할 수 있을 것이다. 예를 들어, 벌목공을 '가연성 인간'으로 비유할 수 있다면, 등산객은 '자연성 인간'에 비유할 수 있을 것이다. 지금은 나무꾼을 보기 어려운 세상이 되었지만, 1970년대까지만 해도 농촌 사람들은 당장의 땔감을 구하기 위해서 또는 팔아서 양식을 얻기 위하여 산감독의 눈을 피해 가며 내키지 않는 나무꾼이 되곤 하였다. 이들에겐 산에 가는 것이 자신과 가족의 생계를 위한 노동이자 의무일 수밖에 없었다.

등산객에게는 산에 가는 것이 즐거운 일이고, 나무꾼에게는 산에 가는 것이 괴로운 일이될 수 있다. 경치 좋고, 공기 좋은 산에 갈 경우에도 등산객에게는 그것이 즐겁고 나무꾼에게는 그것이 괴롭다. 도대체 왜 이러한 차이가 생기는 것일까? 나무꾼은 산에 가서 마른 나뭇가지나 관목을 베는 등 힘든 일을 해야 하고, 또 무거운 짐을 지고 내려오는 고역을 치러야 하나, 등산객에게는 그런 부담이 없다는 사실을 지적할 수 있을 것이다(한국산업인력공단, 2008:75).

그러나 이것은 등산객의 산행이 즐겁고 나무꾼의 산행이 괴로운 이유에 대한 만족스러운 대답이 될 수 없다. 왜냐하면 어떤 등산은 나무꾼의 노동보단 훨씬 더 힘들고 어렵지만 역시 즐겁기 때문이다. 줄에 매달려서 암벽을 오르는 등산이나 혹한과 눈보라를 무릅쓰고 세계의 고산에 도전하는 산악인의 수고는 나무꾼의 수고보다도 몇 갑절 힘들고 어렵지만, 산을 등정하는 사람들은 그 어려움 속에서 환희를 느낀다(한국산업인력공단, 2008:75). 등산객의 산행이 즐거운 근본적인 이유는 그것이 자진해서 하는 일이라는 사실에 있다. 나무꾼의 산행이 괴로운 근본적인 이유는 그것이 강요당한 노동이라는 사실에 있다. '스스로 동기부여self-motivated'되는 직원은 자진해서 일을 하기에 직장이 즐겁다. 자신이 맡은 일을 주인의식ownership을 갖고 일한다. 회사가 원하는 인재는 바로 이런 사람이다. 그리고 이런 주인의식을 갖춘 직원이 기업의 실제 주인이 되기도 한다.

Q 주제3 돌발퀴즈

등산객에게는 산에 가는 것이 즐거운 일이고, 나무꾼에게는 산에 가는 것이 괴로운 일이라고 할 때 왜 이러한 차이가 생기는 것일까?

1) 등산객 – (   )
2) 나무꾼 – (   )

평가문제

1. 다음 중 근면에 대한 설명을 바르게 묶은 것은?

가. 근면한 것은 성공을 이루게 되는 기본 조건이 된다.

나. 근면과 관련해서 『탈무드』에는 "이 세상에서 가장 한심한 것은 할 일이 없는 것이다."라고 하였다.

다. 근면과 관련해서 「시편」에는 "눈물을 흘리며 씨를 뿌리는 자는 기쁨으로 거두리로다."라고 노래하고 있다.

라. 근면과 게으름은 습관보다는 원래부터 타고난 성품이다.

1) 가, 나, 라 2) 나, 다, 라 3) 가, 나, 다 4) 가, 다, 라

〈주제3 돌발퀴즈〉 [정답] 1) 자진해서 하는 일이기 때문
2) 강요당한 노동이기 때문

2. 제시된 사람들 행동의 공통점은?

마이크로소프트 청소부, 유태인을 놀린 꼬마들, 등산객

1) 외발적 동기
2) 내발적 동기
3) 불연성 인간
4) 가연성 인간

3. 근면에는 두 가지 종류가 있다. 다음 종류의 근면과 관련된 것에 번호를 적으시오.

가. 외부로부터 강요당한 근면
나. 스스로 자진해서 하는 근면

1) 가난했을 때 논밭이나 작업장에서 열악한 노동 조건하에서 기계적으로 삶을 유지하기 위해 하는 일 – (　　)
2) 상사의 명령에 의해 잔업을 하는 일 – (　　)
3) 회사 내 진급시험을 위해 외국어를 열심히 공부하는 일 – (　　)
4) 세일즈 맨이 자신의 성과를 높이기 위해서 노력하는 일 – (　　)

평가문제 정답 및 해설

1. [정답] 3)
[해설] 라. 근면과 게으름은 생활 속에서 굳혀진 습관이다.

2. [정답] 2)
[해설] 이들은 모두 외부의 강제가 아닌 내발적 동기에 의해 행동하는 사람들이다.

3. [정답] 1) 가 2) 가 3) 나 4) 나
[해설] 외부로부터 강요당한 근면은 억지로 하는 노동, 상사에 의한 잔업이고, 자진해서 하는 근면은 일정한 목표를 성취하기 위해 노력하는 것을 말한다.

정리하기

1. 근면의 의미와 종류

- 근면이란 한자어의 의미는 '부지런히 일하며 힘씀' 혹은 '마음을 쏟아서 애씀'이란 뜻이다.
- 근면의 영어 단어는 'industry(산업으로도 풀이됨)'로서 근면사상이 산업주의와 밀접한 관계가 있음을 알 수 있다.
- 영국에서 자본주의가 발달하고 산업혁명이 일어나자 천한 사람들의 활동이던 노동이 새로운 의미를 갖게 된 것이다.
- '근면은 행운의 어머니'라는 금언과 같이 중요성을 강조하는 말들이 많다.
- 주자는 『권학문』에서 배움에서의 부지런함이 중요함을 일깨워준다.
- 공자는 더 나아가 삶의 근간이 부지런함에 있음을 강조한다.
- 근면과 인생의 성공은 인과론적인 관계에 있다.
- 세계에 자랑할 만한 우리 국민들의 장점은 근면성이다.

2. 근면의 두 가지 종류

- 근면에는 내발적 근면과 외발적 근면이 있다.
- 내발적 근면이란 일을 하는 이유가 그냥 좋아서, 감사해서, 의미가 있어서 등의 동기에서 비롯되는 근면이다.
- 외발적 근면이란 생계를 유지하기 위해, 남에게 잘 보이기 위해 등의 동기처럼 어떤 수단을 위해 할 수 없이 하는 근면을 말한다.
- 구글의 인재상은 '회사 복도에 떨어진 종이컵이나 휴지를 주워서 버릴 수 있는 사람'이다.
- 피동적 태도가 아니라 자신이 회사의 일부분이자 주인이라는 의식을 가진 사람이 결국 기업의 혁신을 도모할 수 있다는 것이다.
- 짐 콜린스는 주인의식을 '스스로 동기부여'되는 사람들이라고 정의한다.
- 유태인 상인의 사례는 내발적 동기가 외발적 동기보다 더욱 강하다는 사실을 보

여 준다.

3. 근면에 필요한 자세

-이나모리 가즈오는 직장의 직원들을 세 종류로 분류해 설명한다.

-가연성 직원은 주변 사람들의 영향을 받아야만 행동한다. 스스로 알아서 하는 것은 약하지만 누군가 가까이 다가가면 같이 활활 타줄 수 있는 사람이다.

-불연성 직원은 좀처럼 불타지 않는다. 일을 하는 데 있어서도 절대 나서지 않는다. 문제는 이런 불연성 직원은 옆에서 그를 지켜보는 사람들조차 의욕을 상실하게 만든다.

-자연성 직원은 스스로 활활 타오른다. 지시를 받기 전에 스스로 알아서 적극적으로 일을 찾아 나선다. 그를 보는 사람들이 덩달아 신이 날 정도다. 맡은 일은 누구보다 좋아하고, 이루고자 하는 책임감도 대단하다.

-나무꾼을 '가연성 인간'으로 비유할 수 있다면, 등산객은 '자연성 인간'에 비유할 수 있다.

-등산객의 산행이 즐거운 가장 근본적인 이유는 그것이 자진해서 하는 일이기 때문이다.

-나무꾼의 산행이 괴로운 가장 근본적인 이유는 그것이 강요당한 노동이기 때문이다.

-'스스로 동기부여'되는 직원은 자진해서 일을 하기에 직장이 즐겁다.

-자신이 맡은 일을 주인의식을 갖고 일한다.

-회사가 원하는 인재는 바로 이런 사람이다.

참고하기

이관춘(2013). 직업은 직업이고 윤리는 윤리인가(3판). 서울: 학지사.

이나모리 가즈오(2010). 왜 일하는가(신정길 역). 서울: 서돌.

이옥순(2012). 게으름은 왜 죄가 되었나. 경기: 서해문집.

장샤오헝(2014). 하버드대 행복학 명강의: 느리게 더 느리게(최인애 역). 서울: 다연.

조선일보, 2015. 5. 29. 구글형 인재는 복도 휴지 치울 줄 아는 사람.

중앙일보, 1977. 12. 30. 근면이란 무기. 김정흠(고려대 물리학과 교수).

최지연(2012). 칭찬할 때만 춤추는 고래? 최지연 교수의 교육현장. 충청타임즈 2012년 2월 16일자.

한국산업인력공단(2008). 직업윤리 교수자용 워크북.

제7강

정직한 행동

1. 정직의 중요성
2. 한국사회의 정직성 수준
3. 정직과 신뢰구축을 위한 4가지 지침

학습개요

정직과 신뢰의 중요성 및 우리사회의 정직성 수준을 이해하고 정직을 위한 4가지 지침을 설명할 수 있다.

학습목표

1. 정직과 신뢰의 중요성을 설명할 수 있다.
2. 우리사회의 정직성 수준을 설명할 수 있다.
3. 정직을 위한 4가지 지침을 설명할 수 있다.

주요용어

정직의 의미, 정직성 수준, 신뢰, 정직을 위한 지침

시작하기

〈사례 소개〉

지난 시간에는 근로윤리 중에서 근면이 무엇인지에 대해 살펴보았습니다. 이어 오늘은 정직한 행동이란 무엇이고, 왜 중요한지 그리고 구체적으로 정직한 사람으로 평가받기 위한 지침에는 어떤 것이 있는지에 대해 함께 생각해 보겠습니다.

벤저민 프랭클린은 정직이 최상의 방책이라고 말했습니다. 정직함이 결국 최선의 결과를 가져온다는 말이겠지요. 그러나 직장생활에서 우리는 이 말을 과연 얼마나 실감하고 있는지 되돌아 볼 필요가 있습니다.

먼저 2015년 발생한 독일 자동차 폭스바겐 배출가스 조작 스캔들을 통해 정직함이 배반당했을 때 어떤 결과를 가져오는지 생각해보도록 하겠습니다.

〈사례 내용〉

〈폭스바겐 배출가스 조작 스캔들〉

폭스바겐은 아우디, 벤틀리 등을 거느린 세계 1위의 자동차 그룹이다. 브랜드 가치 역시 최상급이며 모범적인 노사문화로도 유명하다. 폭스바겐은 품질의 대명사로 불리며 독일인들에게 '기술의 독일'을 표상하는 자존심 같은 존재다.

그런 폭스바겐이 1937년 창사 이후 78년 만에 사상 초유의 위기에 직면했다. 2015년 10월, 폭스바겐이 미국 환경기준을 맞추기 위해 배출가스 저감장치 소프트웨어를 조작해 배기가스 배출량을 조작하는 편법 불법행위를 해 온 사실이 발각되었다. 무려 1천1백만 대의 폭스바겐 차량의 배기가스 배출량을 조작해 온 것이다. 차량테스트 중에는 배기가스 배출 억제시스템을 가동하다가 일반 주행 중에는 억제 시스템이 꺼지도록 소프트웨어를 조작한 것이다. 그렇게 할 경우 연비 향상에 유리하기 때문이다. 비용을 절감해 다른 업체보다 높은 경쟁력을 갖고자 했던 것이다.

폭스바겐은 브랜드 이미지 훼손은 물론 천문학적인 벌금을 물어야 하는 상황에 직면했다. 이미 폭스바겐을 상대로 집단 소송이 시작됐다. 전문가들은 폭스바겐이 벌금과 집단소송 등의 문제로 향후 수년간 이익을 내지 못할 것으로 전망했다. 폭스바겐의 신용등급 하락도 불 보듯 뻔하다. 폭스바겐이 사태를 해결하는 데 리콜 비용과 벌금 등으로 최대 780억 유로(102조 1800억 원)가 필요할 것으로 전망되고 있다. 이 금액은 2014년 폭스바겐의 순이익보다 무려 7배가 많은 액수다.

설상가상으로 폭스바겐 스캔들로 주가가 급락하자 주주들이 손해배상 청구소송까지 내고 있다. 유명 자동차 브랜드를 인수하면서 쌓아 온 거대한 제국이 아우디와 포르셰 등 최고급 브랜드를 매각하면서까지 생존해야 할 절박한 상황에 처한 셈이다. 소비자에게 정직하지 못하고, 소비자를 기만한 대가가 얼마나 혹독한지를 뼈저리게 겪고 있는 것이다.

〈강의 안내〉

독일 자동차 회사인 폭스바겐이 하루아침에 사상최대의 위기에 직면하게 되었습니다. 원인은 정직의 약속을 깨뜨렸기 때문입니다. 이때까지 많은 사람들은 독일 기업의 제품은 상대적으로 다른 제품에 비해 더 신뢰할 수 있다고 생각을 했던 것이 사실입니다. 특히 폭스바겐은 품질의 대명사로 불려왔습니다. 그러나 이번 폭스바겐 배기가스 조작 사태로 폭스바겐의 브랜드 가치는 물론 전체 독일 기업에 대한 신뢰마저 추락하고 말았습니다.

폭스바겐 사태는 우리나라 기업은 물론 직장인 모두에게 중요한 교훈을 던져주고 있다고 봅니다. 기업이 단기성과에 집착해 '정도正道'가 아닌 속임수를 선택했을 경우 그 기업은 존폐 위기에 내몰린다는 사실입니다. 직장인 개개인의 경우도 마찬가지라고 봅니다. 사소한 거짓말이 뜻하지 않은 비윤리적인 결과를 초래해 믿음을 상실하게 되고 예상치 못한 어려움에 직면할 수 있다는 사실을 깨닫는 계기로 삼아야 한다고 생각합니다.

그럼, 이번 시간에는 정직과 신뢰가 왜 중요한지, 우리의 정직의 수준은 어떤 상태인지, 그리고 정직하기 위한 구체적인 지침은 무엇인지에 대해 함께 생각해 보겠습니다.

학습하기

1. 정직의 중요성

1) 정직의 의미

정직正直의 의미를 사전에서는 '마음에 거짓이나 꾸밈이 없이 바르고 곧음'이라고 정의한다. 이 정의에서는 세 가지 정직의 의미가 담겨 있다고 본다. '거짓이나 꾸밈이 없다'는 것은 '거짓말을 하지 않는 것'이다. 또한 '바르고 곧다'는 것은 자신이 속한 직장이나 공동체의 '규칙과 질서를 스스로 지키는 것', 그리고 '스스로의 양심을 깨끗이 지켜 나가는 것'을 의미한다고 볼 수 있다.

직장생활에서 거짓말을 잘한다는 것은 때로는 생존에 유리하고 처세에 필요한 것처럼 보일 수도 있다. 예컨대, 상사에게 잘 보이려 마음에도 없는 칭찬을 한다거나 자신을 돋보이게 하려고 실력을 조금 부풀림으로써 직장에서 득을 볼 수도 있다는 점에서 그렇다. 그러나 사소한 '사회적 거짓말'이든 본격적인 거짓말이든 결국은 자신을 속이는 것일 뿐 아니라 타인과의 믿음을 저버리는 결과를 낳게 된다. "사람이 정직正直하지 못하면 직장에서도, 가정에서도 정직停職 당한다."는 유머가 현실이 될 수 있는 것이다. "정직함이 최상의 방책"이라는 벤저민 프랭클린의 말이 공감을 얻는 이유가 여기에 있다.

지난 2002년 '미국 기업의 윤리적 위기' 당시 월드컴이나 엔론, 수 십여 개의

닷컴 기업, 타이코, 아서 앤더슨, 아델피아 등의 거대기업들이 미국 역사상 최대의 부도를 내고 줄줄이 파산하고 말았다. 이유는 무엇일까? 공통적인 이유는 정직하지 못한 경영을 했다는 것이다. 이들 기업들은 거짓과 시장 조작, 암묵적인 공모로 점철된 경영을 일삼다가 비참한 종말을 맞게 되었다. 이들 기업의 파산으로 인해 수많은 근로자들이 직장을 잃고 길거리에 나앉게 되었다. 더 심각한 문제는 이들의 거짓과 사기행각으로 인해 미국은 1929년 뉴욕 주식시장의 주가 대폭락 사태와 1930년대의 대공황 이후 미국 월스트리트 사상 최악의 경제위기를 맞게 되었다.

기업은 물론이고 개인적인 인간관계 역시 마찬가지다. 사람은 혼자서는 살아갈 수 없는 '사회적 동물'이다. 따라서 다른 사람과 협력을 해야 하고 그것이 확대되어 사회 시스템 전체가 유기적인 협조가 되어야 한다. 사람은 모든 정보를 전부 파악할 수 없으므로 협력을 하는 데 필요한 판단이나 행동을 다른 사람이 전달하는 것에 의존할 수밖에 없다. 또한 다른 사람이 전하는 말이나 행동이 사실과 부합된다는 신뢰가 없다면 일일이 직접 확인해야만 한다. 이른바 경제학에서 말하는 거래비용transaction cost이 많이 드는 비효율적인 사회가 되는 것이다. 그렇게 되면 사람들의 행동은 상당히 제약을 받을 수밖에 없으며, 보다 큰 조직과 사회체제의 유지자체가 불가능해진다(한국산업인력공단, 2008:85).

사회시스템은 구성원 서로가 신뢰하는 가운데 운영이 가능한 것이다. 그 신뢰를 형성하고 유지하는 데 필요한 기본적이고 필수적인 규범이 바로 정직인 것이다. 물론, 정직이 신뢰를 형성하는 충분조건은 아니다. 신뢰를 얻기 위해서는 정직 이외에도 약속을 잘 지키거나 필요능력을 갖춰야 하는 등의 요소도 충족시켜야 하겠지만 정직이 신뢰를 위해서는 빠질 수 없는 요소인 것만은 틀림없다(한국산업인력공단, 2008:85).

2) 더글러스 항공사의 정직과 신뢰

〈항공사 사장의 정직〉

항공기 제작회사인 더글러스와 보잉사는 최초의 대형 제트 여객기를 이스턴 항공사에 팔기 위해 경합을 벌이고 있었다(이하 내용은 한국산업인력공단, 2008:54-55에서 인용).

이스턴 항공사의 사장인 에디 레켄배커는 도날드 더글러스 사장에게 편지를 썼다. 편지 내용은 더글러스사가 DC-8 항공기에 대해 작성한 설계 명세서나 요구조건은 보잉사와 매우 흡사하나 다만 소음방지 장치가 미흡하다는 것이었다. 그러고 나서 레켄배커는 최종 결정을 하기 전에 더글러스사가 보잉사보다 더 우수한 소음 방지 장치를 달아 주겠다는 약속을 할 수가 있는지를 답장해 달라고 말했다. 더글러스 씨의 답장은 다음과 같았다.

To: 이스턴 항공사의 에디 레켄배커 씨

우리 회사의 기술자들에게 조회해 본 결과, 소음방지장치에 대한 약속은 할 수 없음을 알려드립니다.

From. 더글러스사의 도날드 더글러스

그러자 레켄배커 씨는 다음과 같은 내용의 답신을 보냈다.

To: 더글러스사의 도날드 더글러스 씨

나는 당신이 그 약속을 할 수 없다는 것을 알고 있었습니다. 나는 당신이 얼마나 정직한지를 알고 싶었을 뿐입니다. 이제 1억3천5백만 달러 상당의 항공기를 주문하겠습니다. 마음 놓고 소음을 최대한 줄여 보도록 노력만 해주십시오.

당장의 계약 체결을 위해 거짓과 속임을 쓰지 않고 직무수행을 정직하게 한 것이 어떤 결과를 가져오는지를 보여주는 사례라 할 수 있다. 정직한 개인이나 기업이 신뢰를 쌓게 되고, 고객을 감동시키며 결과적으로 이익을 창출하게 된다는 것을 보여주기도 한다.

정직한 사람을 신뢰하게 되는 사례는 우리의 경험을 통해서도 많이 접할 수 있다. 예를 들어, 차가 고장 났다고 생각해 보자. 운전 중에 갑자기 "끽끽"하고 괴상한 소리가 나며 차가 흔들리는 것이다. 간신히 가까운 정비소까지 몰고 가면서 혹시 엔진 고장으로 수백만 원이 허공으로 날아 가버리는 게 아닐까 겁이 나기도 한다. 게다가 처음 가는 정비소라서 바가지를 쓸지도 모른다는 불길한 생각도 든다. 그러나 차를 맡기고 돌아 온지 얼마 후 정비소에서 연락이 왔다. 브레이크 캘리퍼에서 볼트 하나가 빠져 브레이크 패드와 로터 사이에 낀 것이 문제였다는 것이다. 수리비용은 5만 원이라 한다. 이 경우 기분이 어떨지는 물어볼 필요도 없을 것이다. 아마도 나는 이미 그 정비소의 단골고객이 되어 있을 것이다.

3) 왜 정직해야 하는가

철학자 니체는 정직이 신뢰 형성에 얼마나 중요한지에 대해 다음과 같이 말한다. "나를 화나게 하는 것은 당신이 내게 거짓말을 해서가 아니라, 내가 더 이상 당신을 신뢰할 수 없게 됐다는 점이다." 철학자들은 한결같이 정직의 중요성을 강조한다. 만일 소크라테스에게 우리가 '왜 정직해야 하는가?'란 질문을 던진다면 '정직한 사람이 행복'하기 때문이라고 대답할 것이다. 플라톤의 『국가』에 나오는 글라우콘과의 대화에서 소크라테스는 거짓과 속임수가 당장의 이익은 가져다줄지 모르지만 그것은 행복과는 관계가 없다고 강조한다. 진정으로 정직하고 윤리적인 인간만이 행복하다는 것이다(Platon, 2012). 아리스토텔레스(2013)도 스승과 같은 맥락에서 품성으로서의 정직을 강조한다. 그는 『니코마코스 윤리학』에서 인간이 행복해지기 위해서는 탁월한 삶arete을 추구해야 한다고 강조한다. 탁월성에는 지적 탁월성과 품성적 탁월성이 있는데 그중 정직과 같은 품성적 탁월성이 더 중요한 행복의 요소라는 것이다. 18세기 공리주의자인 제러미 벤담은 정직이 우리 모두에게 이익과 쾌락, 행복을 가져다준다는 점에서 정직의 중요성을 강조한다. 서로가 서로의 이익을 위해 거짓말을 하는 사회의 종말을 생각해 보라는 것이다. 계몽주의 철학자인 독일의 이마누엘 칸트는 무조건적으로 정직해야 한다고 역설한다. 공리주의에서 주장하듯 결과가 좋은가 나쁜가에 관계없이 정직은 정언명령으로서 무조건적으로 정직해야 한다는 것이다.

많은 경영학자들은 정직의 중요성을 신뢰의 관점에서 강조한다. 신뢰란 무엇인가? 『신뢰의 속도』의 저자인 스티븐 코비(Covey, 2010:38)는 제너럴 일렉트릭의 전 CEO인 잭 웰치의 말을 인용하여 신뢰란 "느껴봐야 안다."고 단언한다. 우리는 사람을 신뢰할 때 그의 성실성과 능력, 정직함을 믿는다. 반면에 불신은 의심을 낳는다. 우리는 사람을 신뢰하지 않을 때 그의 성실성, 의도, 능력, 실적을 의심하게 된다. 또한 우리는 경험을 통해 신뢰에 기초한 관계와 그렇지 못한 관계에 차이가 있음을 알고 '느끼게' 된다. 경험은 우리에게 그 차이가 하늘과 땅만큼 크다는 것을 분명하게 말해준다(Covey, 2010:38).

직장의 상사나 동료직원, 고객, 배우자, 부모, 형제, 자식, 친구 가운데 돈독한 신뢰관계를 유지하고 있는 사람을 한 명 떠올려 보자. 예를 들어, 나의 차가 고장이 나 수리를 하러 정비사에게 간다고 생각해 보자. 그는 언제나 정직해서 내가 믿는 사람이고 나와 돈독한 신뢰 관계를 유지하고 있는 정비사다.

그 관계는 어떤가?
어떤 느낌인가?
얼마나 정직한 사람인가?
정비사가 청구한 비용을 믿을 수 있는가?

반대로, 낮은 신뢰관계를 가지고 있는 정비사라면 어떤가?
신속하고 자유롭게 소통되는가?

아니면 최종 합의에 도달하고 실행하는 데 지나치게 많은 시간과 노력이 필요한가?

그 관계가 즐거운가? 아니면 따분하고 귀찮고 소모적인가?

높은 신뢰 관계와 낮은 신뢰관계의 차이는 이처럼 확연하게 드러난다. 따라서 직업 생활에서 가장 기초가 되는 것은 사람 간에 신뢰를 구축하는 일이다. 조직 내에 신뢰가 부족하면 활력이 떨어지게 된다. 서로 믿지 못하게 되니 의심하고 예단하는 분위기가 조성된다. 거래를 성사시키는 데 드는 '거래비용'이 많이 들게 된다. 또한 함께 일하는 팀워크가 사라지고 내부 정치가 횡행하면서 궁극적으로 직원들의 사기와 성과가 떨어진다.

신뢰를 형성하고 유지하는 데 필요한 가장 기본적이고 필수적인 규범이 바로 정직이다. 신뢰는 믿음이고 믿음에는 정직이 전제조건이기 때문이다. 생각해 보자. 대부분의 사람들은 자동차 브레이크를 교환해야 하는지 아닌지를 알 도리가 없다. 그래서 정비사가 필요하다고 하면 나와 가족의 안전을 위해서 그 말이 진실이라고 믿을 수밖에 없다. 수리비용이 얼마든 요구하는 대로 지불할 수밖에 없다. 또한 보통 사람들은 폭스바겐같은 자동차의 배출가스 저감低減장치 소프트웨어를 알 수가 없다. 차량 판매자의 말을 믿을 수밖에 없다. 의사나 배관공, 회계사, 증권분석가의 경우도 마찬가지다. 그들은 그 분야의 전문가이고, 우리는 그들의 안내를 따르게 되는 문외한이다. 그런 관계에서는 무엇보다 신뢰가 중요하다. 그리고 그 신뢰의 바탕은 정직인 것이다.

사회심리학 측면에서 볼 때, 사람들은 자신이 약한 입장에 있을 때 상대방이 자신을 존중하고 진실하게 대해주면 가장 쉽게 신뢰를 느낀다. 차량 고장처럼 불편한 일이나 어려운 일을 당했을 때 정직하게 자신을 대해주면 그는 그 정비소의 단골 고객이 된다. 직장의 상사가 직원들에게, 그리고 기업 직원들이 고객에게 항상 솔직하다면 직원은 상사를, 고객은 기업을 믿게 된다. 어느 출판사 사장은 이렇게 말한다. "상황이나 조건에 상관없이 나는 언제나 진실을 말한다. 그래서 직원들은 나의 행동이나 반응을 대체로 예상할 수 있다. 갑자기 뒤통수 맞을 일이 없다는 얘기다. 직원들 말로는 이 회사에서 일하는 게 그래서 좋다고 한다. 우리 회사 이직률은 일 년에 1~2%를 넘은 적이 없다. 그런 걸 보면 지금까지 내 방식이 괜찮은 것 아닌가(Johnson & Phillips, 2005:91)."

Q 주제1 돌발퀴즈

괄호 안에 들어갈 단어는?

신뢰를 형성하고 유지하는 데 필요한 가장 기본적이고 필수적인 규범이 바로 (　　) 이다. 신뢰는 믿음이고 믿음에는 (　　)이 전제조건이기 때문이다.

2. 한국사회의 정직성 수준

1) 거짓말 공화국

앞에서 독일 자동차 기업 폭스바겐이 사기를 치다가 경영위기에 봉착한 사건을 생각해 보았다. 그렇다면 우리 사회의 정직성은 어떤가? 답은 부정적이다. 언론에 보도된 한 예를 들어보자.

> 2015년 폭스바겐은 배출가스 저감 장치를 조작해 온 것이 발각돼 전 세계적으로 지탄의 대상이 되었다. 오로지 자사의 이익만을 목적으로 환경오염에 직결되는 거짓말을 해 온 탓에 외국에서는 주가가 폭락하고 폭스바겐 차량 판매는 100분의 1로 곤두박질쳤다. 그러나 한국에서는 오히려 그 차 판매

〈주제1 돌발퀴즈〉 [정답] 정직

가 65%나 늘었다. 그해 11월 폭스바겐 브랜드의 국내 판매량은 수입차 업체 중 가장 많은 4,517대에 달해 전년 동기 2,727대 보다 65% 증가하면서 역대 월간 최대 판매량을 달성한 것이다. 그 이유는 폭스바겐이 사기를 치다가 들켜 급감한 판매량을 회복하기 위해 국내에서 '파격적인 할인 프로모션'을 실시했기 때문이다.

값 좀 깎아 줬다고, 환경오염으로 지탄받는 폭스바겐 차량 판매량이 우리나라에서만 65%나 급등한 것은 무엇을 말해주는 것일까? 환경에 대한 책임도, 스스로에 대한 정직도 찾아볼 수 없는 현상이다. 글로벌 시대에 글로벌 시민으로서의 최소한의 의식도 없음을 전 세계에 보여 준 부끄러운 현상이 아닐 수 없다.

우리사회의 정직성 수준이 낮은 것은 거센 역사의 소용돌이 속에서 여러 가지 부당한 핍박을 받은 경험이 있어서 그렇다는 분석도 있다. 원칙보다는 집단 내의 정과 의리를 소중히 하는 문화적 정서도 그 원인이라는 주장도 있다. 또한 부정직한 사람이 정치인이 되고, 대통령이 되고, 기업인이 되고, 사회적으로 성공하는 등의 부조리한 현상으로 인하여 정직한 사람이 어리석어 보이는 측면도 무시할 수 없다(한국산업인력공단, 2008:85). 원인이야 어떠하든 글로벌 시대의 우리의 정직성에 대한 평판은 국가경쟁력에도 큰 영향을 미친다는 점에서 문제의 심각성이 있다.

오죽했으면 우리나라 어느 신문에서는 사법관련 통계를 인용하며 한국사회를 '거짓말 천국'이라고 비판했겠는가? 여기에 한 일본 매체는 한 술 더 거든다. "한국인은 숨 쉬는 것처럼 거짓말을 한다."는 것이다. 다른 나라도 아닌 일본인으로부터 우리 한국인의 '아픈 곳'을 후벼 파는 말을 듣고 있는 현실이다. 그러나 한국 경찰청의 통계를 보면 할 말을 잃게 된다. 2000년 한 해 동안에만, 법정에서 거짓말을 하는 위증죄로 기소된 사람이 1,198명, 남을 거짓으로 고소 고발하는 무고죄는 2,956명, 사기죄는 5만386명이었다. 문제는 해가 갈수록 심해지고 있다는 점이다. 2013년에는 위증죄로 기소된 사람이 3,420명, 무고죄가

6,244명, 사기가 29만1,128명으로 급증했다. 일본 매체는 이런 숫자는 "일본의 66배에 이르는 것이며, 인구 규모를 감안하면 165배나 많은 것"이라고 썼다. 놀라운 것은 한국의 사기 피해액이 43조원에 달하며 이는 한국이 세계 제1의 사기 대국大國이자 부패 대국이라고 주장한 대목이다(조선일보, 2016. 6. 21.).

참고로 한국에서 소송 사건이 급증하고 있는 것도 같은 맥락에서 이해할 수 있다. 법원행정처 통계에 따르면, 2009년 한 해 동안 소송사건은 634만 5천 건으로 국민 1인당 0.127건씩 소송을 진행하고 있다는 얘기다. 인구가 우리의 2.5배가 넘는 일본보다 민사소송 건수는 거꾸로 2배 가까이 되는 '소송왕국'인 셈이다. 더욱이 최근 10년 사이 소송증가율이 인구증가율을 5배 이상 뛰어넘으면서 '소송만능주의'현상을 심화되고 있다. 분쟁이 생기는 족족 법정으로 달려가는 '각박한 사회'현상은 이혼소송에서도 확인된다. 2009년 결혼신고 건수는 31만2,093건인 데 비해 이혼신고 건수는 12만4,483건으로 전년 대비 6.4% 늘어나 10쌍이 결혼할 때 4쌍은 이혼한다(이관춘, 2013)는 결론이 나온다.

위증사범을 대상으로 그 동기를 분석한 결과, 가장 많은 이유가 '친분관계 때문'(52.9%)이었고, '금전적 대가를 약속해서'(26.5%)로 두 번째였다. 혈연, 지연, 학연으로 엮인 연고주의 및 온정주의와 돈만 받으면 뭐든 다 해줄 수 있다는 생각이 거짓말을 '밥 먹듯'하는 사회 풍토를 만드는 것이다.

이러한 현상은 우리사회가 제도나 체제에 대한 신뢰공적 신뢰보다는 가족과 혈연, 학연 등의 '끼리끼리' 연결망 내의 사람들 간의 신뢰사적 신뢰에 집착하고 있음을 알 수 있다. 사적인 연고를 초월한 공적인 신뢰가 형성되어 있을 때 사람들은 타인을 신뢰하면서 활발한 경제행위를 할 수 있고, 이를 통해 경제 발전에 유리한 여건을 확보할 수 있다.

2) '국화와 칼': 일본식 정직

법정 통계를 들이대며 우리의 정직 수준을 일본과 비교하다 보면 수치 뒤에 숨어있는 사실fact이 가려질 수가 있다. 자칫, 한국인은 부정직하고 일본인은 정직하다는 순전한sheer 일반화의 오류에 빠질 수가 있다는 것이다. 한국인의 정직성을 비판한 일본 매체가 범하고 있는 것이 바로 이 점이다. 우리사회의 부끄러운 정직성을 인정하고 반성과 성찰이 필요하다는 전제 하에, 우리의 정직한 문화 구축을 위한 반면교사로서 일본인의 실상을 논의해 보는 것은 의미가 있다고 본다.

주목해야 할 점은, 앞의 법정 소송 통계는 모두 개인들 간의 갈등과 관련된 문제라는 점 그리고 갈등해결 방식에 있어서의 한국과 일본의 현격한 문화적 차이가 있다는 점이다. 한국인은 개인 간 사소한 갈등문제까지 법으로 해결하는 데 주저함이 없다. 소송건수도 많고 승소를 위한 거짓말의 유혹도 비례적으로 늘어난다. 물론 이 점이 거짓말의 변명이 될 수는 없다.

반면, 일본 문화에서 갈등은 그 자체로 악이다. 아래에서 설명하듯, 화和를 중시하는 섬나라 문화에서 타인과의 갈등 표출은 '왕따'가 되는 지름길이다. 그러니 웬만해선 법정으로 가지 않는다. 일본의 변호사 수가 서양 선진국에 비해 절대적으로 적은 이유가 이를 반증한다. 법적 해결을 자제하니 고소 고발이나 위증, 무고, 사기 건수가 적을 수밖에 없고, 있어도 통계로 드러나지 않는다. 상대적으로 정직성이 돋보일 수밖에 없는 이유다. 주목할 점은, 공동체(일본 중심의)의 비난에서 벗어날 수 있는 조건과 환경으로 바뀌면 일본인의 정직성은 달라진다. 학자들이 일본인들의 윤리를 철저히 상황윤리로 규정하는 이유가 여기에 있다. 한 예를 들어보자.

최근 영국 이스트앵글리아대 경제학과 연구진이 전 세계 15개국 시민들을 대상으로 정직성을 조사(조선일보, 2015. 11. 24. 재인용)했는데 흥미로운 결과가 나왔다. '동전 던지기' 검사를 해 앞면이 나왔다고 응답한 사람에게 금전적 보상이 주어졌는데, 영국과 남아프리카공화국의 정직성이 높게 나온 반면 아시아에서는 인도, 한국, 일본, 중국 순이었다. 한국보다 낮으니 일본 매체의 논리대로 라면 일본인도 "숨 쉬는 것처럼 거짓말을 한다". 설문조사는 그렇다 해도 과연 실제로도 그러한 것일까? 최근의 사건들은 이를 뒷받침한다.

전술한 대로 독일 자동차 폭스바겐은 배출가스 저감장치를 사기 친 사건 하나로 전 세계인들의 비난을 받았다. 그러나 폭스바겐 사태에 가려 크게 부각되진 않았지만 일본 자동차기업들의 연이은 사기행각을 보면 할 말을 잃는다. 몇 해 전 일본 최대 자동차회사인 도요타 리콜사태로 인해 일본 경영인들의 '갈 데까지 가보자'식의 거짓말이 들통 났다. 일본 자동차 업계의 신뢰가 추락하기 시작한 것이다. 2010년 가속페달 결함을 숨겨 무려 천만대 리콜을 당했으니 그만큼의 세계인들에게 거짓말을 한 셈이다. 도요타 회장이 90도 고개 숙여 사죄했다. 그뿐이었다.

일본 자동차기업들의 사기행각은 더욱 치밀하고 광범위해졌다. 2016년 들어서는 미쓰비시 자동차의 연비조작, 닛산자동차의 배출가스 조작으로 이어지더니 일본 4위 자동차 회사인 스즈키까지 연비 부정 스캔들에 휘말리면서 일본 자동차업계의 신뢰도가 곤두박질쳤다. 말이 '조작'이지 비열한 '사기'행각이다. 전범戰犯기업이었던 미쓰비시는 2016년 4월 자사의 4개 차종 62만 5천 대에 대해 연비를 속인 사실을 마지못해 시인했다. 무려 25년 동안이나 부정한 실험방법으로 연비를 거짓 측정한 것이다(동아일보, 2016. 5. 20.). 경영위기에 처한 미쓰비시의 경영권은 닛산으로 넘어갔다. 허나 닛산 역시 배출가스양을 불법으로 조작한 사실이 들통 났다. 뿐만이 아니다. 일본 경차 시장 2위 업체인 스즈키자동차 역시 2016년 4월 무려 16개 차종 210만 대에 법을 속여 가며 6년 동안 부적절한 방법으로 연비를 측정한 사실이 발각됐다. 이들 4개 일본기업이 전 세계 소비자들을 상대로 저지른 사기 액수를 계산한다면 '사기 대국' 못지않게 천문학적일 것이다.

물론 연비조작이 일본 기업에만 한정된 것은 아닐 수도 있다. 그러나 주목할 점은 이들 일본인들의 거짓말은 정부 규제의 허점을 노린, 철저히 계획적이란 점에서 죄질이 무겁다. 무려 25년간이나 연비를 조작해 온 사기행각이 이를 말해준다. 미쓰비시 경영층은 "어떻게든 연비목표를 달성하라. 방법은 너희들이 생각하라."(동아일보, 2016. 5. 20.)며 맞대놓고 거짓말을 부추겼다. 비윤리경영의 대명사인 엔론의 회장이 "수단과 방법을 가리지 말라. 단, 걸리지만 말라!"고 직원들을 독려한 것을 연상시킨다. 한 마디로 이들 일본 자동차의 경영방침은 '걸리지 않는 한 끝까지 사기를 치겠다.'는 것이었다.

전술한 바대로 이러한 현상은 일본인들의 독특한 상황윤리 및 이중적 윤리의식에서 찾을 수 있다. 물론 대부분의 사람들의 윤리적 행위는 이중적이며 또한 상황에 좌우될 수 있다. 문제는, 스탠포드대 심리학과 필립 짐바르도(Zimbardo, 2007) 교수가 저서 『루시퍼 이펙트』에서 분석하였듯이, 일본인들에겐 그 이중성이 지나치리만치 극명하다. 일본인 연구의 고전이 되다시피 한 『국화와 칼』의 저자, 루스 베네딕트(Benedict, 1985)는 일본 민족성의 본질을 한마디로 '모순'으로 정의했다. 일본인은 손에는 아름다운 국화를 들고 있지만다테마에; 겉표현, 허리에는 차가운 칼을 찬혼네; 속마음 이중적 인간이라는 것이다. '착하다' '나쁘다'가 아니라, 일본인은 착하면서도 나쁘고 친절하면서도 불친절하며 복종적이면서도 반항적이라는 것이다.

경희대 초빙교수인 후지모토 도시카즈 교수의 분석(조선일보, 2011. 3. 21.)은 보다 구체적이다. 일본에는 '세켄世間'이란 말이 있다. 남의 시선을 늘 의식하고 자신의 욕망과 행동을 제약하며 산다. 끊임없이 눈치를 본다. 이유가 중요하다. 집단 왕따를 당할까 두렵기 때문이다. 그래서 남에게 절대 '메이와쿠迷惑; 폐'를 끼쳐서는 안 된다. 주유소에서 철저하게 줄을 서는 것은 새치기할 경우 질서 파괴자로 집단 왕따를 당할 두려움 때문이다. 발각될지도 모를 거짓말을 하지 않는 것 역시 두렵기 때문이다. 집단 왕따의 두려움이 일상적으로 학습되어 있는 것이다. 그래서 일본인들에 중요한 말이 '화和'라는 개념이다. 섬이라는 폐쇄적 공간의 생태적 속성이 서로에게 폐를 끼치지 않도록 만들고 타인과의 '화'를 처세의 중심에 놓게 만든 것이다. 그래서 '혼네속마음'와 '다테마에겉표현'가 다르다. 그들에겐 그게 살길이다. 우리가 싫어하는 표리부동이란 이중성이 일본에선 사회윤리의 덕목이 되는 것이다.

주목할 만한 흥미로운 사실이 있다. 일본인들의 그 '화和'의 범주에 '다른 나라 사람'은 포함되지 않는다는 점이다. 이 점이 보편적 윤리관을 가진 서양인들과 대비된다. 단적인 예로, 백주대낮에 수도인 동경 한복판에서 극렬한 대규모 혐한 시위를 벌이는 것을 보면 알 수 있다. 특히 자신보다 못하다고 판단하면 더욱 그렇다. 혐한 시위에서 보듯 일본 내 소수민족은 철저히 무시하지만 미국이나 유럽인들을 대하는 태도는 다르다. 미군정 시절에는 점령군의 통치에 철저히 복종하는 일본인을 두고 "얼마 전까지 비행기에 폭탄을 싣고 돌진하던 바로 그 일본인들이 맞냐."며 미군이 놀랐을 정도다. 학자들은 이러한 일본인들의 이중적 행위를 '맥락적contextual'이라고 단언한다.

맥락과 상황에 따라 선악의 기준이 달라진다는 의미다. 정직이나 거짓말도 상황이나 맥락 속에서 결정된다는 것이다. 이 점이 서양문화와의 차이다. 서양의 죄의식문화guilt culture는 절대적인 윤리기준과 양심에 기초한 내면적 죄의식을 중시한다. 이에 반해, 맥락적인 일본의 수치문화shame culture는 타인의 내적 감정, 자신에 대한 타인의 평가 및 자신의 체면이 행동의 기준이 된다(Benedict, 1985:222). 인류학자 베네딕트의 표현을 빌리면 '손에는 아름다운 정직의 꽃을, 그리고 허리에는 차가운 거짓의 칼'을 차고 사는 것이 일본인이다.

3) 거짓보다 무서운 것

미국 뉴저지 주州 보험사기검찰국의 인터넷 홈페이지에 들어가 보면 눈에 확 들어오는 문구 하나가 보인다. '보험사기의 끝은 어디인가Where does insurance fraud end?' 이 질문 밑에는 '감옥PRISON'이라는 큰 글자가 새겨져 있다. 뉴저지 주 정부가 대대적으로 벌이고 있는 보험사기 예방 캠페인의 캐치프레이즈인 것이다. 주 검찰국은 "살인이나 마약 범죄를 빼고는 보험사기 만큼 만연된 심각한 범죄는 없다."고 말한다. 은행을 털거나 차를 훔칠 생각은 감히 해보지도 못하는 사람들이 보험사기로 쉽게 돈을 챙길 수 있다는 유혹은 뿌리치기 힘들어한다는 것이다(조선일보, 2011. 11. 5.).

미국의 사례를 들었지만 우리나라만큼 보험사기가 만연된 사회도 없을 것이다. 개인이나 조직이나 법망의 틈새만 발견하면 여지없이 파고들어 잇속을 챙긴다. 고등학생부터 주부까지 나이, 성별, 교육의 차이가 없다. 지난 2012년에는 한 도시 전체가 보험사기에 연루된 적도 있다. 경상남도 창원에서 1,361명이 보험사기에 가담해 연루된 사람 숫자로는 사상 최대 규모의 보험사기 사건이 발생한 것이다. 이들은 3년 동안 3개 병원에 허위로 입원해 33개 보험사에서 1인당 평균 700만 원씩 모두 95억 원의 부당한 보험금을 받아 챙겼다. 가족끼리 같은 병원에 동시에 입·퇴원한 '가족 사기단'도 모두 176명에 달했다니 가히 기네스북에 오를 사건이다.

우리나라의 교통사고 환자 입원율은 세계 최고 수준이어서 자동차 사고 환자의 50.9%(2011년 기준)가 병원에 입원하고 있다. 둘 중 하나 꼴로 입원하는 셈이다. 그런데 입원한 사람 중 정말로 입원치료가 필요한 상해 등급 1~7급 환자는 고작 6%에 불과하다(조선일보 2013. 10. 15.). 교통사고 환자 열에 여덟은 군이 입원하지 않아도 되는 '나이롱환자'란 얘기다. 이웃한 일본의 교통사고 환자 입원율이 우리의 10분의 1에 불과한 5.2%라는 비교가 우리를 더욱 우울하게 만들고 있다. 게다가 갖가지 방법으로 보험금을 빼 먹는 속임수에 대해 둔감한 사람들은 줄어들 기미가 보이지 않는다. 교통사고 입원율은 감소세에 있다지만, 보험사기에 가담한 사람들은 2009년 6만3,360명에서 2012년 8만3,181명으로 늘었고 보험사기 금액도 같은 기간 3,367억 원에서 4,533억 원으로 증가했다.

그러나 거짓보다 무서운 것은 거짓 불감증이다. 보험사기에 가담한 사람들의 도덕 불감증이 만연돼 있다는 것이다. 주변에서도 보험회사의 허점을 파고들어 잇속을 챙긴 것을 전쟁 무용담처럼 자랑하는 사람들을 어렵지 않게 볼 수 있다. 백미러를 부딪치는 차량 접촉사고에도 무조건 병원에 입원하고 본다. 가벼운 접촉사고라도 나면 '공돈 생길 일'이 생겼다고 반기는 사람들마저 있다. 중소 정형외과 인근에서는 경미한 사고를 당한 이후 병원에 드러누운 이른바 '나이롱환자'가 멀쩡하게 외출하거나 삼삼오오 모여 술을 마시는 모습까지 볼 수 있다. 사기행각에 무감각해진 이기적인 '천민'의 모습이자, 돈 몇 푼에 영혼을 파는, 니체가 말한 '무리 짐승herd'의 행태가 아닐 수 없다.

자신의 행동과 그 행동으로 피해를 보는 대상과의 '심리적 거리psychological distance'가 있을 때 사람들은 일반적으로 죄책감을 덜 느끼게 된다. 그러나 보험사기의 1차 피해자는 보험사나 국가지만 보험료 전가를 통해 결국 죄 없는 다른 가입자에게까지 피해가 돌아가는 건 누구나 아는 사실이다. 대부분의 국민들이 이런저런 보험을 든 현실에서 사기가 기승을 부릴수록 애꿎은 가입자의 부담만 그만큼 커지게 된다. 결국 보험 사기범은 주위 사람들의 주머니를 터는 범죄자와 다를 바 없다. 실제로, 교통사고 환자의 병원 입원율을 현재의 5분의 1수준으로만 낮추어도 사회적 비용을 연간 1조원이나 절감할 수 있다고 교통사고 전문가들은 말한다. 이런 사회적 비용은 고스란히 선량한 보험 가입자가 부담하는 것이다.

결국은 끊임없는 교육을 통해 거짓을 두려워하는 사회풍토를 일구어 나가는 수밖에 없다. 과거 우리나라에서는 아무 데서나 담배를 피울 수 있었지만 간접흡연 피해에 대한 교육과 사회적 공감대가 형성되면서 요즘은 음식점 등의 금연지역에서의 금연도 정착돼가고 있다. 보험사기도 마찬가지 방법으로 개선해 나갈 수 있을 것이다. 일본사회도 과거에는 우리처럼 '유령 환자'가 많아 골치를 앓았으나 꾸준한 시민교육을 통한 의식개혁으로 현재의 모습을 갖추게 된 것으로 전해지고 있다.

서양사회에선 남에게 '거짓말쟁이Liar'라고 했다간 사생결단을 각오해야 한다. 몇 해 전 영국의 촉망받는 중견 정치인이자 차기 영국 지도자로 꼽혀 온 크리스 휸 상원의원이 10년 전에 과속으로 벌점이 초과돼 면허정지 위기에 처하자 아내에게 벌점을 떠넘기기 위해 거짓말을 했던 사실이 드러났다. 휸 의원은 도의적 책임을 지고 장관직까지 그만뒀지만 영국 검찰은 "벌점을 타인에게 떠넘기는 것은 사법정의를 위협하는 중대한 범죄행위"라며 징역형을 선고했다. 사소한 거짓이나 부정이라도 얼마나 가혹하게 처벌하는지를 단적으로 보여 주는 대목이다. 우리와 차이가 나도 너무 난다. 우리사회에서 '거짓말쟁이'란 욕은 그저 생뚱맞은 '평범한' 욕에 불과하지 않은가. 거짓말쟁이라는 욕이 가장 무서운 사회가 되어야 한다.

Q 주제2 돌발퀴즈

괄호 안에 들어갈 단어는?

우리사회에서는 제도나 체제에 대한 신뢰(공적 신뢰)보다는 가족과 혈연, 학연 등의 '끼리끼리' 연결망 내의 사람들 간의 신뢰(　　　　)에 집착하고 있음을 알 수 있다.

3. 정직과 신뢰구축을 위한 4가지 지침

정직하면 단기적으로는 불편하고 손해를 감수해야 할 수도 있다. 그러나 결과적으로 정직한 사람은 신뢰를 쌓게 되고, 그 신뢰는 자신에 대한 자부심으로, 그리고 직장에서의 만족과 성공으로 돌아오게 될 것이다. 정직을 위한 4가지 지침을 하나하나 새겨 보도록 하자(한국산업인력공단, 2008:86-87).

하나, 정직과 신뢰의 자산을 매일 조금씩 쌓아가자.

정직은 돈보다 소중한 자산임을 항상 염두에 두고 돈을 아끼고 모으듯, 매사

〈주제2 돌발퀴즈〉 [정답] 사적 신뢰

에 정직한 태도를 지녀 자산을 차곡차곡 축적하자. 티끌 모아 태산은 물자나 돈에도 해당되지만 신뢰의 축적에도 해당되는 말이다. 하루하루 당신의 자산이 쌓여간다고 생각해보자. 생각만 해도 신나고 즐거운 일이 아니겠는가?

둘, 잘못된 것도 정직하게 밝히자.

자랑할 만한 일에는 누구나 정직할 수 있다. 부끄럽고 숨기고 싶고, 밝히면 손해 볼 것 같은 일 때문에 부정직하게 되는 것이다. 잘못된 것, 실패한 것, 실수한 것에 대해 정직하게 인정하고 밝히는 것은 잘못을 줄이고 더 큰 잘못을 막기 위한 최고의 전략이다. 고객에게나 동료에게나 상사에게나 마찬가지다.

모든 일은 투명하고 남이 알 수 있도록 진행하며 사실 그대로 보고하고 사실 그대로 알려주어야 한다. 누구나 모든 것에 완벽할 수 없다. 일도 그렇고 상품도 그렇다. 상품의 장점은 물론, 결함이나 단점에 대해서도 솔직하게 이야기를 해 주어야 한다. 실수나 결함의 잘못보다 정직하지 못한 경우가 더욱 잘못된 것이다. 언론에 보도된 사례 하나를 보자(동아일보, 2016. 3. 19.).

〈기특한 일곱 살〉

골프는 대부분 심판원의 감독 없이 양심에 따라 경기를 진행한다. '신사의 스포츠'라 불리는 이유다. 하지만 유혹에 흔들릴 때도 잦다. 공을 치기 좋은 위치로 슬쩍 옮겨 놓거나 스코어를 속이는 주말 골퍼가 적지 않다. 규칙을 자신에 유리하게 해석했다가 망신을 당하는 프로골퍼도 나온다.

스페인에도 이런 얌체 골퍼가 많았던 걸까. 유소년 골프 대회에서 우승한 어린이가 성적 계산에 착오가 있었다며 우승컵을 반납한 사실이 알려지자 스페인 전체가 열광했다. 스페인 일간 엘문도 등에 따르면 야고 호르노(7)는 지난 12일 열린 어린이 골프 대회에서 50타로 1위에 올랐다. 집에 가서 자신이 직접 작성한 스코어 카드를 본 야고는 가슴이 철렁 내려앉았다. 타수 계산이 잘못돼 원래 성적이 51타였던 것이었다. 아무에게도 말하지 않으면 우승컵을 그대로 차지할 수 있는 상황. 그는 거짓 우승을 택하는 대신 대회를 주최한 로열안달루시아골프협회(RAGF)에 편지를 썼다. "실수로라도 타수를 잘못 기록하는 건 실격의 이유가 된다고 배웠어요. 우승컵은 받을 자격이 있는 다른 선수에게 돌아가야 해요." 야고가 연필로 꾹꾹 눌러 쓴 손편지를 받은 RAGF는 성명서를 내고 "진정한 신사임을 입증한 이 선수의 아름다운 행동을 받아들인다."며 화답했다.

이 사연을 접한 많은 사람이 "일곱 살짜리가 진정한 스포츠맨십이 무엇인지를 보여줬다"며 꼬마 골퍼를 향한 찬사를 쏟아냈다. RAGF 관계자는 "야고는 우리가 골프에서 배울 수 있는 가장 중요한 것을 이미 배웠다."며 그것은 '정직'과 '규칙에 대한 존중'이라고 말했다.

셋, 타협하거나 부정직을 눈감아 주지 말자.

미국 공군사관학교에서 어떤 교관이 불법적으로 술을 소지하고 있는 생도를 붙잡았다. 엄히 꾸짖고 술을 빼앗은 후, 교관은 그 생도에게 보고는 하지 않을 테니까 다시는 규율을 어기지 않겠다고 약속하라고 했다. 규율 위반 사실을 보고 하면 그 생도는 교칙에 의해 중징계를 받아야 한다는 사실을 알고 있었기 때문이다.

몇 달 후, 그 생도가 또 술을 소지하고 있다가 적발되었다. 학교 당국으로부터 견책을 받게 되자 그는 교관이 일전에 자기를 적발하고 보고 하지 않은 사실을 실토했다. 며칠 후 그 교관은 다른 곳으로 문책성 전출을 당하고 경력에 오점을 남겼다. 개인적인 인정에 치우쳐 부정직을 눈감아 주거나 타협하는 것은 결국 내 자신의 몰락은 물론, 또 다른 부정을 일으키는 결과를 가져오게 된다. 조그마한 구멍에 물이 새면 구멍이 점점 커지듯이 결국 관행화되고, 전체에게 피해를 주는 결과를 가져온다.

넷, 부정직한 관행은 인정하지 말자.

"나야 정직하고 싶지. 업무관행과 환경들이 그렇게 안 하면 안 되게 되어 있는데?"라고 얘기할지도 모른다. 시대도 변하고 환경도 변하는데 언제까지 과거의 관행을 가지고 경쟁할 수 있다고 보는가? 과거에는 한때 부정직이 경쟁의 한 방편인 적도 있었다. 그러나 그러한 관행은 이제 뿌리 뽑지 않으면 살아남지 못하는 시대가 되었다. 관행 때문에 그렇게 했다는 것은 잘못을 합리화하는 근거가 될 수 없다. 누가 강요했든, 관행이 어찌 되었든 내가 한 행위는 나의 책임이다. 부정직한 관행을 깨는 것에도 도전정신이 필요하다.

앞에서 사례로 든 폭스바겐의 경우도, 배출가스 데이터 조작을 자동차업계의 오랜 관행으로 치부했기 때문에 위기를 자초한 것으로 알려지고 있다. 언론에 따르면 세계 자동차 업계에서 배출가스 데이터 조작이 실제로는 오랜 관행으로서 포드, 크라이슬러 등 다른 자동차 업체도 과거에 리콜 명령과 벌금 처분을 받았다는 것이다. 그러나 폭스바겐은 다른 자동차 업체의 사례를 반면교사로 삼았어야 했음에도 관행으로 변명하고 배출가스 조작을 시정하지 않았던 것이다.

평가문제

1. 다음 괄호 안에 들어갈 말은?

철학자 니체는 (   )이 신뢰 형성에 얼마나 중요한지에 대해 다음과 같이 말한다. "나를 화나게 하는 것은 당신이 내게 거짓말을 해서가 아니라, 내가 더 이상 당신을 믿을 수 없게 됐다는 점이다."

2. 우리사회의 낮은 정직성 수준의 원인을 설명한 것으로 옳은 것끼리 짝지은 것은?

가. 개인의 문제가 아닌 핍박 받은 역사적 경험 때문이다.

나. 원칙보다는 집단 내의 정과 의리를 소중히 하는 문화적 정서도 한 원인이다.

다. 사회의 부조리 현상으로 인해 정직한 사람이 어리석어 보이는 측면도 무시할 수 없다.

라. 위증을 하는 동기로서 '친분관계 때문'이 가장 많다.

마. 우리사회에서는 사적 신뢰보다 공적 신뢰에 더 집착한다.

1) 나, 다, 라　　2) 가, 라, 마　　3) 나, 라, 마　　4) 다, 라, 마

3. 정직을 위한 지침으로서 올바른 것끼리 묶은 것은?

가. 정직과 신뢰의 자산을 매일 조금씩 쌓아가자.

나. 자랑할 만한 일은 밝히고 잘못된 것은 숨긴다.

다. 타협하거나 부정직을 눈감아 주지 말자.

라. 관행이라면 부정직한 것이라도 눈감아 준다.

1) 나, 다　　2) 가, 라　　3) 나, 라　　4) 가, 다

평가문제 정답 및 해설

1. [정답] 정직

[해설] 철학자 니체의 말이다.

2. [정답] 1)

[해설] 가. 역사의 경험도 있지만 기본적으로 개인의 문제다.

마. 우리사회는 사적 신뢰에 더 집착한다.

3. [정답] 4)

[해설] 나. 잘못된 것이라도 밝힌다.

라. 부정직한 관행은 눈감아 주지 말자.

정리하기

1. 정직과 신뢰의 중요성

- 정직(正直)의 사전적 의미는 '마음에 거짓이나 꾸밈이 없이 바르고 곧음'이다.
- '거짓이나 꾸밈이 없다'는 것은 '거짓말을 하지 않는 것'이다.
- '바르고 곧다'는 것은 자신이 속한 직장이나 공동체의 '규칙과 질서를 스스로 지키는 것', 그리고 '스스로의 양심을 깨끗이 지켜 나가는 것'을 의미한다고 볼 수 있다.
- 사소한 사회적 거짓말이든 본격적인 거짓말이든 결국은 자신을 속이는 것일 뿐 아니라 타인과의 믿음을 저버리는 결과를 낳게 된다.
- 지난 2002년 '미국 기업의 윤리적 위기'의 공통적인 이유는 정직하지 못한 경영을 했기 때문이다.
- 사회시스템은 구성원 서로가 신뢰하는 가운데 운영이 가능한 것이다.
- 신뢰를 형성하고 유지하는 데 필요한 가장 기본적이고 필수적인 규범이 정직이다.
- 정직한 개인이나 기업은 신뢰를 쌓게 되고, 고객을 감동시키며, 결과적으로 이익을 창출한다.
- 소크라테스는 '정직한 사람이 행복'하다고 말한다. 진정으로 정직하고 윤리적인 인간만이 행복하다는 것이다.
- 아리스토텔레스는 인간이 행복해지기 위해서는 탁월한 삶을 추구해야 한다고 강조한다.
- 탁월성에는 지적 탁월성과 품성적 탁월성이 있는데, 그중 정직과 같은 품성적 탁월성이 더 중요한 행복의 요소다.
- 공리주의자인 제러미 벤담은 정직이 우리 모두에게 이익과 쾌락, 행복을 가져다 준다는 점에서 정직의 중요성을 강조한다.
- 칸트는 결과에 관계없이 정직은 정언명령으로서 무조건적으로 정직해야 한다고 말한다.

-많은 경영학자들은 정직의 중요성을 신뢰의 관점에서 강조한다.

2. 한국사회의 정직성 수준

-우리사회의 정직성 수준은 다른 선진국에 비해 상대적으로 낮은 수준이다.

-글로벌 시대의 우리의 정직성에 대한 평판은 국가경쟁력에도 큰 영향을 미친다.

-우리나라 신문에서는 한국사회를 '거짓말 천국'이라고 비판한다.

-혈연, 지연, 학연으로 엮인 연고주의 및 온정주의, 돈만 받으면 뭐든 다 해줄 수 있다는 생각이 거짓말을 '밥 먹듯' 하는 사회 풍토를 만든다.

-우리사회에서는 제도나 체제에 대한 신뢰(공적 신뢰)보다는 가족과 혈연, 학연 등의 '끼리끼리' 연결망 내의 사람들 간의 신뢰(사적 신뢰)에 집착하고 있다.

-문제는 거짓보다 무서운 거짓 불감증이다. 보험사기에 가담한 사람들의 도덕 불감증이 만연돼 있다.

-자신의 행동과 그 행동으로 피해를 보는 대상과의 '심리적 거리'가 있을 때 사람들은 일반적으로 죄책감을 덜 느끼게 된다.

-결국은 끊임없는 교육을 통해 거짓을 두려워하는 사회풍토를 일구어 나가는 수밖에 없다.

-서양사회에선 남에게 '거짓말쟁이(Liar)'라고 했다간 사생결단을 각오해야 한다.

-우리나라에서도 거짓말쟁이라는 욕이 가장 무서운 사회가 되어야 한다.

3. 정직을 위한 4가지 지침

-하나, 정직과 신뢰의 자산을 매일 조금씩 쌓아가자.

-둘, 잘못된 것도 정직하게 밝히자.

-셋, 타협하거나 부정직을 눈감아 주지 말자.

-넷, 부정직한 관행은 인정하지 말자.

참고하기

이관춘(2013). 직업은 직업이고 윤리는 윤리인가(3판). 서울: 학지사.

동아일보, 2016. 3. 19. 기특한 일곱 살.

동아일보, 2016. 5. 20. 일본차 8곳 중 3곳, 연비 등 조작.

조선일보, 2011. 3. 21. 순응은 몸에 전해온 DNA… 일본인이 갑자기 진화한 것 아니다.

조선일보, 2011. 11. 5.

조선일보, 2013. 10. 15. 차 살짝만 스쳐도 입원… 10명 중 8명은 '꾀병'.

조선일보, 2016. 6. 21. 우리는 정녕 여기까지인가?

한국산업인력공단(2008). 직업윤리 교수자용 워크북.

Benedict, R.(1985). 국화와 칼: 일본문화의 틀(노재명 역). 서울: 북라인.

Covy, S. (2010). 신뢰의 속도(김경섭. 정병창 역). 서울: 김영사.

Johnson, L., & Phillips, B. (2005). 정직한 경영, 존경받는 기업(나선숙 역). 서울: 한스미디어.

Zimbardo, P. (2007). 루시퍼 이펙트(임지원, 이충호 역). 서울: 웅진지식하우스.

제8강

성실한 자세

1. 성실함과 자기개념
2. 성실함과 디테일 윤리
3. 성실함과 계획된 우연

학습개요

성실의 의미 및 성실과 자기개념과의 관계를 설명할 수 있으며 성실한 자세가 성공의 토대임을 설명할 수 있다.

학습목표

1. 성실한 자세의 의미를 설명할 수 있다.
2. 성실함과 디테일 윤리와의 관계를 설명할 수 있다.
3. 성실한 자세가 계획된 우연으로 연계됨을 설명할 수 있다.

주요용어

성실의 의미, 성실한 사람, 디테일 윤리, 자기개념, 계획된 우연

시작하기

〈사례 소개〉

지난 차시에는 근로윤리 중에서 정직이 무엇인지에 대해 살펴보았습니다. 이어 오늘은 같은 맥락에서 성실한 자세와 행동이 무엇인지, 성실한 사람과 그렇지 못한 사람과의 차이는 어디에서 기인하는 것인지, 그리고 성실함이 예기치 않은 행운과 성공을 불러온다는 점에 대해 함께 생각해 보겠습니다.

〈사례 내용〉

〈어느 화장품 매장의 여직원〉

신문에 실린 「여정성 교수의 소비일기」라는 칼럼에 나오는 내용입니다(동아일보, 2007. 11. 21.).

별로 꾸미지도 않던 친구가 눈 화장을 예쁘게 하고 나타났습니다. 친구에게 '화장하기 어렵지 않냐'고 물으니 새로 나온 상품이라 정말 간단하다고 적극 추천하더군요.

친구가 소개한 브랜드를 찾아 나섰습니다. 언제나 낯설어 보이던 화장품 매장의 높은 의자에 앉아 그 상품에 대해 물었습니다. 우선 한 번도 사용한 적이 없다는 것을 강조한 뒤 물어보았습니다.

"다른 상품보다 아주 쉽다고 하던데 정말 그런가요?"

직원의 답이 재미있습니다. 간단하긴 하지만 처음에는 조금 힘들 거랍니다. 또 질문했습니다.

"다른 상품들은 많이 번지지만 이건 그렇지 않다던데요?"

"꼭 번지지 않는다고 말할 수는 없어요. 물론 다른 것보다는 낫지만 결국 오후가 되면 번지게 되거든요." 직원의 대답입니다.

직원 아가씨의 대답이 점점 더 마음에 듭니다. 이번엔 직원이 되묻습니다.

"아침에 많이 바쁘신가요?"

"예, 항상 서둘러야 해요." 그러자 직원이 말합니다.

"그럼 이걸 사용하시기는 좀 힘드시겠네요." 제가 단도직입적으로 물었지요.

"그럼 결국 사지 말라는 얘기네요?"

"예, 손님께는 그리 추천하고 싶지 않습니다."

와, 정말 흐뭇해집니다. 세상에, 이렇게 말하는 매장의 아가씨는 처음 만났네요. 특히 옷을 고를 때면 어떤 옷을 입어도 잘 어울린다고 해서 그 진의를 의심하게 될 때가 많은데 직원이 어찌나 믿음직스럽고 예뻐 보이는지.

이런 저런 얘기를 들으며 결국 이것저것 잔뜩 사 가지고 돌아왔지만, 진심으로 대해주는 판매원을 만나 정말 기분 좋았던 날입니다.

〈강의 안내〉

어떠십니까? 화장품 매장 여직원에게 믿음이 가지 않습니까? 물건을 사러 백화점 매장에 들러 본 사람이면 누구나 비슷한 경험과 느낌을 갖고 계시리라 생각합니다. 화장품 매장 여직원에게 우리는 진정성과 성실함을 느끼게 됩니다.

매장 직원의 중요한 목표는 고객에게 상품을 판매하는 것입니다. 그리고 상품 판매란 목표를 달성하기 위해 때로는 마음에도 없는 말, 사실이 아닌 말도 할 때가 있을 것입니다. 그렇게 하는 것이 이익이 된다고 생각하기 때문이겠지요.

그러나 사례에 나온 여직원은 그런 판매 상식을 깨뜨렸습니다. 성실하고 진정성 있는 자세로 고객을 대했습니다. 그 결과 고객을 감동시켰고, 오히려 더 많은 제품을 판매하게 되었습니다. 더 나아가 성실함과 진정성에 감동한 이 고객은 앞으로 이 화장품 매장의 핵심 영업사원 역할을 하게 될 지도 모릅니다. 매출이 점차 늘어날 것이고, 그 판매실적 때문에 여직원에게는 회사 내에서 예상치 않은 좋은 일이 생길지 누가 알겠습니까. 직원의 성실함이 전혀 예기치 않았던 좋은 결과를 가져오게 되는 것이지요.

그럼, 이번 시간에는 성실함이 무엇이고 왜 중요한지, 성실한 사람과 그렇지 못한 사람의 차이는 어디에서 기인하는 것인지, 그리고 성실함이 예상치 않은 행운을 불러들인다는 '계획된 우연이론'에 대해 함께 생각해 보겠습니다.

학습하기

1. 성실함과 자기개념

1) 성실한 자세의 의미

성실誠實의 사전적 의미는 '정성스럽고 참됨'이다. 성실한 사람이란 정성이 깃들고 참됨이 느껴지는 사람이다. '정성스럽고 참되다'는 것은 인간만이 가질 수 있는 특징이다. 칸트에 따르면 성실Wahrhaftigkeit은 인간의 품성Charakter의 기본적 특질이며 본질적인 것이다. 성실은 '참됨'을 의미하기에 인간의 '숭고함'이기도 하다. 인간은 거짓이나 허위에 의해서는 아무런 가치도 없게 되고 모든 품성이 부인되게 된다.

앞의 화장품 매장 여직원에게서 많은 사람들은 그녀의 '성실함'을 느끼게 된다. 그녀의 직무태도에 감동을 받는 이유는 말과 태도에서 거짓이 아닌 진솔함, 참됨이 느껴졌기 때문일 것이다. 우리는 직장에서나 일상생활에서 이런 성실한 사람들을 종종 접하게 된다. 물론 반대의 경우도 적지 않다. 성실은 직장의 직원들에게만 해당 되는 것은 물론 아니다. 기업을 경영하는 사람들이 성실함을 갖추었을 경우 개인은 물론 사회전체에 큰 기쁨과 이익을 제공하기도 한다. 우리나라에는 성실한 기업인이 적지 않다. 대표적인 기업경영자가 유일한이다.

유한양행 설립자인 유일한 박사는 기업의 이해관계자들에게 '적극적으로 좋은 일을 행한' 대표적인 기업인이었다. 일제 강점기에 미국에서 유학을 한 그는 항일무장독립군인 맹호군을 창설하는 데 주도적인 역할을 하였다. 귀국 후에는 1926년 유한양행을 창업해 깨끗하고 정직한 기업경영으로 사회적인 존경을 받았다. 경영자로서의 그의 성실성은 기업경영은 물론 성실한 납세자로서 국가의 표창을 받은 것으로도 드러난다. 군사정권 시절 정치자금을 제공하지 않는 그에게 기업세무조사가 실시되었지만, 조사결과 성실하게 납세한 사실이 밝혀져 오히려 정부의 표창을 받은 것이다. 그는 경영신조대로 정성껏 좋은 상품을 만들어 사회에 봉사하였으며, 정직하게 납세하고 그리고 남은 것은 기업을 키워 준 사회에 환원한 성실한 경영자의 전형이었다.

그는 자신의 신조대로 자신의 재산을 모두 사회에 환원했다. 그가 세상을 떠난 지 한 달 후인 1971년 4월 유일한의 유언장이 공개되었다(참조: 서천석, 2009).

1. 친 손녀 유일링에게는 대학 졸업 때까지 학비 1만 달러를 준다.
2. 딸 유재라에게는 유한공업고등학교 구내에 있는 묘소와 주변 땅 5천 평을 물려준다. 그 땅을 '유한동산'으로 꾸미고 결코 울타리를 치지 말고 학생들이 마음대로 드나들게 하여 그 어린 학생들의 티 없이 맑은 정신에 깃든 젊은 의지를 지하에서나마 더불어 느끼게 해 달라.
3. 내가 가진 주식 14만941주는 전부 '한국사회 및 교육원조 신탁기금'에 기증한다.
4. 아내 호미리는 딸 유재라가 그 노후를 잘 돌보아 주기 바란다.
5. 아들 유일선은 대학까지 공부시켰으니 앞으로는 자립해서 살아가라.

그가 남긴 유품이라고는 일상 생활용품 몇 가지와 구두 두 켤레, 양복 세 벌이 전부였다.

고려청자의 맥을 잇기에 99년의 생애를 바친 해강海岡 유근형柳根瑩 선생이 쓴 글 한 대목을 보자(이하는 한국산업인력공단, 2008:91-92를 인용).

1901년(당시 18세) 보성학교 졸업반인 나는 창경궁으로 졸업 소풍을 갔다가 박물관 진열대에 있는 고려청자의 미려한 선, 우아한 색채, 은은한 관택, 특히 푸른 비색에 탄복한 나머지 내 손으로 한번 고려청자를 만들어 보겠다는 뜻을 품게 되었다.

서울 장충단에 일본인이 경영하는 고려청자 공장이 있음을 알고 찾아가 어렵게 취직을 하였다. 나의 그림, 조각 솜씨는 점차 주인으로부터 인정을 받았다. 1912년 3월, 어느 날 갑자기 기념품 6만 개를 만들어 달라는 주문이 들어왔다. 술잔 외면에 글씨를 새기고 내면에는 운학(雲鶴)을 조각해 넣는 기념품이었다.

이것을 만드는 기한은 5개월, 작업 과정을 단축해 운학 중에 구름을 빼고, 학 한 마리만 조각하고 작업을 해도 하루 백 개, 열흘에 천 개, 한 달에 삼천 개, 20개월이 되어야 6만 개를 제작할 수 있는 것을 주인은 조각하는 시간은 미처 계산해 보지 못하고 일을 맡았던 것이다. '우리 조선 사람의 의지가 강철과 같이 강하다는 본때를 이들에게 보여주자.'는 다짐으로 이를 악물고 최선을 다하였다.

어느 날 주인이 말했다.

"유 서방, 당신은 정말 훌륭한 사람이오. 당신은 신의와 책임감이 누구 못지않게 강해요. 당신은 몸도 돌보지 않고 졸도를 하면서까지, 심지어는 학질을 앓으면서도 굴하지 않고 그날그날 책임량을 완수해 주어서 기일 안에 납품이 가능하게 되었소. 당신의 그 백절불굴 의지는 정말 잊지 못할 것이요. 파손율 1할 5부를 빼고도 6만 개 이상 되니까 납품 수량은 넉넉하오. 정말 수고 많았소."

이 글을 읽는 사람들은 주인공 유 서방의 성실한 삶의 자세에 대해 감탄을 하게 될 것이다. '지성이면 감천이다.'라든가 '진인사대천명盡人事待天命' '최고보다는 최선을 꿈꾸어라.'라는 말은 어릴 때부터 수없이 들어온 '성실'의 중요성을 강조하는 말일 것이다(이하 한국산업인력공단, 2008:95 인용). 이 말은 삶의 경험에서 나오는 자연스러운 진리다. 성실은 기본이기도 하지만 세상을 살아가는 데 있어 가장 큰 무기이기도 하다. 아무리 뛰어나더라도 성실이 뒷받침되지 못하면 그 관계는 오래갈 수 없고 신뢰는 깨어진다. "천재는 1퍼센트의 영감과 99퍼센트의 노력으로 만들어진다."고 하지 않는가? 성실만 뒷받침된다면 1퍼센트 모자란 부분은 그리 중요하지 않다. 조직에서도 마찬가지다. 조직의 리더가 조직 구성원에게 원하는 첫째 요건이 바로 성실이라고 한다. 즉, 성실은 조직생활에서 가장 큰 무기가 될 수 있는 것이다.

2) 자기개념으로서의 성실

다음은 직장에서 벌어질 수 있는 상황이다(한국산업인력공단, 2008:93).

> 팀장인 김 부장은 수준급 재테크 실력을 자랑합니다. 투자회사 상황을 우리 회사보다 더 잘 알고 있습니다. 그런데 오늘은 인상이 우거지상이군요. 장외 홈런을 치려다가 더블 아웃된 모양입니다.
>
> "대박 터뜨리려다 쪽박 찼네!"
>
> 김 부장은 일보다는 자신의 재테크가 우선입니다.

만일 직장 내에서 이와 같은 행위를 하는 상사나 동료 직원을 목격한다면 어떤 생각이 들 것인가? 김 부장이 재테크 방법이 복권이나 주식 등을 통한 한탕주의인 것이 문제일까? 물론 한탕주의도 문제가 될 수 있다. 그러나 보다 우선적인 문제는 직장에서 근무시간에 사적인 일로 컴퓨터를 사용하고, 업무시간에 재테크를 위해 개인적인 용무를 보는 행위다. 분명한 것은 이런 직장인은 성실함과는 거리가 멀어 보인다는 것이다. 이 경우, 우리는 김 부장의 근무태도가 불성실하다고 생각한다.

성실함은 '정성스러움' '참됨'을 의미하기에 한 개인의 '태도' 혹은 '가치'에 관련되는 개념이다. 반면에 '근면'은 '행동'과 보다 관련이 깊은 개념이다. 성실하지 않은 사람도 부지런할 수는 있다는 것을 생각해 보면 쉽게 이해할 수 있다. 진심과 정성, 참됨이 바탕이 된 근면한 사람이라면 성실한 사람일 것이다. 반대로 진심과 정성이 깃들지 않은 부지런한 사람이나 근면한 사람을 직장생활에서 얼마든지 목격할 수가 있다. 이런 사람은 근면한 사람은 되겠지만 성실한 사람이라 하기 어려운 것이다.

그렇다면 이런 불성실함과 성실함은 어디에서 기인하는가? 심리학에서는 사람의 성실함을 결정하는 것은 바로 태도와 가치를 포함하는 '자기개념self-concept'이라고 말한다. 자기개념이란 '자신이 누구인가'에 대한 인식으로서 자신의 이름에서부터 성격, 직업, 가족, 신체적 특징 등 자신과 관련된 수많은 정보가 포함된다. 일종의 자아상self-image인 것이다.

한 사람은 동시에 수많은 자기개념을 가지고 산다. 이를 테면, 한 사람의 교수의 경우 한 여자의 남편이고, 두 아들의 아빠이고, 제자들에게는 교수이고, 학교 동창을 만나면 친구가 되고, 직업윤리 강의를 하는 강사이기도 하다. 적절한 순간에 적절한 자기개념이 행동을 지배하는 것이고 또 지배해야 올바른 사람으로 인식되는 것이다.

직장에서 근무시간에 사적인 재테크에 몰두하는 사람은 그 직업인으로서의 자기개념이 희박한 사람이다. 청탁과 함께 뇌물을 받는 공직자는 시민의 공복公僕이라는 자기개념이 역할을 못한 것이다. 감사원 감사관이 감사 편의 청탁과 함께 뇌물을 받는다든가, 국회의원이 특권을 내려놓지 않고, 의사가 부정 의료행위를 하고, 교사가 시험문제를 유출하는 것도 자기개념이 역할을 못한 것이다. 원래 그런 자기개념이 없었든지, 그 순간에 '뇌물의 유혹에 걸려' 자신을 포기한 것이다.

자기개념이 없거나 상실하는 순간, 자신의 정체성은 사라진다. 공직자로서, 의료인, 교육자로서, 그리고 선장과 선원으로서의 정체성이 실종된다. 인생의 행복과 불행, 성공과 실패의 블랙박스가 바로 자기개념인 것이다.

심리학에서는 자기개념이 바로 인간의 행동을 결정하는 핵심 역량이라고 강조한다(이하는 이관춘, 김은경, 2012에서 인용). 사람은 누구나 공통적으로 다섯 가지의 역량, 즉 ① 지식과 ② 스킬 ③ 자기개념가치, 태도 ④ 동기 ⑤ 특질을 갖고 있다. 이런 역량은 마치 바다의 빙산과 같아서 수면 위로 보이는 역량이 있는가 하면 물속에 깊이 잠겨 있는 역량도 있다. 어떤 직업의 직무를 수행하든, 그 직무에 필요한 지식과 스킬이 있는데, 이 역량은 쉽게 파악할 수 있고 교육훈련을 통해 바꿀 수도 있다. 반면에 개인이 갖고 있는 동기나 특질은 빙산의 맨 아래쪽에 파묻혀 있어 쉽게 드러나질 않는다. 교육훈련으로 바꾸기도 쉽지 않다.

수면 바로 밑에 위치해 있어 보일 듯 말 듯한 역량이 바로 자기개념, 즉 가치value와 태도attitude다. 겉으로 잘 드러나 있지 않아 쉽게 알 수는 없지만 교육훈련에 의해 얼마든지 변화가 가능한 역량이다. 한 사람이 성실하다는 것은 그가 가지고 있는 가치와 태도가 성실함을 의미한다. 개인이 가지고 있는 가치는 판단과 선택의 기준이 되며 행동을 설명하고, 또 행동에 영향을 미치는 매우 강력한 요인이다. 예를 들어, 선장이 지닌 가치는 선장으로서의 신념에서 비롯되며 직무 수행의 판단과 선택의 기준이 된다. '나는 선장이다'라는 자신감이나 신념이 바로 선장이란 직업業에 대한 가치인 것이다. 심리학자들은 개인의 가치가 태도를 결정하고, 태도가 행동을 가져온다고 주장한다. '가치 → 태도→ 행동'의 도식이다. 선장으로서의 가치가 태도를 형성하고 행동을 결정하는 것이다.

그러나 이런 성실함으로서의 가치와 태도는 공짜로 생기는 것이 아니다. 하버드대 심리학과 하워드 가드너(Gardner, 2010:41) 교수는 성실함을 갖추기 위해서는 지속적이고 반복적인 역할 교육을 통한 습관화의 중요성을 강조한다. 예를 들어, 진실을 말하는 학습을 받은 아이는 거짓말을 할 기회가 생겨도 대개의 경우 거짓말을 하거나 부정을 저지르지 않는다는 것이다. 습관화가 되면 정직한 행동이 자연스럽게 나타나며, 그것은 '제2의 천성'이 되는 것이다.

Q 주제1 돌발퀴즈

〈보기〉에서 자기개념에 해당하는 역량을 고르시오.

〈보기〉
가. 지식 나. 스킬 다. 태도 라. 특질
마. 동기 바. 가치 사. 자아상

2. 성실함과 디테일 윤리

1) 디테일 윤리의 중요성

직업세계에서 대부분의 크고 작은 사건이나 사고들은 대부분 사소한 문제에서 시작된다. 제품이나 서비스의 결함은 디테일한 것을 소홀히 해 발생한 경우가 많고, 비윤리적인 사건들 역시 대부분 초기의 작은 비윤리적인 의식과 행동에서 비롯되는 것이다. 먼저, 다음 사례들을 통해 디테일의 윤리가 얼마나 중요한지에 대해 알아보도록 하자.

다음은 몇 해 전에 발생한 사고들이다. 이들 사건의 공통점이 무엇일까 생각해 보자.

〈주제1 돌발퀴즈〉 [정답] 다, 바, 사

<작은 원인 큰 사고>

[사고 1] 2011년 2월 11일 오후 1시 4분경, 부산역(10:45 출발)을 출발하여 광명역(13:03 도착 예정)으로 향하던 KTX산천 제224열차가 광명역 진입 중 458호 선로전환기에서 이선 진입하여 5~10호까지 6개 차량이 열차진행방향 좌측으로 탈선되었다. 차량은 차체 115개소, 주행 장치 141개소, 실내장치 43개소, 제동장치 및 전기장치 68개소가 크게 손상되었다.

[사고 2] 2011년 3월 대통령 일행을 태우고 아랍에미리트로 향하던 대통령 전용기가 기체 이상 징후로 한국으로 일시 회항했다가 다시 출발하는 초유의 일이 벌어졌다. 2박 4일 일정으로 아랍에미리트 순방을 위해 성남 서울공항을 출발한 특별기는 1시간 39분만에 인천 공항으로 돌아왔다. 이륙 30분 후 전용기 기체 하단부에서 달그락거리는 소리가 났고, 기체 떨림도 평소보다 강하게 느껴지면서 긴급회항이 결정됐다.

[사고 3] 2013년 8월 비행 훈련 중이던 공군 제1전투비행단 소속 훈련기 T-50 1대가 추락해 타고 있던 조종사 2명이 숨지는 안타까운 사고가 벌어졌다. 군 당국은 사고 현장 주변에 낙하산이 펼쳐진 것으로 보아 조종사들이 추락 직전 비상 낙하산을 통해 탈출을 시도했으나 숨진 것으로 보고 있다.

앞의 사고들은 2011년에서 2013년 사이에 있었던 사고들이다. 이들 사고의 원인은 모두 '볼트 하나' 때문으로 밝혀졌다. 어찌 보면 매우 사소해 보일지도 모를 볼트 하나를 정확하게 장착하지 못해 큰 사고가 발생한 것이다. 광명역 KTX 탈선사고는 정비사가 선로전환기 노후케이블 교체작업 도중에 고정너트 하나를 완전하게 채우지 않아서 발생한 사고였다. 2011년 기체이상으로 회항한 대통령 전용기는 볼트 하나가 잘못된 방향으로 장착이 된 게 주된 원인이었다. 마지막으로 공군 특수비행팀 항공기인 T-50기가 추락하여 조종사가 두 명이나 사망한 사건은 정비사가 정비를 마친 후 고도조종 차단선을 안 뽑아 발생한 사건이다. 이 사건으로 인해 책임감을 느낀 정비사의 상관마저 자살하는 비극이 발생하기도 했다. 성실함은 이러한 작고 디테일한 것에서 시작된다는 사실을 보여주는 사례라 할 수 있다.

2016년 5월 서울 지하철 구의역에서 스크린도어안전문 수리작업을 하던 19세 청년이 숨지는 안타까운 사고가 발생했다. 작업에 열중하느라 열차가 진입하는 것을 미처 알아채지 못했던 것이다. 사고의 원인은 외주업체 직원의 '나 홀로 작업' 탓이었던 것으로 드러났다. 그런데 이보다 한 달 전에는 20대 여성이 같은 역에서 수리 중인 에스컬레이터를 탔다가 발판에 발이 끼인 채 끌려가 다리뼈가 부러지는 중상을 입었던 적이 있었다. 사고의 원인 역시 수리 작업을 하던 외주업체 직원이 2인 1조 규정을 지키지 않고 혼자 작업하였기 때문이었다. 이런 사고에도 불구하고 서울메트로나 외주업체는 '2인 1조' 규정을 지키지 않았고 결국 더 큰 참사를 불러들인 것이다.

서양속담에 '악마는 디테일에 있다.'는 말이 있다. 독일의 세계적 건축가인 미스 반 데어 로에는 "신은 디테일에 있다."고 말한다. 또한 중국에서는 '천길 둑도 개미구멍으로 무너진다.'는 말도 있다.

『디테일의 힘』의 저자인 왕중추는 "모든 위대함은 작은 것들에 대한 충실함으로부터 기원한다."고 말한다. 그래서 "산술적으로는 100－1=99가 정답이겠지만, 직장생활에서는 100－1=0이 될 수도 혹은 마이너스가 될 수도 있다. 그래서 흔히 1%의 실수가 100%의 실패를 낳을 수 있다."는 것이다. 직장생활에서도 흠잡을 데 없는 완벽한 모습을 남에게 보여주기란 쉽지 않다. 작고 사소한 부분까지도 모두 완벽할 수는 없기 때문이다. 그러나 반대로 "자신의 이미지를 망치기는 아주 쉽다. 작고 사소한 부분을 무시하는 것만으로도 만회할 수 없는 심각한 타격을 입을 수 있기 때문이다."(왕중추, 2005:6)

개인의 삶에서도 무심코 지나친 '작은 일' 하나 때문에 큰 낭패를 보거나 뼈아픈 패배를 당하는 경우가 허다하다. 모든 면에서 다른 경쟁자들보다 우수한 평가를 받고서도 이력서 하나를 잘못 관리한 탓에 입사시험에서 쓴 잔을 마신 사람이 있는가 하면, 팩스 하나를 잘못 보내는 바람에 회사에 자신의 연봉 몇

년 치에 해당하는 손해를 끼친 직원도 있다. 현장 작업자의 사소한 부주의 때문에 수출물량 전체가 반입 거부되는 사태가 벌어지기도 한다. 작은 일을 잘못 처리해서 치명적인 결과를 초래하는 일도 심각한 문제지만, 사소한 부주의로 무엇과도 바꿀 수 없는 소중한 생명을 잃게 되는 경우는 더욱 심각한 일이다.

유능한 사원과 무능한 사원 사이에는 디테일의 차이에서 오는 엄청난 차이가 존재한다. 다시 말해, 개인의 경쟁력과 기업의 경쟁력이 디테일에 의해 좌우된다고 할 수 있다. 무능한 직원의 특징은 '대충주의' '적당주의'에서 탈피하지 못하고 있는 경우가 많다. 반면, 유능한 직원은 세부적인 것을 중시하고 모든 업무를 꼼꼼하게 처리하는 습관을 갖고 있는 게 특징이다. 마찬가지로 성공한 직장인의 이면을 들여다보면 개인의 능력과 노력도 있겠지만 더 중요한 문제는 사소한 것을 정확히, 성실하게 관리하고 규정과 원칙을 철저히 준수하고 실천했다는 점이다.

『위대한 기업의 선택』의 저자인 짐 콜린스는 1911년 남극정복에 도전한 아문센과 스콧의 운명은 악천후가 아니라 작은 행동이 갈랐다고 결론을 내린다. 아문센의 광적인 규율, 일관성 있는 작은 행동이 위대함을 결정했다는 것이다.

2) 직업에서의 디테일 윤리

직업윤리의 문제도 디테일, 즉 '사소함'에 있다. 직장에서의 작고 구체적인 징후들이 윤리적 위기라는 인식이 먼저 필요하고, 이를 대처할 때 위기를 막을 수 있는 것이다.

먼저, 직장에서 무의식적으로 사용하는 언어가 비윤리적인 사건의 출발이 되는 경우가 많다(이하는 이관춘, 2009:59에서 인용). '말이 씨가 된다.'는 속담처럼 되는 것이다. 무의식적으로 사용하는 언어는 자기 암시를 가져오고 본인은 물론 주변 사람들에게 까지 전염된다. 별 다른 생각 없이 습관적으로 사용하는 언어를 통해 자기합리화가 이루어지고 결국엔 비윤리적인 판단과 행동을 하게 되는 것이다. 예를 들면, "남들도 다 그렇게 하잖아!" "항상 그렇게 해오지 않았나?" "지시만 따르면 돼." "남에게 해되는 것 없잖아." 등의 말들은 결국 비윤리적인 판단과 행동을 불러오게 된다.

비윤리적인 사건은 습관처럼 해 오는 사소한 행동에서도 시작된다. 예를 들어, 백화점이나 대리점에서 영업직원이 사실과 다른 말을 하는 경우가 있다. 고객에게 거짓말을 하는 것이다. 고객이 원치 않는 제품을 판매하거나, 고객에게 지킬 수 없는 약속을 하는 경우도 적지 않다.

1992년 미국 자동차 정비회사인 시어스 로벅 앤 컴퍼니Sears, Roebuck & Company는 정비센터 정비사들이 고객에게 불필요한 부품을 권하고 수리비용을 과다 청구한 사실이 밝혀졌다. 집단 소송을 당한 시어스는 2,700만 달러의 손해배상금을 지급해야 했으며 오랜 세월 쌓아온 기업의 명성은 일시에 무너졌다. 정비공들의 사소한 거짓말이 불러 온 최악의 결과였다.

회사 내에서 동료 및 상사의 잘못된 행위를 눈감아 주는 관행도 사건의 출발이다. 미국 기업을 대상으로 2003년 조사에 따르면, 회사 내에서 가장 흔한 비윤리적 행동은 회사 자원을 남용(21%)하거나 근무시간 허위보고(20%), 거짓말(19%)의 순이었으며, 동료의 이러한 비행을 묵인하는 직원들이 44%에 달한다. 특히 젊은 직원일수록 동료의 비윤리적 행위를 묵인하는 비율이 높으며, 윗선에 보고해봤자 시정되지 않는 다는 것이 주된 이유였다.

직원들이 회사 물품을 함부로 유용해서 회사가 망한다는 것은 좀처럼 상상하기가 어렵다. 그러나 미국에서는 실제로 이 같은 일이 벌어지고 있다. 임직원들의 회사 자원 유용으로 인한 기업들의 연간 피해액이 무려 6천억 달러에 달한다. 회사물품을 유용했거나 또는 그런 생각을 하고 있는 직원들이 79%다. 그 결과, 폐업을 하는 미국 기업의 3분의 1이 회사 내부의 절도로 인한 피해 때문이라고 한다(Ferrell et al., 2005:78). 따라서 기업들은 직원들의 회사 물품 남용이나 절도를 막기 위한 다양한 고육지책을 시행하고 있다.

회사의 재무 자원을 유용하는 행동은 다양하다. 회사 전화를 이용해 사적인 국제전화를 건다거나 회사 사무용품을 집으로 가져가는 것, 출장비 허위 정산 등 큰 거리낌 없이 혹은 무의식적으로 하는 행동들이다. 개인에게는 '이 정도쯤이야.' 할지 모르지만 회사 전체로는 감당할 수 없는 피해가 될 수 있다. 나아가, 회사 소유의 재산적 가치가 있는 정보를 보호하는 것도 포함된다. 사업계획, 마케팅 및 서비스 계획, 디자인 정보, 영업비밀, 상표권, 특허권, 저작권 등이 있다.

기업의 고용인은 자신의 노동의 대가로 특정 이익을 얻으며, 기업의 합법적인 목적 추구에만 기업의 재무 자원을 사용한다는 계약을 맺는다. 따라서 고용인이 사적 이익을 목적으로 기업의 자원을 남용하는 것은 횡령 혹은 절도 행위가 될 수 있다. 따라서 윤리적 딜레마에 빠지지 않기 위해서는 사소하지만 비윤리적인 말과 행동이 직장 내에 발붙이지 못하도록 해야 한다.

Q 주제2 돌발퀴즈

다음 중 존경받는 기업들의 공통점을 모두 고르시오.

가. 비윤리적인 징후들을 사전에 예방
나. 사소한 문제에 집착하지 않는 기업 분위기
다. 효율적으로 구축되어 있는 내부통제 시스템
라. 회사 내 동료 및 상사의 잘못된 행위를 눈감아 주는 관행

3. 성실함과 계획된 우연

성공적인 직장생활을 하는 사람들의 공통된 특징이 있다면 성실함의 자기개념을 갖추고 있다는 점이다. 이런 사람들은 매사에 주어진 일에 성실하다보니 우연치 않게 좋은 결과나 행운이 따르는 경우가 많다. 다음의 사례를 보자(장샤오헝, 2014:150-151).

〈주제2 돌발퀴즈〉 [정답] 가, 다

〈임시 청소부에서 마이크로소프트 정직원으로〉

그녀는 마이크로소프트에 고용된 임시 청소부였다. 수백 명의 직원 중에서 그녀는 학력이 제일 낮고, 제일 고된 일을 하며, 가장 적은 월급을 받는 사람이었다. 하지만 그녀만큼 행복하게 일하는 사람도 없었다.

그녀는 매 순간 기쁜 마음으로 일했다. 항상 웃는 낯으로 사람을 대했으며, 누가 어떤 부탁을 하면 그것이 자신의 일이 아니더라도 기꺼이 도와주었다. 열정적인 그녀의 모습은 다른 직원에게까지 영향을 미쳤고, 곧 그녀가 청소부라는 사실조차 개의치 않고 그녀를 좋아하는 사람들이 점점 늘어났다. 그녀의 이야기는 빌 게이츠의 귀에까지 들어갔다. 호기심이 생긴 게이츠는 그녀를 불러 물었다.

"매일 그렇게 기뻐하고 행복해하는 이유가 무엇입니까?"

그러자 그녀는 활짝 웃으며 말했다.

"이 일을 정말 좋아하기 때문이죠! 저는 아는 것도 없고 학력도 낮습니다. 하지만 회사는 그런 저에게 일할 기회를 주었고, 자식들을 대학에 보낼 수 있을 만큼 월급도 충분히 주었답니다. 얼마나 감사한지요! 제가 회사에 보답할 방법은 최선을 다해 열심히 일하는 것뿐이었어요. 이런 것을 생각하면 저절로 신이 난답니다."

그녀의 열정적인 모습에 감동한 게이츠는 청소 업무를 하고 남은 시간에 컴퓨터 관련 지식을 배워보지 않겠느냐고 제안했다. 그녀는 게이츠의 제안을 받아들였고, 후에 마이크로소프트의 정직원이 되었다.

이 여성은 임시 청소부였기에 회사에서 별로 눈에 띄지 않는 존재였을 것이다. 그러나 그녀는 정규직 직원 못지않게 부지런히 자신이 맡은 일을 수행했다. 임시직이라는 신분의 불안전성 때문에 적당히 눈치 보며 시간만 채우려는 유혹도 있었을 것이다. 그러나 그녀는 언제나 성실한 의식과 태도를 보여줌으로써 회사 직원들의 인정과 신뢰를 한 몸에 받게 되었다.

중요한 것은 그 다음이다. 그녀의 성실성은 우연히 회사 최고 책임자인 빌 게이츠에게 알려져 컴퓨터를 배우게 되었고 마침내 회사의 정직원이 되었다는 것이다. 학력이 가장 낮고 월급도 제일 적게 받는 그녀에게 전혀 예상하지 않았던 우연히 좋은 일, 행운이 따라온 것이다.

회사에서 고속 승진을 하고 성공을 한 임원들에게 성공의 비결을 물으면 흔히 돌아오는 대답은 이렇다. “뭐, 특별한 비결은 없지요. 그냥 주어지는 일을 묵묵히 했을 뿐인데 지금 이 자리에 오게 됐습니다.”라는 말이다. 임원은 직장인들의 로망이다. 직장인이 되면 임원은 해 봐야 한다고 한다. 그 자리까지 올라가는 것 자체가 영광이기도 하다. 그런데 아주 힘들게만 보이는 임원의 자리까지 올라온 사람들이 “그냥 열심히 하다 보니 여기까지 오게 됐다.”는 말을 하는 것은 언뜻 이해가 되지 않기도 한다.

스탠포드대 심리학과의 존 크롬볼츠Krumboltz 교수도 비슷한 생각을 했나보다. 그는 성공한 사람들 중 80%가 인터뷰에서 “나는 지금의 성공을 목표로 했다기보다는 그냥 열심히 했을 뿐이다.”라는 대답을 한 결과를 토대로 ‘계획된 우연이론planned happenstance theory’을 주장한다. 우연히 좋은 일이나 행운, 성공이 생기는 것이 계획된 것이라니 모순처럼 보인다. 그러나 다시 생각해보면 그런 행운은 결국 자신이 매사에 성실했던 일들이 마치 점처럼 연결connecting the dots돼 생긴 것임을 알 수 있을 것이다. 이런 우연은 단순한 우연이 아니라 필연인 것이다. 스티브 잡스Jobs도 생전에 똑같은 생각을 했다. 직장에서의 성공이나, 나아가 인생의 성공과 행복은 매사에 충실했던 순간의 점들이 연결되어 만들어진다는 것이다.

앞서 말한 마이크로소프트의 청소부 여성이나 여러 기업의 임원들도 크롬볼츠 박사가 말한 반복된 우연이 찾아왔고, 열심히 했기에 지금의 자리에 있게 된 것이다. 그분들도 많은 어려움을 겪었을 것이다. 하지만 그 어려움을 기억하지 못하는 이유는 어려움을 극복했기 때문이다. 어려움을 극복하고 그 과정이 성공 체험으로 전환되어 있을 것이다. 말 그대로 정말 노력을 하지 않은 것은 아니다.

직장생활을 하다 보면 지금 현재의 상황을 그저 회피하거나 외면하는 경우를 많이 보게 된다. 가끔은 어려움을 직시하는 것도 힘들 때가 있다. 생각만 해도 진저리가 쳐지기도 한다. 하지만 회피하고 외면한다고 해서 어려움이 저절로 사라지는 경우는 없다. 어려움은 회피하면 할수록 더 어렵고 힘든 것이다. 이솝우화에 나오는 건드리면 더 커지는 사과처럼 말이다.

Q 주제3 돌발퀴즈

다음에서 설명하는 말은 무슨 이론인가?

스탠포드대 크롬볼츠 교수가 주장한 이론으로, 성공한 사람들 중 80%가 인터뷰에서 "나는 지금의 성공을 목표로 했다기 보다는 그냥 주어진 일을 열심히 했을 뿐이다."라는 대답을 한 결과와 마찬가지로, 행운이나 성공은 자신이 계획한 것이라는 이론이다.

평가문제

1. 성실에 대한 설명 중 올바른 것끼리 모은 것은?

가. '최고보다는 최선을 꿈꾸어라.'라는 말은 성실의 중요성을 뜻한다.

나. '천재는 1퍼센트의 영감과 99퍼센트의 노력으로 만들어진다.'라는 말 역시 성실의 중요성을 뜻한다.

다. 성실이란 근면한 태도와 정직한 태도 모두와 관련이 되어 있다.

라. 성실하면 사회생활을 하는 데 있어서 바보 소리 듣고, 실패하기 쉽다.

1) 가, 나, 라　　2) 나, 다, 라　　3) 가, 나, 다　　4) 가, 다, 라

2. 다음에 제시된 글귀를 공통적으로 내포하고 있는 단어는 무엇인가?

〈주제3 돌발퀴즈〉 [정답] 계획된 우연이론

지성이면 감천이다.
최고보다는 최선을 꿈꾸어라.
천재는 1퍼센트의 영감과 99퍼센트의 노력으로 만들어진다.
칸트는 인간품성의 기본적인 특질이라고 말했다.

3. 괄호 안에 들어갈 말은?

성실한 사람과 불성실한 사람의 차이는 어디에서 기인하는가? 심리학에서는 사람의 행동을 결정하는 것은 바로 '(　　　)'이라고 말한다. (　　　)이란 '자신이 누구인가'에 대한 인식으로서 자신의 이름에서부터 성격, 직업, 가족, 신체적 특징 등 자신과 관련된 수많은 정보가 포함된다. 일종의 자아상self-image인 것이다.

4. 사소함의 윤리와 직접 관련된 것끼리 모인 것은?

가. 직장에서 무의식적으로 사용하는 비윤리적인 언어
나. 직장에서 습관처럼 해 오는 비윤리적인 행동
다. 기업의 합법적인 이익 추구 경영
라. 기업의 경영방침 변화에 따른 구조조정
마. 직장인의 사적 이익을 목적으로 한 기업의 자원 남용

1) 가, 나, 다　　2) 나, 다, 라　　3) 다, 라, 마　　4) 가, 나, 마

5. 계획된 우연이론의 설명으로서 올바른 것끼리 모인 것은?

가. 크롬볼츠 교수의 이론이다.
나. 성공한 사람들의 80%는 성실을 비결로 꼽는다.
다. 성공은 대부분 우연히 발생하기 때문에 노력이 필요 없다.
라. 우연이 계획된 것이란 말은 현실에서는 일어나지 않는다.
마. 행운은 매사에 성실했던 일들이 마치 점처럼 연결돼 생긴 것이다.

1) 나, 다, 라　　2)가, 나, 마　　3) 나, 라, 마　　4)가, 다, 마

평가문제 정답 및 해설

1. [정답] 3)
[해설] 라. 성실한 사람은 사회에서 인정받고 성공한다.

2. [정답] 성실
[해설] 성실에 대한 설명이다.

3. [정답] 자기개념 혹은 자아개념
[해설] 자기개념에 대한 설명이다.

4. [정답] 4)
[해설] '다'와 '라'는 사소함의 윤리와 관련 없는 기업경영 전략이다.

5. [정답] 2)
[해설] 다. 우연한 행운을 위해서는 노력이 필요하다.
라. 80% 이상의 사람들에게서 일어난다.

정리하기

1. 성실함과 자기개념
   - 성실의 사전적 의미는 '정성스럽고 참됨'이다.
   - 성실한 사람이란 정성이 깃들고 참됨이 느껴지는 사람이다.
   - 칸트에 따르면 성실은 인간의 품성의 기본적 특질이며 본질적인 것이다. 성실은 '참됨'을 의미하기에 인간의 '숭고함'이기도 하다.
   - 인간은 거짓이나 허위에 의해서는 아무런 가치도 없게 되고 모든 품성이 부인되게 된다.
   - 기업경영자의 성실함은 개인은 물론 사회전체에 큰 기쁨과 이익을 제공하기도 한다.

- "최고보다는 최선을 꿈꾸어라."라는 말은 '성실'의 중요성을 강조하는 말이다.
- 성실은 기본이기도 하지만 세상을 살아가는 데 있어 가장 큰 무기이기도 하다.
- 아무리 뛰어나도 성실이 뒷받침되지 못하면 그 관계는 오래갈 수 없고 신뢰는 깨어진다.
- 조직의 리더가 조직 구성원에게 원하는 첫째 요건이 바로 성실이다.
- 성실함은 '참됨'을 의미하기에 한 개인의 '태도'혹은 '가치'에 관련되는 개념이다.
- '근면'은 '행동'과 보다 관련이 깊은 개념이다.
- 심리학에 따르면 성실함을 결정하는 것은 바로 '자기 개념'이다.
- 한 사람은 동시에 수많은 자기개념을 가지고 산다.
- 적절한 순간에 적절한 자기개념이 행동을 지배해야 올바른 사람으로 인식된다.

2. 성실함과 디테일 윤리
- 직업세계에서 대부분의 크고 작은 사건이나 사고들은 대부분 사소한 문제에서 시작된다.
- 비윤리적인 사건들도 초기의 작은 비윤리적인 의식과 행동에서 발생한다.
- 개인의 삶에서도 무심코 지나친 '작은 일'하나 때문에 큰 낭패를 보거나 뼈아픈 패배를 당하는 경우가 허다하다.
- 유능한 사원과 무능한 사원 사이에는 디테일의 차이에서 오는 엄청난 차이가 존재한다.
- 직장에서의 작고 구체적인 징후들이 윤리적 위기라는 인식이 먼저 필요하다.
- 직장에서 무의식적으로 사용하는 언어가 비윤리적인 사건의 출발이 되는 경우가 많다.
- 비윤리적인 사건은 습관처럼 해 오는 사소한 행동에서도 시작된다.

3. 성실함과 계획된 우연
- 직장에서 성공한 사람들은 매사에 주어진 일에 성실하다보니 우연치 않게 좋은 결과나 행운이 따르는 경우가 많다.
- 성공한 사람들 중 80%가 "나는 지금의 성공을 목표로 했다기보다는 그냥 열심

히 했을 뿐이다."라고 말한다.

-스탠포드대 크롬볼츠 박사는 '계획된 우연이론'을 말한다.

-행운은 결국 자신이 매사에 성실했던 일들이 마치 점처럼 연결돼 생긴 것이다.

참고하기

동아일보, 2007. 11. 21. 판매원의 솔직한 조언에….

서천석(2009). 유일한. 깨끗한 경영인, 정직한 회사. 서울: 한국글렌도만

이관춘(2009). 기업의 위기극복을 위한 윤리경영전략. 서울: 학지사.

이관춘(2013). 직업은 직업이고 윤리는 윤리인가(3판). 서울: 학지사.

왕중추(2005). 작지만 강렬한 디테일의 힘 1(허유영 역). 서울: 올림.

장샤오헝(2014). 느리게 더 느리게(최인애 역). 다연.

한국산업인력공단(2008). 직업윤리 교수자용 워크북.

Collins, J., & Hansen, M. T. (2012). 위대한 기업의 선택(김명철 역). 경기: 김영사.

Ferrell, O. C., fraedrich, J., & Ferrell, L.(2005). *Business Et hics: Ethical Decision Making and Cases*(6th ed.) Boston: Houghton Mifflin Co.

Gardner, H.(2010). 굿워크 굿워커(함정현 역). 서울: 학지사.

Johnson, L., & Phillips, B. (2005). 정직한 경영, 존경받는 기업(나선숙 역). 서울: 한스미디어.

Levine, M. (2009). 깨진 유리창 법칙(김민주, 이영숙 역). 서울: 흐름출판.

Robert, H. (2006). 윤리경영(e매니지먼트 역). 경기: 21세기북스.

제3부

공동체윤리

학습목표

일반목표

직업윤리를 실천하기 위하여 봉사하며, 책임 있고, 규칙을 준수하고 예의바른 태도로 업무에 임하는 자세를 배양할 수 있다.

세부목표

1. 직업생활에서 봉사(서비스)의 의미를 설명할 수 있다.
2. 직업생활에서 책임의 의미를 설명할 수 있다.
3. 직업생활에서 준법의 의미를 설명할 수 있다.
4. 직업생활에서 예절의 의미를 설명할 수 있다.
5. 직업생활에서 성 예절의 의미를 설명할 수 있다.

제9강

서비스의 의미

1. 서비스의 의미
2. 고객접점 서비스와 진실의 순간
3. 조건 없는 친절과 웨이터법칙

학습개요

서비스의 의미를 이해하고 고객접점 서비스와 웨이터법칙을 설명할 수 있다.

학습목표

1. 서비스의 의미를 설명할 수 있다.
2. 고객접점 서비스와 진실의 순간을 설명할 수 있다.
3. 웨이터법칙을 설명할 수 있다.

주요용어

서비스, 고객접점 서비스, 진실의 순간, 웨이터법칙, 조건 없는 친절

시작하기

〈사례 소개〉

지난 시간에는 근로윤리의 마지막 부분으로서 직장에서의 '성실함'과 그 성실함이 불러오는 계획된 우연에 대해 알아보았습니다. 오늘부터는 공동체 윤리에 대해 함께 생각해 보도록 하겠습니다. 이번 차시에는 그 첫 번째로 서비스의 의미와 중요성에 대해 함께 생각해 보겠습니다.

먼저 다음 사례를 통해 서비스의 본질이 무엇이고 또 개인과 직업 차원에서 서비스가 왜 중요한지에 대해 생각해 봅시다. 'Amazing Reallife Experiences' (Avijit Maity, 2014. 3. 4.)에 소개된 실제 사례입니다.

〈사례 내용〉

〈작은 배려와 큰 선물〉

유난히도 비바람이 몰아치는 어느 날, 밤 깊은 시각에 한 노부부가 필라델피아에 있는 Belle Vue란 작은 호텔 문을 들어섰다. 하룻밤 묵어가기 위해서였다. 젊은 호텔 직원은, 마침 시내에 큰 국제 컨퍼런스가 열려 빈 방이 없고, 게다가 근처 다른 호텔도 상황은 마찬가지라고 말했다.

그러나 그 직원은 "이렇게 비가 오는 늦은 밤에 차마 나가시라고 할 수가 없군요. 게다가 이런 날씨엔 택시 잡기도 힘듭니다. 괜찮으시다면 제가 쓰는 방으로 모시겠습니다. 크진 않지만 깨끗합니다."라고 제안했다. 노부부는 직원에게 민폐를 끼친다는 미안한 생각이 들어 망설였다. "그럼 젊은 양반은 어디서 자려고 그러시오?" "네, 걱정마세요. 전 아직 젊고 혼자 사니까 카운터에서 밤을 새울 수 있습니다. 다른 선택의 여지가 없자 노부부는 직원의 제안을 받아들였다.

다음 날 아침, 노부부는 직원에게 방값을 지불하려 했으나 직원은 정중히 거절하며 말했다. "전혀 개의치 마십시오. 저는 그저 두 분께 작은 도움이라도 됐으면

하는 바램뿐입니다." 노신사는 직원의 따뜻한 배려심과 성실한 업무태도에 감동을 받았다. "당신은 참 좋은 사람이오. 그리고 이런 작은 호텔에서 일할 사람이 아니라 세상에서 가장 큰 호텔의 매니저가 될 사람이구려." "아닙니다. 저는 이 작은 호텔에서 일하는 게 즐겁습니다. 게다가 큰 호텔을 운영할 재주도 없거든요. 아무튼 칭찬해주셔서 감사드립니다." 그러자 노신사가 미소를 띠며 물었다. "만일 내가 언젠가 세계에서 가장 훌륭한 호텔을 짓는다면 와서 일해 주겠오?" 젊은 직원은 노신사가 고마운 마음에 하는 덕담이라 생각하고 가볍게 대답했다. "물론입니다. 기꺼이 가지요." 또 다시 바쁜 업무를 시작하는 직원에게 인사를 건넨 노부부는 호텔 문을 나섰다.

그로부터 3년이 지난 어느 날, 이미 자신이 일하는 Belle Vue호텔의 매니저로 승진해 있던 그 직원은 노신사로부터 한 통의 편지를 받았다. 편지에는 아무런 설명도 없이 그저 호텔 개소식에 참석해 달라는 초청장과 뉴욕 행 왕복 비행기 티켓이 들어 있었다. 뉴욕에 도착한 직원을 노신사는 맨하탄 54번가 코너로 안내했다. 직원 앞에는 이때까지 보지 못했던 최고 시설의 호텔이 위용을 자랑하고 있었다. 전 세계에서 가장 유명한 호텔이 될 월도프 아스토리아 호텔이었다. "이 호텔은 당신이 경영하도록 내가 지은 것이오." 노신사의 이름은 윌리암 월도프 아스토Astor였으며 조지 볼트Boldt란 그 직원은 미국 최고의 아스토리아 호텔의 최초의 총지배인이 되었다.

〈강의 안내〉

남의 일 같지 않게 훈훈한 이야기가 아닐 수 없습니다. 또한 직장생활에서 고객에 대한 서비스가 개인에게 뜻하지 않은 좋은 성과를 만들어낼 수도 있고 나아가 내가 속한 직장의 보이지 않는 경쟁력이 된다는 점도 생각해 볼 수 있게 됩니다.

그럼, 이번 시간에는 서비스와 고객접점 서비스의 의미가 무엇인지, 그리고 서비스의 중요성을 되돌아보게 하는 웨이터법칙에 대해 함께 학습하도록 하겠습니다.

학습하기

1. 서비스의 의미

1) 서비스의 개념

서비스의 개념을 사전적으로 정의하면 “물질적 재화를 생산하는 노동과정 밖에서 기능하는 노동을 광범위하게 포괄하는 개념”(박은태, 2010)이다. 다소 어렵고 딱딱하게 느껴질 수 있지만, 한 마디로 ‘제품을 생산하는 활동 이외의 모든 노동이 서비스’라는 말이다. 서비스의 주된 특징은 다른 노동은 제품 생산을 통해 간접적으로 인간의 욕망을 충족시켜 주지만, 서비스 노동은 인간의 욕망을 직접적으로 충족시켜 준다는 점이다. 위의 호텔 종업원이 행한 노동은 제품 생산 이외의 노동이면서, 소비자의 욕구를 직접적으로 충족시켜 주는 노동임을 쉽게 알 수 있을 것이다. 흔히 서비스 노동이 활동하는 산업을 서비스 산업이라 하며, 전체 산업을 크게 세 부분으로 분류할 경우 서비스 산업은 제3차 산업에 속하게 된다.

서비스의 개념을 보다 좁혀 직업에 적용한다면, 서비스란 ‘고객을 포함한 이해관계자의 가치를 최우선으로 하는 의식과 행동’이라고 할 수 있다(이하 한국산업인력공단, 2008:108-109 내용 인용). 고객은 회사의 지속적인 발전을 도와주는 기반이기 때문이다. 고객에게 신뢰받고 고객에게 사랑받는 회사는 발전하고 고객에게 외면당하는 회사는 쇠퇴한다. 따라서 기업이 고객에게 사랑받기 위한 방법은 기본적으로 한 가지, 즉 서비스에 있다. 회사는 항상 고객의 입장에서 고객이 필요로 하는 것이 무엇이며, 고객이 만족하는 품질수준은 무엇인가를 생각하고, 체계적인 노력을 기울여 좋은 설계, 철저한 생산관리, 만족스런 서비스를 제공하기 위하여 모든 역량을 발휘하도록 노력해야 한다.

고객의 소리를 경청하고 요구사항을 해결하기 위하여 힘쓰는 것은 기업 활동의 시작이자 끝이다. 고객의 소리를 경청하는 것은 고객이 원하는 것을 파악하여 좋은 상품을 만드는 바탕이 되어, 좋은 서비스를 제공하기 위한 시발점이 된다. 또한 아무리 우수한 상품도 높은 수준의 서비스가 뒤따르지 않으면 고객은 만족할 수 없다, 생산기술이 발전하고 물질이 풍부해진 최근에 와서는 고객만족의 성패는 상품과 함께 제공되는 서비스에 의해서 결정된다고 볼 수 있다.

2) 'SERVICE'의 7가지 의미

영어 SERVICE 란 단어에서는 여러 가지 의미를 추출해 낼 수 있을 것이다. 그중 한 예로 영어 "SERVICE"란 단어를 다음의 7가지 의미로 보는 견해(한국산업인력공단, 2008:109)도 있다.

〈서비스의 7가지 의미〉

Smile & Speed: 미소를 지으며 신속하게 일을 처리하는 것
Emotion: 서비스는 감동을 주는 것
Respect: 서비스는 고객을 존중하는 것
Value: 서비스는 고객에게 가치를 제공하는 것
Image: 서비스는 고객에게 좋은 이미지를 심어 주는 것
Courtesy: 서비스는 예의를 갖추고 정중하게 하는 것
Excellence: 고객에게 제공되는 서비스는 탁월해야 하는 것

앞의 호텔 직원이 늦은 밤에 호텔을 찾은 노부부에게 제공한 서비스를 위의 7가지 서비스 정신과 연계시켜 볼 수 있을 것이다. 무엇보다 먼저, 호텔 직원과 노부부가 만나는 '진실의 순간'에 호텔 직원은 미소를 지으며 고객의 필요를 신속하게 해결해 주었다. 자신의 방을 내주는 직원에게 고객이 감동했을 것은 자

명한 일이다. 고객은 자신들이 존중받고 있다는 느낌을 받았을 거라는 점도 충분히 짐작할 수 있다. 직원은 단지 방 하나를 제공해 주는 것을 넘어선 어떤 가치를 노부부에게 제공해 준 것이다.

직원의 진심어린 서비스를 받은 노부부가 당사자인 직원은 물론 그 호텔에 대해서 어떤 좋은 이미지를 받았는지도 미루어 짐작할 수 있다. 호텔 직원의 말과 행동이 예의에 맞고 정중했음은 물론이다. 마지막으로 서비스의 탁월함이다. 일반적으로 객실이 없으면 손님을 받지 못하는 것을 당연시한다. 그러나 호텔 직원은 노부부를 비오는 밤에 돌려보낼 수 없다는 판단과 그에 따른 해결 방안을 제시했다는 점에서 탁월한 직무수행을 보여줬다고 평가할 수 있다.

2. 고객접점 서비스와 진실의 순간

1) SAS 회장과 고객접점 서비스

서비스의 품질을 좌우하는 관건은 타이밍에 있다. 즉, 고객과 서비스 직원이 부딪히는 짧은 순간, 즉 '고객접점 서비스'가 모든 것을 결정한다는 의미다. 대표적인 사례(참조: Peters, 2010)를 들어보자.

스톡홀름의 그랜드호텔에 묵고 있던 미국 사업가 루디 피터슨이 스칸디나비아 항공SAS을 타기 위해 공항에 도착했다. 그런데 공항에 도착하고 보니 호텔에 항공권을 두고 온 사실을 알게 되었다. 할 수 없이 그는 창구에 가서 사실대로 이야기를 했다. 그런데 항공사 직원은 놀랍게도 이렇게 대답했다. "걱정하지 말고 일단 비행기에 타세요."그 직원은 피터슨을 일단 비행기에 태운 뒤 호텔에 전화를 해서 항공권을 가져왔다. 이후 피터슨은 SAS의 평생 고객이 되었다.

스칸디나비아 항공의 성공신화를 만든 얀 칼슨Carlzon은 기업이 흥하고 망하는 것은 기업이 고객을 접했을 때 감동을 주는 '진실의 순간'에 의해 결정된다고 말한다. 진실의 순간에 직원의 서비스가 불친절한 경우를 경영학에서는 구맹주산拘猛酒酸이라 한다. 말 그대로, 무서운 개가 집 앞에서 으르렁거리고 있으면 집안에 있는 맛좋은 술이 쉬어 빠진다는 뜻이다. 즉, 주인에겐 늘 꼬리치는 개가 마을 사람들에게 두려움의 대상이 된다는 말로서, 직원의 서비스가 부족하면 아무리 좋은 기업의 제품이라도 소비자들이 사지 않는다는 뜻이다.

고객접점 서비스를 진실의 순간이라는 용어로 표현한 최초의 학자는 스웨덴의 마케팅 전문가인 리차드 노먼Norman 교수이며, 이 개념을 도입하여 성공을 거둔 사람은 스칸디나비아 항공 사장 얀 칼슨이다.

2) 진실의 순간 15초

'진실의 순간Moment of Truth: MOT'이란 '사람과 사람이 만나는 접점'이다. 이 말은 본래 스페인의 투우사가 급소에 칼을 꽂는 찰나를 일컫는 말로서 '피하고 싶어도 피할 수 없는 순간', 또는 '실패하면 안 되는 중요한 순간'을 의미한다. 황소를 한 번에 절명시키면 그날의 투우가 완성되는 것이지만 실패하면 투우사는 은퇴를 각오해야 한다. 성공과 실패가 이 한 순간에 달려 있는 것이다.

기업에서도 마찬가지다. 기업에서 진실의 순간은 고객이 종업원이나 기업의 특정자원(휴게시설, 화장실 등)과 접촉하는 순간으로 서비스의 품질에 대한 고객의 인식에 결정적인 영향을 미치는 상황이라 할 수 있다. 예를 들어, SAS 사장인 얀 칼슨Carlzon은 승객들이 기내식 식반을 받아드는 바로 그 순간이 가장 중요하다고 말한다. 자신이 사용하고 있는 접시가 지저분하다는 사실을 발견하게 되면 같은 순간에 그들이 탑승하고 있는 비행기가 불결하다고 느끼게 된다는 것이다. 따라서 '진실의 순간'은 고객과 접촉하는 모든 순간에 발생하며, 이 순간들이 하나하나 쌓여 나 자신과 회사에 대한 평가가 이루어진다.

얀 칼슨은 자신의 기업경영 경험을 바탕으로 1987년에 쓴 저서 『진실의 순간』에서 스칸디나비아 항공에서는 대략 한 해에 천만 명의 고객이 각각 5명의 직원들과 접촉했으며, 1회 응대 시간은 평균 15초였다고 한다. 고객의 마음속에 1년에 5천만 번 회사의 인상을 새겨 놓게 된다는 것이다. 칼슨은 15초 동안의 짧은 순간순간이 결국 스칸디나비아 항공의 전체 이미지를, 나아가 사업의 성공을 좌우한다고 강조했다. '진실의 순간' 개념을 도입한 칼슨은 스칸디나비아 항공사를 불과 1년 만에 연 800만 달러의 적자로부터 7,100만 달러의 흑자 경영으로 전환시키는 성과를 낼 수 있었다.

모든 기업이 고객만족의 기치를 내걸고 노력하고 있다. 만족이란 '진실의 순간'에 고객이 서비스에 대해 기대했던 것과 고객이 실제로 경험한 서비스를 비교하면서 결정된다. 아이러니하게도 서비스가 예상했던 대로라면 고객은 긍정적이지도 부정적이지도 않은 경험을 갖게 된다. 점수로 등급을 매긴다면 'C' 등급이 될 것이다. 만일 서비스가 기대보다 훨씬 좋다면 고객은 감동을 받게 될 것이고 훨씬 높은 등급의 점수를 매길 것이다.

비행기 탑승 시 티켓을 소지하지 않았다면 비행기를 못 타는 것은 어찌 보면 당연한 일이다. 사업가 루디 피터슨은 항공권을 챙기지 못한 자신을 책망하고 속상했을 것이며 당연히 탑승을 할 수 있으리라는 기대도 하지 않았을 것이다. 그런데 자신의 기대를 훨씬 뛰어넘는 서비스를 받은 피터슨이 스칸디나비아 항공에 갖는 감동이 어땠을지는 짐작할 수가 있을 것이다.

SAS의 직원이 진실의 순간에 이런 감동을 고객에게 제공할 수 있었던 데에는 CEO인 얀 칼슨이 현장에 있는 직원들에게 기업의 입장이 아닌 고객의 입장에 입각한 서비스를 제공할 수 있도록 권한을 위임했기 때문이다. 만약 직원들에게 상부의 지침을 따르거나 매뉴얼에 충실하도록 지시했더라면 결코 불가능했을 것이다. 고객에게 섣부른 서비스를 제공했다가 해고되고 싶은 직원은 없기 때문이다. 성공하는 기업은 이런 작은 차이에서 비롯된다.

컨설팅 회사인 카셋 인터내셔널Kaset International에 따르면, 불만족한 고객의

96%가 절대로 불평을 하지 않는다. 이들 중 91%는 아무 말 없이 당신 회사의 서비스를 구매하지 않는다. 한 명의 불만족한 고객은 평균적으로 9명에게 자신이 경험했던 부정적인 '진실의 순간'에 대해 말을 하며, 불만족한 고객의 13%는 20명 혹은 그 이상의 사람들에게 자신의 불평을 퍼뜨린다.

Q 주제2 돌발퀴즈

괄호 안에 들어갈 용어는?

(　　　　　)이란 '사람과 사람이 만나는 접점' 이다. 이 말은 본래 스페인의 투우사가 급소에 칼을 꽂는 찰나를 일컫는 말로서 '피하고 싶어도 피할 수 없는 순간', 또는 '실패하면 안 되는 중요한 순간' 을 의미한다.

3. 조건 없는 친절과 웨이터법칙

1) 웨이터법칙은 틀린 적 없다

직업현장에서는 친절과 서비스가 얼마나 중요한지를 반면교사로 보여주는 사례들이 적지 않다. 기내식으로 제공되는 라면을 트집삼아 승무원에게 행패를 부린 어느 대기업 상무 이야기가 과거에 화제가 됐었다. 그러자 빵집으로 성공한 중견제과업체 사장이 주차장요원을 폭행한 사건이 뒤를 잇더니만, 이에 질세라 어느 유가공업체 영업사원이 대리점 사장에게 행한 막가파식 폭언 사태에다 항공사 회장 자녀의 '땅콩 회항'사건까지 잇달아 터져 나왔다. 이런 사건들로 인해 우리사회에서는 직업에서의 '갑과 을'의 문제가 여전히 사회적인

〈주제2 돌발퀴즈〉 [정답] 진실의 순간

이슈가 되고 있다.

한 사람의 인격을 알려면 웨이터를 대하는 태도를 보라는 말이 있다. "누군가가 당신에겐 친절하지만 웨이터에겐 거만하다면 그는 절대로 좋은 사람이 아니다." 이른바 '웨이터법칙waiter rule'이다. 2006년 이를 소개한 「USA TODAY」 기사(2006. 4. 17.)는 이렇게 한마디로 잘라 말한다. "이 법칙은 틀린 적이 없다." 이 웨이터법칙을 최초로 경영의 규범으로 문서화한 사람은 미국 실리콘밸리의 첨단기업인 레이테온Raytheon CEO인 빌 스완슨Swanson이다. 그는 '스완슨의 경영비망록'이란 소책자를 통해 33개의 리더십에 대한 규칙을 제시하고, 이 규칙들 중 세계 어디서나 유일하게 공통적으로 들어맞는 규칙이 하나 있는데, 그것이 바로 웨이터 법칙이라고 강조한다.

어떤 CEO는 경력직 임원을 채용하기 위해 인터뷰를 했는데, 자신에게는 매우 상냥하던 지원자가 테이블을 정리하던 직원에게는 쌀쌀맞게 돌변하는 것을 보고 서둘러 인터뷰를 끝냈다고 한다. 그 지원자가 떨어진 것은 물론이다. 이와는 반대로 훈훈한 사례도 적지 않다. 위트니스 시스템사의 CEO인 데이빗 골드Gould는 사업계약차 다른 회사 CEO와 테이블에 앉아 있었는데 웨이트리스가 그만 실수로 상대방의 비싼 재킷에 레드와인 한 잔을 몽땅 쏟아 붓고 말았다. 그러자 그는 어쩔 줄 몰라 하는 웨이트리스를 안심시키면서 "마침 오늘 아침엔 시간이 없어 샤워를 못했는데 잘 됐다."고 농담을 하더라는 것이다. 그날 사업 협상에는 넘어야 할 난관이 있었지만 골드 회장은 상대방이 그 차이를 함께 극복할 만한 사람으로 평가를 하고 계약을 성사시켰다.

웨이터 법칙은 호텔 벨보이나 청소부, 우편배달부, 경비원 등을 대하는 태도에도 적용된다. 우리 사회에는 돈 많고 힘 있는 사람에게는 비굴할 정도로 깍듯이 하면서도 자기보다 못한 사람들이나 서비스 직종에서 일하는 사람들, 소위 '감정노동자'들에게는 분풀이하듯 반말조로 함부로 대하는 사람들이 적지 않다. 미국 캘리포니아대UC Berkeley 사회학 교수인 아를리 러셀 혹쉴드(Hochschild, 2009)는 저서 *The Managed Heart*에서 '감정노동'이란 말을 처음으로 사용하였다. 그는 감정노동자란 "직무의 40% 이상을 자신의 감정을 감추고 고객을 응대하는 근로자"라고 정의하였다. 은행원이나 승무원, 고객상담원, 골프장 캐디나 대형 마트, 음식점 종업원처럼 직접 고객을 응대하면서 자신의 감정은 드러내지 않고 서비스를 해야 하는 근로자들이다. 우리나라에는 이 범주에 속하는 근로자들이 550만 명이 넘는다.

그렇다면 이런 감정노동자들에게 유난히 거만을 떨거나 위세를 부리는 이유는 무엇일까? 심리학적 분석에 따르면 그 이유는 바로 열등감 때문이다. 힘없고 열등감 많은 사람들의 특징이 힘 있는 자에게 고분고분하고 약자에게는 한없이 강한 모습을 보인다. 이들은 우월의식에 차 있는 듯 보이지만 실제 내면으로는 열등의식에 사로잡혀 있는 경우가 많다.

얼핏 단순해 보이는 웨이터 법칙에 큰 의미를 부여하는 이유는 무엇일까? 한 마디로, 웨이터를 대하는 행동은 그 사람의 품성을 예견하는 정확한 척도predictor가 되기 때문이다. 위트니스 시스템사의 데이빗 골드 회장은 웨이터에게 함부로 하는 사람들은 '통제 불능의 에고ego'를 가지고 있다고 말한다. '너, 내가 누군지 알아? 난 이런 사람이야'식의 품성을 갖고 있기 때문에 협력이 반드시 요구되는 조직 문화에는 낙제생이라는 것이다. 게다가 이런 품성은 하루아침에 학습되거나 소멸되는 것이 아니고 오랜 세월에 걸쳐 길러지기 때문에 바꾸기가 쉽지 않기 때문이다.

사람들은 웨이터를 자신이 고용한 일시적인 피고용자로 생각할 수도 있다. 따라서 기업의 임원들이 웨이터를 대하는 방식은 자신의 조직에서 부하 직원들을 실제로 다루는 방식을 보여주는 데모demonstration인 것이다. 또한 이런 사람들은 잘못된 상황 윤리에 기대어 사는 사람들이다. 데이빗 골드 회장은 "상황적인 가치체계를 가진 사람을 조심하라."고 말한다. 다시 말해, 알고지내는 사람의 사회적 지위에 따라 태도를 달리하는 사람이 바로 요주의 인물인데, 특히 서비스 직종같이 종속적인 역할을 한다고 인식되는 사람들에게 거만한 사람이 가장 위험한 인간이라는 것이다.

'좋은 기업을 넘어 위대한 기업으로' 나아간 기업들을 5년간 연구한 짐 콜린스는 위대한 기업 CEO들에게서 의미 있는 특징을 발견해냈다. 기업의 규모나 업종, 비전은 각기 달랐지만 그들 모두에게는 공통된 점이 있었다. 즉, 위대한 기업을 이끈 CEO들은 모두가 '자기 기업 임직원들을 항상 처음 대하는 손님을 맞이하듯 공손하게 대했다.'는 점이다.

2) '나와 그것' '나와 너'

웨이터의 법칙이 강조하는 것은 '인간 존중'의 서비스 '태도'를 갖추라는 것이다. 상대가 누구든 관계없이 사람을 사람으로서 존중하는 의식과 태도를 가지라는 것이다. 이것이 서비스의 기본 철학이다. 갑을 관계로 기업을 포함한 모든 직업세계가 갈등과 불화를 빚는 것도 인간 존중에 대한 기본 철학이 결핍된 결과다. 정신분석학에서 말하는 나르시시즘 욕구가 좌절되는 이유도 인간 존중에 대한 패러다임이 개인적 삶에 연결되지 못하고 있기 때문이다. 이에 대해 철학자 마틴 부버Buber는 간단하고 명료한 패러다임을 제시한다.

마틴 부버는 저서 『나와 너Ich und Du』에서 세상에는 '나와 너I-You'의 관계와 '나와 그것I-It'의 관계가 존재한다고 말한다. 직업세계에서 직장인이 다양한 이해관계자들에게 진정한 서비스를 제공하기 위해서, 그리고 기업을 포함한 모든 직업이 존경받기 위해서는 '나와 그것'의 관계가 아니라 '나와 너'의 관계를 맺어야만 한다는 것이다. 부버는 말한다.

〈부버의 나와 너〉

'나' 그 자체라는 것은 존재하지 않는다. 존재하는 것이라고는 다만 근원어 '나-너'의 '나'이거나 근원어 '나-그것'의 '나'일 뿐이다. '나'라고 말할 때 사람은 '나-너'의 '나'이거나 '나-그것'의 '나'이거나 그 둘 중의 어느 하나가 되는 것이다. 그가 '나' 라고 말할 때 거기에는 이 두 '나' 가운데 어느 한 '나' 가 존재하고 있다. 그가 '너' 또는 '그것' 이라고 말할 때는 두 근원어 가운데서 이에 알맞은 '나' 가 거기 존재하고 있다.

'나와 그것'의 관계는 도구적인 관점에서 세상을 바라보며 대상이 언제든지 대체될 수 있는 일시적이고 기계적인 관계다. 직업세계에서 종종 문제가 되는 '갑질'이 바로 이런 관계 의식에서 비롯된다. 반면에, '나와 너'의 관계는 서로가 인격적으로 마주하는 관계로서 무엇과도 바꿀 수 없는 유일한 '나'와 대체 불가능한 '너'가 깊은 신뢰 속에서 존재한다. 이런 관계가 서비스의 기본 철학이다.

직업세계에서는 성과 혹은 목표 달성에 집착하다 보면 나와 소비자를 포함한 이해관계자들과의 관계가 '나와 그것'의 패러다임으로 추락할 위험이 있다. 이 경우 상대방을 하나의 인격체가 아닌 단지 수단적이고 도구적인 존재로 전락시킬 수가 있다. 직업의 이해관계자를 단지 도구적 가치로만 한정할 경우, 내가 왜 직장에 다니는지, 기업은 왜 기업을 경영하는지에 대한 보다 중요한 목표를 상실할 위험이 높아진다.

3) 조건 없는 친절

어릴 적부터 사회적 매너와 예의가 문화로 자리 잡은 서양이지만, 공동체 의식을 회복해 인간다운 사회로 리모델링하려는 노력은 다양한 시민사회 운동을 통해 끊임없이 이어지고 있다. 대표적인 사례가 '조건 없는 친절random kindness' 캠페인이다. 이는 상대가 누구든 조건 없는 친절 서비스를 제공하자는 운동이다. 미국의 '조건 없는 친절 재단the random acts of kindness foundation'을 중심으로 전국적으로 벌어지고 있는 이 캠페인은 법과 계약이 인간관계를 대변하는 철저한 개인주의 미국사회인가를 의심할 만큼 이타적이고 사회지향적인 의식의 패러다임 전환을 목표로 하고 있다. 재단의 명칭에서 보듯, '친절이 세계를 변화시킨다.'는 신념하에 조건 없는 친절을 통해 지역사회를 인간다운 사회로 재건하자는 것이다.

'조건 없는 친절'이란 일상에서 어떤 사려 깊은, 남을 배려하는 행동을 함으로써 다른 사람의 하루를 기분 좋게 만들어 주기 위한 의도된 행동이다. 친절한 태도는 전염성이 있기 때문에, 한 사람이 하루에 한 번이라도 대가를 바라지 않는 친절을 남에게 베푼다면 세계는 변하게 된다. 단 한 번의 미소, 즐거운 하루 보내라는 말 한 마디가 상대방의 하루를 살맛나게 만들 수 있으며, 상대방은 자신의 경험을 똑같은 방식으로 또 다른 사람에게 선물할 것이기 때문이다. 친절의 '선물증여'가 선순환을 이루게 되는 셈이다. 친절을 통해 사람들은 서로 신뢰감을 갖게 되며 낯선 이웃이 사실은 남이 아니라 공동의 가족임을 새롭게 인식하게 된다는 것이다. 조건 없는 친절 재단은 이를 위한 구체적인 방법 몇 가지를 제시한다.

첫째, 친절을 베풀라. 친절한 태도는 감염된다. 당신이 기꺼이 남에게 친절을 베풀면 다른 사람은 당신을 본 받아 또 다른 사람에게 친절을 베풀게 된다. 친절의 불꽃이 모든 사람에게 퍼질 것이다.

둘째, 배려하라. 조건 없는 친절은 다른 사람의 불편이나 어려움을 배려하는 것이다. 가능하면 양보해 보라. 상점에서 줄서야 할 때 미소 지으며 손으로 양보 제스처를 써 보라.

셋째, 매너 있게 행동하라. 매너는 예의 바르고 친절한 관계를 맺는 데 핵심이며 남을 존경한다는 표시다. 남을 위해 문을 잡아주는 것, 비 맞고 가는 사람에게 우산을 씌워주는 것, 약속 장소에 늦지 않는 것 등 소소한 것들에서 시작된다. 남이 호의를 베풀면 반드시 고맙다는 말을 해서 상대가 알게 하자.

넷째, 덕담을 건네라. 낯선 사람과 엘리베이터를 기다릴 때 흐르는 어색한 침묵을 기억할 것이다. 이때 눈을 허공이나 바닥으로 향하는 대신 적절한 덕담 하나 건네면 금세 분위기가 편해질 수 있다. 직장에서도 상사나 동료, 부하 직원에게 상황에 맞춰 얼마든지 기분 좋은 말을 건넬 수 있다. 하물며 집에서 자녀가 보여주는 손재주나 독특한 생각에 칭찬 못할 일이 없지 않은가.

다섯째, 말없이 수고하는 사람들을 생각하고 감사하라. 이름도 얼굴도 모르지만 더 나은 공동체를 만들기 위해 고생하는 사람들이 많다. 명절 선물 준비하며 아파트 경비 아저씨들이나 집 근처 파출소 경찰을 위해 작은 선물 하나 생각해 볼 수 있다. 자녀가 사용했던 책이나 장난감들 중 쓸 만한 것을 골라 지역 어린이집에 보내보자. 당신의 자녀를 위해 고생하는 교사나 보육교사들이 있다면 감사의 말을 전해 보라. 방금 사온 케이크 한 조각을 이웃집에 건네 보는 것은 어떨까. 어떠한 인연이건 이웃은 당신의 삶의 한 부분을 차지하고 있다.

여섯째, 외로운 사람에게 힘을 보태라. 외로운 이들은 사방에 널려 있다. 그들의 마음을 북돋아 주는 것은 정말로 가치 있는 조건 없는 친절이다. 시간을 내어 양로원이나 고아원을 방문해 보자. 커피 한 잔을 시키면서 가난한 누군가를 위해 커피 값을 대신 내 주는 사람들도 많다.

일곱째, 자원봉사를 해 보라. 남에게 도움의 손길을 내밀라. 집 없이 노숙하는 사람들을 모두 구제할 수는 없지만 조금만 관심을 가지면 할 수 있는 작은 일들은 많다. 장갑 한 켤레나 담요 하나를 사서 노숙자에게 혹은 노숙자를 위한 쉼터에 보낼 수도 있다. 남이 쓰레기 버리는 것을 보게 되면 아무 말 없이 그 쓰레기를 대신 치워줘 보라.

여덟째, 직장 동료에게 친절을 베풀라. 직장 동료에게 점심을 같이 하자고 권유하던가, 아니면 퇴근 시 맥주나 한잔 하자고 제안해 보자. 동료의 자녀가 생일이거나 집에 행사가 있다면 빨리 귀가할 수 있도록 업무를 일찍 끝내주자. 동료가 업무관계로 힘든 하루를 보냈다면, 꽃 한 다발이나 따뜻한 포옹으로 위로를 해 주자. 가끔씩은 갓 구운 머핀이나 쿠키를 사 들고 회사에 들어가 동료, 상사와 함께 나눠 먹어보는 것은 어떻겠는가.

아홉째, 미소를 지어라. 낯선 사람을 만나거나 혹은 아는 사람과 이야기를 나눌 때 미소로 기쁨을 표현해 보라. 그들과 함께 하는 것이 행복하다는 것을 표현하라.

마지막으로, 아무것도 기대하지 말라. 가장 위대한 친절은 공짜로 베푸는 것이다. 단지 상대를 배려하고 상대가 행복하길 바랄 뿐 어떤 보답도 기대하지 않는 것이다. 친절은 그 자체로 내가 보상받는 것이며 나의 행복감을 높여 줄 것이다. 더 이상 무엇을 바라겠는가. 로마시대의 현인 키케로의 말(『키케로의 의무론』 1장51)을 다시 음미해 보자.

키케로, 〈의무론 1장51〉

길을 잃고 방황하는 자에게 친절하게 길을 가르쳐 주는 사람은 마치 자신의 등불로 다른 사람의 등에 불을 붙여주는 것과 같다.

남에게 불을 붙여줬다고 해서 자신의 불빛이 덜 빛나는 것은 아니다.

Q 주제3 돌발퀴즈

괄호 안에 들어갈 공통된 용어는?

"누군가가 당신에겐 친절하지만 (　　　　)에겐 거만하다면 그는 절대로 좋은 사람이 아니다." 이른바 '(　　　　)법칙' 이다.

〈주제3 돌발퀴즈〉 [정답] 웨이터

평가문제

1. 영어 'SERVICE'란 단어 속에 숨겨진 의미를 바르게 연결하시오.

S: Smile & Speed	·	· 서비스는 고객에게 탁월하게 제공되어야 하는 것
E: Emotion	·	· 서비스는 예의를 갖추고 정중하게 하는 것
R: Respect	·	· 서비스는 미소와 함께 신속하게 하는 것
V: Value	·	· 서비스는 고객을 존중하는 것
I: Image	·	· 서비스는 감동을 주는 것
C: Courtesy	·	· 서비스는 고객에게 가치를 제공하는 것
E: Excellence	·	· 서비스는 고객에게 좋은 이미지를 심어 주는 것

2. 고객접점 서비스에 대한 설명과 관련 있는 것끼리 묶인 것은?

가. 진실의 순간을 뜻하며 '실패하면 안 되는 중요한 순간'을 의미한다.

나. 이 말은 본래 스페인의 투우사가 급소에 칼을 꽂는 찰나를 일컫는 말이다.

다. 위트니스 시스템사의 CEO인 데이빗 골드의 저서에 나오는 말이다.

라. 회사의 CEO와 서비스 직원이 부딪히는 짧은 순간을 의미한다.

마. 이 개념을 도입하여 성공을 거둔 사람은 스칸디나비아 항공 사장 얀 칼슨이다.

1) 가, 나, 다 2) 가, 나, 마 3) 다, 라, 마 4) 나, 다, 라

3. 괄호 안에 들어갈 말은?

> 다음은 마틴 부버의 사상을 말한 내용이다. 괄호 안에 들어갈 말은?
>
> '나와 (   )'의 관계는 도구적인 관점에서 세상을 바라보며 대상이 언제든지 대체될 수 있는 일시적이고 기계적인 관계다. 그러나 '나와 너'의 관계는 서로가 인격적으로 마주하는 관계로서 무엇과도 바꿀 수 없는 유일한 '나'와 대체 불가능한 '너'가 깊은 신뢰 속에서 존재한다.

평가문제 정답 및 해설

1. [정답] S– 미소, 신속 E–감동 R–고객 존중 V–가치제공 I–좋은 이미지 C–예의를 갖춤 E–탁월하게 제공

2. [정답] 2)
[해설] 다. 데이빗 골드의 저서가 아닌 얀 칼슨의 저서이다.
라. 고객과 서비스 직원이 부딪히는 순간이다.

3. [정답] 그것
[해설] 마틴 부버의 사상을 설명한 말이다.

정리하기

1. 서비스의 의미

– 서비스 혹은 봉사의 사전적 의미는 나라나 사회 또는 남을 위하여 자신의 이해를 돌보지 아니하고 몸과 마음을 다하여 일하는 것을 의미한다.
– 직장의 서비스란 '고객을 포함한 이해관계자의 가치를 최우선으로 하는 의식과 행동'이다.
– 기업이 고객에게 사랑 받기 위한 방법은 기본적으로 한 가지, 즉 서비스에 있다.
– 영어 "SERVICE"란 단어에는 7가지 서비스의 의미가 포함돼 있다.

S: 미소를 지으며 신속하게 일을 처리하는 것
E: 서비스는 감동을 주는 것
R: 서비스는 고객을 존중하는 것
V: 서비스는 고객에게 가치를 제공하는 것
I: 서비스는 고객에게 좋은 이미지를 심어 주는 것
C: 서비스는 예의를 갖추고 정중하게 하는 것
E: 고객에게 제공되는 서비스는 탁월해야 하는 것

2. 고객접점 서비스와 진실의 순간

–고객과 서비스 직원이 부딪히는 짧은 순간, 즉 '고객접점 서비스'가 모든 것을 결정한다.

–진실의 순간(Moment of Truth: MOT)이란 '사람과 사람이 만나는 접점'이다.

–15초 동안의 짧은 진실의 순간이 사업의 성공을 좌우한다.

–불만족한 고객의 96%가 절대로 불평을 하지 않는다.

–이들 중 91%는 아무 말 없이 당신 회사의 서비스를 구매하지 않는다.

–한 명의 불만족한 고객은 9명에게 자신이 경험했던 부정적인 '진실의 순간'에 대해 말을 한다.

–불만족한 고객의 13%는 20명 혹은 그 이상의 사람들에게 자신의 불평을 퍼뜨린다.

3. 조건 없는 친절과 웨이터법칙

–친절은 타인에 대한 서비스다. 친절은 직장에서뿐만 아니라 우리의 일상적인 삶의 질을 좌우하는 중요한 윤리적 행동이다.

–한 사람의 인격을 알려면 웨이터를 대하는 태도를 보라는 말이 있다.

–웨이터를 대하는 행동은 그 사람의 품성을 예견하는 정확한 척도가 되기 때문이다.

–웨이터의 법칙이 강조하는 것은 '인간 존중'의 '태도'를 갖추라는 것이다.

–마틴 부버에 따르면 세상에는 '나와 너(I–You)' 관계와 '나와 그것(I–It)'의 관계가 존재한다.

–직업세계에서는 성과 혹은 목표 달성에 집착하다 보면 나와 소비자를 포함한 이해관계자들과의 관계가 '나와 그것'의 패러다임으로 추락할 위험이 있다.

–서양에서는 공동체 의식을 회복하려는 '조건 없는 친절' 운동이 진행되고 있다.

–'조건 없는 친절'이란 일상에서 남을 배려하는 행동을 함으로써 다른 사람의 하루를 기분 좋게 만들어 주기 위한 의도된 행동이다.

참고하기

박은태(2010). 경제학 사전. 서울: 경연사.

이관춘(2012). 기업의 위기극복을 위한 윤리경영전략. 서울: 학지사.

이관춘(2013). 직업은 직업이고 윤리는 윤리인가(3판). 서울: 학지사.

한국산업인력공단(2008). 직업윤리 교수자용 워크북.

Buber, M. (2001). 나와 너(표재명 역). 서울: 문예출판사.

Carlzon, J. (1987). *Moments of Truth*. Cambridge: Ballinger Publishing Company.

Hochschild, R. (2009). 감정노동(이가람 역). 서울: 이매진.

Peters, T.(2010). 리틀 빅 씽(최은수 역). 서울: 더난출판.

USA TODAY, 2006. 4. 17. CEOs say how you treat a waiter can predict a lot about character(By Del Jones).

Avijit Maity의 블로그, 'Amazing Reallife Experiences' 2014.3.4.

제10강

책임과 제조물 책임

1. 책임의 의미와 중요성
2. 깨진 유리창 법칙과 하인리히 법칙
3. 제조물 책임과 ISO 26000

학습개요

직업에서의 책임의 의미와 중요성을 이해하고 깨진 유리창 법칙과 하인리히법칙의 의미, 제조물 책임 및 기업의 사회적 책임의 의미를 설명할 수 있다.

학습목표

1. 직업생활에서의 책임의 의미를 설명할 수 있다.
2. 깨진 유리창 법칙과 하인리히 법칙의 의미를 설명할 수 있다.
3. 제조물책임과 기업의 사회적책임의 의미를 설명할 수 있다.

주요용어

책임, 깨진 유리창 법칙, 하인리히 법칙, 제조물책임, 기업의 사회적 책임

시작하기

〈사례 소개〉

지난 강의에서는 공동체 윤리의 첫 번째 덕목으로서 '서비스'의 윤리에 대해 알아 보았습니다. 오늘은 두 번째로 책임의 윤리에 대해 함께 생각해 보도록 하겠습니다.

먼저, 다음 사례를 통해 우리는 책임이란 말이 담고 있는 소중한 의미가 무엇인지에 대해, 그리고 책임의 본질이 무엇이고, 개인이 맡은 직무에서 그리고 직업 차원에서 책임이 왜 중요한지에 대해 학습해 보도록 하겠습니다.

〈사례 내용〉

〈어느 소방관의 기도〉

제가 부름을 받을 때에는 신이시여
아무리 강렬한 화염 속에서도
한 생명을 구할 수 있는 힘을 저에게 주소서
너무 늦기 전에 어린아이를
감싸 안을 수 있게 하시고
공포에 떠는 노인을 구하게 하소서
언제나 방심치 않게 하시어
가냘픈 외침까지도 들을 수 있게 하시고
화재를 신속하고 효율적으로 진압하게 하소서
저의 임무를 충실히 수행케 하시고
제가 최선을 다할 수 있게 하시어
저희 모든 이웃의 생명과 재산을 보호하고
지키게 하여 주소서

그리고...
신의 뜻에 따라
제가 목숨을 잃게 되면
신의 은총으로 저의 아내와 가족을
돌보아 주소서

〈강의 안내〉

정말 가슴 뭉클한 감동적인 내용이 아닐 수 없습니다. 이렇게 최선을 다해 자신의 책임을 완수하려는 소방 공무원들이 곁에 있다는 건 생각만 해도 고맙고 자랑스럽고, 든든하게 느껴집니다.

얼핏 보면 우리사회는 자신의 이익만을 챙기려는 사람들로 북적거리는 것 같지만, 주위를 둘러보면 이런 소방관들처럼 자신이 맡은 직무의 책임을 최선을 다해 수행하는 직장인들이 수없이 많습니다. 이렇게 자신이 맡은 일에 책임을 다할 때, 자신은 물론 타인에게 도움이 되고 조직은 효율적으로 운영되게 됩니다. 따라서 책임감은 도덕성의 가장 중요한 요소가 되고 있습니다. 최근 들어서는 자신이 맡은 일에 대한 책임뿐만이 아니라 자신이 만든 상품이나 자신이 제공한 서비스에 대한 책임도 강조되고 있습니다.

그럼 이번 강의에서는 책임의 의미 그리고 제조물책임의 의미와 중요성에 대해 함께 생각해 보도록 하겠습니다.

학습하기

1. 책임의 의미와 중요성

1) 어린왕자와 책임의 의미

어른들도 좋아하는 책 중에 '어린왕자'가 있다. 생텍쥐페리는 이 책에서 책임이 무엇인지를 보여 주는 의미심장하면서도 아름다운 이야기를 전해준다(생텍쥐페리, 2005: 21장). 어린왕자는 자기별에 사는 장미꽃을 위해 매일 물을 준다. 그러면서 말한다. "내가 물을 준 것은 그 꽃이기 때문이야." 유리덮개를 씌워주고 바람막이로 바람을 막아주기도 하며 벌레를 잡아주면서 온갖 정성을 다한다. 그러면서 똑같이 반복해서 말한다. "그 꽃이기 때문이야." "나의 장미이기 때문이야." 그런 어린왕자에게 지구에서 만난 여우는 이렇게 말한다. "넌 네가 길들인 것에 대해 언제나 책임이 있어. 넌 네 장미한테 책임이 있어." 그러자 어린왕자는 여우에게 묻는다. '길들인다'는 게 무슨 뜻이냐고. 여우는 말한다. 그건 사람들이 너무나 잊고 있는 것, 즉 '관계를 맺는다'는 의미라고.

어린왕자는 자신이 길들인 장미나무, 자신과 관계를 맺고 있는 장미나무에 대해 끝까지 책임을 진다. 자신의 책임을 다함으로써 비로소 장미나무의 주인이 될 수 있었던 것이다. 우리가 사는 사회도 마찬가지다. 우리는 가정에서나 직장에서나 각기 다양한 관계를 맺고 살아간다. 자신이 맡은 역할과 임무는 의식적이건 무의식적이건 남을 길들이고 있는 것이다. 국민들은 대통령이 국민의 생명과 재산을 보호해 줄 것이란 생각에 '길들여져' 있다. 환자들은 의사가 자신의 병을 제대로 치료해 줄 것이라는 생각에 '길들여져' 있다. 소방대원은 시민들에게 화재를 진압해 줄 수 있다는 믿음을 '길들이고 있는 것'이다. 어린왕자의 말대로 길들인다는 것은 '관계를 맺는 것'이며, 그 관계에 대해 '책임을 지는 것'이다.

책임責任이란 글자 그대로 '맡아서 해야 할 임무나 의무'를 말한다. 어린왕자의 말대로, 책임은 자신과 관계를 맺고 있는 대상, 자신이 맡은 업무에 대한 의무인 것이다. 여기서 중요한 점은 사람은 자신과 관계를 맺고 있는 업무에 대해 끝까지 책임을 질 때 비로소 그 업무의 주인이 된다는 점이다. 우리가 맡은 지위나 역할에 길들여진 사람들, 즉 사회적으로 '관계를 맺고 있는' 사람들에게 책임을 다할 때 비로소 우리는 자신의 직업의 주인, 자기 삶의 주인이 될 수 있는 것이다. 책임감은 주인으로 살기 위해 필수적인 가치인 것이다.

같은 맥락에서 19세기 독일 철학자 프리드리히 니체(Nietzsche, 2002)는 책임을 다할 때 인간은 진정한 자유인이 된다고 강조한다. 그는 저서 『우상의 황혼』에서 자기 책임에 대한 의지를 가질 때 우리는 자유롭게 된다고 말한다. 인간이 추구해야 하는 진정한 자유는 '자기책임에의 의지'라는 것이다. 니체에 따르면 책임을 완수하려는 것은 인간의 본래적인 힘에의 의지will to power가 발현되기 때문이다. 책임 완수를 통해 인간은 자기 자신을 '주인적 존재이자 명령자이자 입법자'로 긍정하는 것이다. 업무의 책임을 다하는 직장인이 진정한 직장의 주인이자 귀족적 존재방식을 지향하는 사람이다. 반대로 책임을 회피하는 직장인의 상황은 노예적 생존이며 주인이나 귀족과는 거리가 먼 노예인 것이다.

우리 직업세계에는 자신과 관계를 맺고 있는 사람들에 대해 책임을 지고, 그 결과 주인으로서 직장생활을 하는 사람들이 적지 않다. 위의 '소방관의 기도'는 이를 잘 보여준다. 관련된 언론 보도(참고: 중도일보 2016. 3. 3.) 하나를 들어보자.

〈소방관의 살신성인〉

2001년 3월, 서울 서대문구 한 2층 주택에서 새벽에 화재가 발생 했다. 소방 진압대원들이 출동하여 화재진압에 열중을 하고 있었는데, 아들이 집 안에 있다는 집주인의 다급한 외침이 들려 왔다. 불길이 채 잡히지도 않았지만 구조대원들은 집안에 있다는 아들을 구조해야만 한다는 책임감에 구조 작업을 하기로 결정한다. 구조대원 네 명이 1층 현관을 통해 건물 내부 진입을 시도 했다. 공기호흡기와 손도끼만 든 채 로프로 서로의 몸을 묶고, 자욱한 연기 속에서 바닥을 더듬어 갔다. 그러나 그 시각에 방화 혐의를 받고 있는 아들은 이미 집 밖을 빠져 나온 상태였다.

"무너질 것 같다. 빨리 피하라. 빨리!" 새벽 4시 경 구조대원들이 1층을 수색 하던 순간, 외마디가 터져 나왔다. 그러나 대피할 틈도 없이 2층 건물이 내려앉으면서 소방대원들을 덮쳤다. 매몰 20분 후, 소방관 두 명이 구조되었지만 나머지 대원들은 무너진 벽돌에 묻혀 모습조차 찾아 볼 수 없었다. 굴착기까지 동원하여 구조작업을 벌인 결과 여섯 명의 시신이 발견되었다. 소방 역사상 처음으로 소방관 여섯 명이 순직하는 참사가 벌어진 것이다.

앞서 언급한 대로 책임이란 '맡아서 해야 할 임무나 의무'다. 책임이란 '한 개인의 역할이자 직무, 행동이며, 그 행위의 결과에 맡겨진 의무'라고 할 수 있다. 부모는 부모로서 자녀를 양육해야 할 책임이 있다. 직장인은 직장인으로서 맡아서 해야 할 임무나 의무가 있다. 공무원은 공무원으로서의 책임이 있다. 모든 직업인은 각기 나름대로의 직무를 갖고 있으며 그 직무에 따른 책임을 맡고 있다. 각자가 자신의 일에 책임을 다하지 않는다면, 그 회사, 그 직장은 살아남을 수가 없을 것이다. 따라서 내가 이 직업, 직장을 선택했다는 것은 이 직장에서 내가 하는 일의 책임을 지기로 계약했다는 것을 의미한다.

『깨진 유리창 법칙』의 저자인 마이클 레빈(Levine, 2009)은 직장에서 직장인 개개인의 책임감이 중요함을 다음과 같이 강조한다. "시간만 때우는 직원을 내버려 두는 기업은 반드시 몰락한다. 절대 살아남을 수 없다. 당신이 계속 회사를 꾸려나가기 원한다면 이 점을 명심해야 한다. 직원들이 당신의 회사를 몰락시키도록 내버려두어서는 안 된다. 그러면 그들 역시 직장을 잃게 된다. 결코 과장이 아니다. 잘못된 직원 한 명을 내버려두면 기업 전체가 흔들린다."

다시 말해, '시간 때우기'로 일하는 책임감 없는 직원을 내버려 두어선 안 된다는 말이다. 여기서 직원이란 신입사원부터 CEO까지 모두를 포함한다. 그들 모두는 각기 맡은 일에 책임감을 가져야 한다는 말이다. 지위가 어떠하든 고객에게 책임을 지는 기업이 성공한다는 것이다.

2) 업무 책임의 중요성

미국의 제33대 대통령이었던 해리 트루먼Truman은 임기 중에는 인기 없는 정책으로 지지율이 최악인 상태를 유지하다 퇴임을 했다. 그러나 그는 자신이 행한 모든 결정에 대해 책임을 질 줄 아는 대통령으로 기억되고 있다. 다른 나라의 대통령들은 추진하던 일이 잘못됐을 때 그 일에 대한 책임을 회피하기 위해 국회에, 경제상황에, 아니면 이전 대통령에 책임을 전가하곤 했다. 그러나 트루먼 대통령은 백악관 집무실에 '여기서 모든 최종적인 책임은 내가 진다.'라는 액자를 걸어놓고 그 약속을 철저히 지켰다(한국산업인력공단, 2008: 119). 따라서 임기 중에는 인기가 없었으나 지금은 어떤 평가에서도 '미국의 최고 대통령' 열 명 중의 한 사람으로 꼽히고 있다.

직장에서의 모든 업무에는 책임이 따른다. 책임은 개인의 연령 및 사회적 지위에 따라 다를 수 있다. 일선 공무원의 책임이 다르고 대통령으로서의 책임이 다르다. 또한 책임에는 개인적 책임, 사회적 책임, 전문적인 책임 등 다양한 유형이 있다. 언론에 보도(서울경제, 2015. 11. 21.)된 뉴스 하나를 보자.

〈회계사들의 도덕불감증〉

자본시장의 파수꾼 역할을 해야 할 책임이 있는 회계사들의 모럴 해저드moral hazard; 도덕적 해이가 심각하다. 최근 서울 남부지검에 적발된 대형 회계법인 소속 회계사들의 불법행위를 보면 직업윤리라고는 찾아보기 힘들 지경이다. 국내 1~3위 회계법인 소속 회계사들이 감사한 기업의 미공개 정보를 이용한 주식투자로 약 10억 원의 부당이익을 챙겼다. 연루된 회계사만도 무려 32명에 이른다.

가담자 숫자도 놀랍지만 무엇보다 이들의 범행수법이 전문 범죄 집단 뺨친다. 대학동문, 입사 동기라는 패거리 문화로 똘똘 뭉치고 심지어 가족까지 동원했다. 수사기관에 적발되지 않도록 사이버 망명지로 알려진 독일 모바일 메신저를 사용하는 치밀함까지 보였다. 검찰이 공개한 메신저 내용을 보면 이들이야말로 회계사는커녕 양의 탈을 쓴 범죄자에 가까울 정도다.

회계사들의 무책임한 일탈 행위는 어제오늘 일이 아니다. 불과 두 달 전에도 감사한 기업의 정보를 주식투자에 악용한 회계사 9명이 붙잡혔다. 부실회계를 눈감아 주고 기업으로부터 뒷돈을 받았다가 징계를 받은 사례도 부지기수다.

일부 회계사들의 도덕성이 바닥으로 추락한 것을 보여주는 한 사례라 할 수 있다.

회계사의 사례를 들었지만, 대부분의 직장인들은 자신이 맡은 일에 대한 세 가지의 책임을 지게 된다.

첫째, 서비스에 대한 책임이다. 직장인은 자신이 고객에게 행한 서비스에 대한 책임을 진다. 전문직업인 뿐만 아니라 대부분의 직장인은 자신이 제공한 서비스의 제공시기, 서비스의 질, 그리고 서비스가 수반하는 결과에 대해 책임을 갖게 된다.

둘째, 제품에 대한 책임이다. 제품을 제공하는 직장인의 경우, 해당 제품을 약속된 시기에 온전한 상태와 품질로 인도해야 할 책임과 함께 그 제품의 안전한 사용을 위해 안내서를 제공해야 할 책임을 지니게 된다. 제공자는 해당 제품의 사용 결과 발생하는 모든 손해에 대해 책임을 져야 하며, 책임의 범위 및 한계는 계약의 내용 및 손해의 정도에 따라 다르게 된다. 다음에서 소개할 제조물 책임이 대표적인 예라 할 수 있다.

셋째, 결과에 대한 책임이다. 모든 직장인은 자신이 제공한 서비스나 제품의 결과에 대한 책임을 지게 된다. 결과가 고객의 만족과 감사가 될 수도 있지만, 반면에 서비스나 제품의 제공이 고객의 육체적 · 정신적 · 재정적 손해를 끼칠 수도 있으며, 이 경우 그에 대한 책임을 져야 하는 것이다.

Q 주제1 돌발퀴즈

괄호 안에 공통으로 들어갈 단어는?

어린왕자의 이야기에서 보듯, 사람은 자신과 관계를 맺고 있는 업무에 대해 끝까지 (   )을 질 때 비로소 그 업무의 주인이 된다. 우리가 맡은 지위나 역할에 길들여진 사람들, 즉 사회적으로 '관계를 맺고 있는' 사람들에게 (   )을 다할 때 비로소 우리는 자신의 직업의 주인, 자기 삶의 주인이 될 수 있는 것이다. (   )감은 주인으로 살기 위해 필수적인 가치인 것이다.

2. 깨진 유리창 법칙과 하인리히 법칙

투자의 달인이면서 기부를 통한 사회공헌에 앞장서고 있는 워렌 버핏은 "기업의 명성을 쌓는 데는 20년이 걸리지만, 그 명성이 무너지는 데는 5분이 걸린다."고 말한다. 그러나 달리 보면 그 명성은 이미 오래전부터 무너지고 있었다고 볼 수도 있다. 기업의 명성이 무너지기까지 기업구성원들의 수많은 사소한 무책임한 업무수행이 쌓였을 수도 있기 때문이다. 다시 말해, 직장에서 개개인

〈주제1 돌발퀴즈〉 [정답] 책임

이 맡은 사소한 책임을 가볍게 생각한 결과로 예기치 않은 큰 사고, 사건을 불러올 수도 있다는 것이다. 이를 입증하는 것이 깨진 유리창 법칙과 하인리히 법칙이다.

1) 깨진 유리창 법칙

유리창이 몇 장 깨어진 빌딩을 생각해 보자(이하는 이관춘, 2009:89에서 인용). 만약에 그 유리창을 고치지 않고 내버려두면 어떻게 될까? 오고가던 사람들이 몇 장 더 깰 수도 있다. 그러다 보면 몇 사람이 그 건물 안으로 침입해 들어갈 것이다. 그 건물에 사람이 없는 것으로 확인되면 그들은 불법 점거를 하고 안에 불까지 피우고 지낼지도 모른다. 아니면 거리를 한번 생각해 보자. 쓰레기가 조금 흩어져 있다. 그러면 지나가던 사람들이 별다른 죄의식 없이 작은 쓰레기를 버릴 테고 얼마 안 가 쓰레기의 양은 크게 늘어날 것이다. 결국에는 사람들이 음식물 쓰레기까지 버려 거리가 쓰레기장으로 변할지도 모른다. 시민으로서의 사소한 책임을 다하지 않을 때 이런 현상은 얼마든지 발생한다.

'깨진 유리창 법칙'이란 고객이 겪은 단 한 번의 불쾌한 경험, 한 명의 불친절한 직원, 매장 벽의 벗겨진 페인트칠 등 기업의 사소한 실수가 결국은 기업을 쓰러뜨린다는 이론이다. 『깨진 유리창 법칙』의 저자인 마이클 레빈(Levine, 2009)은 다음과 같은 생각을 해 보라 한다. "만약 버거킹 화장실에 갔는데 휴지가 없다면, 당신은 버커킹 직원들이 고객의 요구에 관심을 기울이지 않는다고 생각할 수 있다. 어쩌면 위생에도 신경을 쓰지 않아 음식에 세균이 득실거리는 것은 아닌지 우려하게 될 수도 있다. 나아가 전국의 모든 버거킹 매장이 다 마찬가지라고 결론지을 수도 있다. 이는 고객의 단순한 상상이 아니라 논리적인 사고 과정이다."

이 경우, 1%의 고객 불만이 100%의 경영실패로 이어질 수가 있다. 유클리드 계산법에 의하면 100에서 1을 빼면 99다. 그러나 비즈니스 세계에서는 작고 사소한 직원들의 책임을 방치할 경우 100-1=0이 될 수 있다. 대부분의 고객은 '하나를 보면 열을 안다.'는 속담, 즉 각각의 작은 부분에는 전체가 축약되어 있다는 환원주의reductionism를 신봉하기 때문이다.

많은 기업들이 경영전략이나 기업 비전에는 많은 노력과 시간을 투자하면서도 정작 기업을 갉아먹고 있는 사소하나 치명적인 것들을 제대로 인식하지 못하는 경우가 많다. 기업의 미래는 철학이나 전략의 부재가 아니라 작고 사소한 문제(예: 깨진 유리창)에 달려 있다. 몇 가지 사례를 보자.

2008년 1월, 프랑스 2위 SG은행에서는 직원 한 명이 무려 70억 달러가 넘는 주식선물 투자 손실을 본 사상 최대의 금융사건이 벌어졌다(이관춘, 2009:73-74). 입사 2년 차인 주식선물 트레이더 케르비엘이 유럽주가지수 선물거래 관련 거액의 투자손실을 은폐하기 위해 동료의 계정암호를 도용하여 가상의 거래 상대방과 헤지포지션을 취한 것처럼 조작하면서 발생한 것이다. 문제는 처음부터 그 직원이 거액의 돈을 마음대로 운영한 것은 아니었을 것이다. 그 직원은 '돈만 벌면 된다.'는 조직적인 불문율이나 분위기를 감지했을 것이고, 그 결과 점점 더 과감하게 비윤리적인 행동에 나설 수 있게 되었을 것이다.

2) 하인리히 법칙

1931년 미국 '여행자 보험회사' 사고조사국 부감독관인 허버트 하인리히Heinrich는 저서인 『사고예방: 과학적 접근Industrial Accident Prevention: A scientific approach』에서 각종 산업재해 관련 사망사고 7만5천 건을 분석한 결과 다음과 같은 결론을 내렸다. 즉, 한 번의 사망 사고 이전에는 평균적으로 동일한 원인으로 인한 부상사고가 29건, 그리고 부상에 이를 뻔 한 사고가 300건이나 발생한다는 것이다. 이른바, 300-29-1'의 법칙이다. 아울러 하인리히는 일터에서 생긴 산업재해의 88%는 안전에 신경 쓰지 않은 행동에 의해 (흔히 피해자에 의해) 발생하며, 10%는 안전하지 못한 장비나 환경 때문에, 나머지 2%는 불가항력적인 이유로 발생한다고 주장했다.

일본 도쿄대의 하타무라 요타로 교수도 마찬가지로 “한 번의 대 실패, 대형사고, 멸망으로 이르는 길은 300번의 징후를 담고 있다.”고 말한다. 하인리히 법칙에 따르면, 기업의 특정 제품이나 서비스에 불만을 갖고 소송을 제기한 고객이 한 명 있다면, 비슷한 이유로 강하게 항의했던 고객은 29명이 있고, 인터넷 등에 악플을 단 고객은 300명이 있을지도 모른다.

문제는 대부분의 사람들은 그 징후를 읽지 못한다는 점이다. 촌철살인의 대가인 마크 트웨인은 “우리는 그 일이 일어날 것이라는 사실을 모르기 때문이 아니라, 그런 일이 일어나지 않을 것이라는 막연한 믿음 때문에 위험에 처하게 된다.”는 명언을 남겼다. 막연한 믿음은 방심을 낳고 방심은 수많은 징후들에 눈길을 주는 일을 가로막게 된다. 그 결과 조금만 주의를 기울였더라면 충분히 막을 수 있었던 것을 돌이킬 수 없는 대형사고로 만드는 결과를 낳도록 만드는 데 일조를 한다.

몇 해 전 우리나라에서 문제가 됐던 ‘원전 비리’를 보자. 공교롭게도 2013년 8월 원자력 발전소 가동이 중단되는 대형 사고가 발생하기까지 지난 4년 간 신문에 보도된 원전비리 소식이 총 29회에 달한다고 한다. 원자력 발전소 신고리 1, 2호기, 신월성 1호기 가동이 중단된 이유는 불량 제어케이블 때문이었다. 제어케이블이란 원전사고가 났을 때 비상 냉각 시스템을 가동하도록 신호를 보내는 핵심 부품인데, 부품 검증업체가 시험 성적서를 위조해 원전에 납품하도록 한 것이다. 원전은 국민의 생명과 직결되는 데도 말이다.

거의 방사능 피폭 수준의 재앙을 초래할 수도 있었을 원전 부품 비리의 고리는 뇌물이었다. 한국수력원자력 직원들이 폐기 대상 부품에 페인트칠을 새로 한 후 새것처럼 납품하거나 원전 안전에 직결되는 핵심 부품의 성능검사 서류 위조에 가담해 뒷돈을 받은 것이다. 납품업체가 검사 기관의 가짜 직인을 만들어 찍은 허위 시험성적서를 제출해도 그것이 진짜인지 가짜인지를 확인해보지 않았다. 자신이 맡은 직무의 책임을 이용해 이익을 챙기는 데 급급했던 것이다. 문제는 단순한 실수가 아니라 이런 무책임, 비리가 조직 내에 바이러스처럼 퍼져 있었다는 데 있다. 결과적으로, 원전가동이 정지되는 초유의 사태가 벌어졌고 사회적으로는 2조4000억 원의 손실을 가져오게 되었다.

2008년 9월 중국에서의 멜라민 식품 파문도 마찬가지다(이관춘, 2009:85). 중국 깐쑤성을 비롯한 각지에서 멜라민이 섞인 값싼 분유를 먹고 사망자 1명을 포함해 중국 전역에서 432명의 아기가 신장결석 증상을 보인 것이다. 분유제조사인 싼루三鹿그룹은 분유를 먹고 신장결석에 걸린 유아들에 관한 보고를 받았고 실험을 통해 이를 확인했으면서도 끝까지 이를 은폐했다. 중국 관계당국 역시 이 같은 사실을 7월 중순에 이미 파악했으면서도 식품안전조사에 착수하지 않고 늑장 대처를 하였다. 결국, 피해 아동이 급증하자 회사는 뒤늦게 700톤의 제품을 리콜하였지만, 그 사이 판매된 분유의 수는 140만 개에 달했고 잠재적 피해자는 3만 명이 넘을 것으로 추산하고 있다.

1999년, 미국의 포드와 파이어스톤의 소송 사건 역시 '호미로 막을 걸 가래로 막게 된' 전형적인 사례다. 파이어스톤 타이어가 장착된 포드 익스플로러 전복사건으로 미국 내에서만 200명 이상이 사망한 사건이 발생한 것이다. 사건 초기인 1999년에는 사망자가 14명에 그쳤다. 그러나 소비자들이 위기에 처해 있는 상황에서도 포드와 파이어스톤은 소송이 제기될 때까지 2년 동안 상대방에 책임을 전가하며 실수를 숨기기에 바빴다. 늑장 대처의 결과로 사망자는 미국에서만 200명 이상, 해외에서도 74명으로 크게 증가하게 되었다. 결국 수많은 인명피해는 물론 포드와 파이어스톤 모두 치명적인 손실을 안게 되었다(Robert, 2006:57-80).

하인리히 법칙은, 기업의 윤리적 위기 역시 구성원들의 사소한 비윤리적인 의식과 무책임한 언행을 방치할 때 발생한다는 것을 실증적으로 보여준다. 반면에, 문제되는 현상이나 오류를 초기에 신속히 발견해 대처하면 큰 재해를 방지할 수 있으며, 나아가 성공적인 윤리경영의 초석을 쌓을 수 있음을 역설적으로 제시하고 있다.

Q 주제2 돌발퀴즈

다음은 하인리히법칙과 관계된 내용이다. 빈칸에 들어갈 용어는 무엇인가?

우리는 그 일이 일어날 것이라는 사실을 모르기 때문이 아니라, 그런 일이 일어나지 않을 것이라는 (   ) 때문에 위험에 처하게 된다.

3. 제조물 책임과 ISO 26000

1) 제조물 책임

제조물 책임Product Liability: PL이란 제조물의 결함으로 인하여 소비자 또는 제3자에게 생명, 신체, 재산상의 손해가 발생했을 경우 해당 제조물의 제조업자나 판매업자에게 손해배상책임을 지게 하는 것을 말한다. 제조물책임법은 2001년 1월 12일 법률 제6109호로 공포되었으며, 2002년 7월 1일부터 시행되고 있다(이하 한국산업인력공단, 2008: 122-123에서 발췌).

제품의 사용 중에 입은 소비자의 피해를 규제하는 방법은 지금까지의 법 제도에서도 가능한 것이었다. 즉, 제조업자가 시장에 공급한 제품의 결함으로 인하여 소비자가 입은 손해에 대하여 민사상 과실 책임에 기초한 불법행위로 인한 손해배상을 청구할 수 있었다. 그러나 변화된 환경에 맞는 새로운 법제도의 운영이 필요하다는 인식하에 시행되는 것이 제조물책임PL제도다. 종래의 과실책임에 의한 피해 구제는 피해자가 생산자에게 제품의 결함을 초래한 '과실이 있다'는 주관적인 사실을 입증해야 손해배상의 청구가 가능하였으나, PL은 단순히 제조물에 '결함이 있다'는 객관적인 사실만을 입증하면 되기에 소비자가

〈주제2 돌발퀴즈〉 [정답] 막연한 믿음

입은 피해에 대한 손해배상의 청구가 수월해지고 배상 가능한 범위가 넓어지게 된다.

제조물 책임법의 주요골자는 다음과 같다.

1. 법의 적용대상인 제조물은 제조 가공된 동산이며, 다른 동산이나 부동산의 일부를 구성하는 경우를 포함한다.
2. 손해배상책임의 주체는 제조 가공 또는 수입을 업으로 하는 자, 제조업자로 표시하거나 오인시킬 수 있는 표시를 한 자로 하되, 제조업자를 알 수 없는 경우에는 공급업자로 한다.
3. 제조물 책임의 내용은 제조물의 결함으로 인한 생명, 신체 또는 재산상의 손해를 입은 자에 대한 손해배상이다.
4. 제조업자 또는 공급업자가 당해 제조물을 공급하지 않았거나, 제조물을 공급한 때의 과학기술 수준으로는 결함의 존재를 알 수 없었던 경우 등을 입증한 때에는 손해배상책임을 면할 수 있다.

이 같은 제조물책임의 긍정적인 영향을 제시하면, 첫째, 제조물의 안정성이 강화될 수 있다. 기업은 결함제품을 시장에 내놓지 않기 위해 설계, 제조, 표시, 검사, 판매 사후관리 등의 모든 면에서 노력을 하게 되어 제조물의 안정성이 크게 강화될 것이다. 둘째, 소비자보호에 보다 충실할 수 있다. 결함제품으로 인해 발생하는 피해가 줄어들 뿐만 아니라 발생한 피해에 대한 효과적인 피해구제가 가능하게 되므로 소비자의 보호에 보다 충실할 수 있다. 셋째, 기업의 경쟁력이 강화될 수 있다. 단기적으로는 PL이 기업에 많은 부담을 주고 위험을 증가시키는 요인이 되지만, 안전한 제품의 생산을 위한 체계적인 관리 그리고 적극적으로 제품안전과 이를 통한 고객만족을 추구하여, 제품의 경쟁력에서 우위를 가질 수 있는 긍정적인 효과를 기대할 수 있다.

2) 기업의 4단계 책임

기업의 구성원들이 각자의 직무 수행에 책임이 있다면, 기업도 마찬가지로 한 사회의 시민으로서 사회에 대한 책임이 있어야 한다. 먼저 다음 사례를 통해 기업의 사회적 책임이 무엇인지, 그리고 왜 중요한지에 대해 생각해 보도록 하자.

> 1970년대 미국 기업 존슨앤존슨Johnson&Johnson은 아스피린의 부작용을 제거한 진통해열제 타이레놀을 개발하였고, 얼마 안 가 미국 해열진통제 시장 점유율 37%를 장악할 만큼의 히트 상품이 되었다. 그런데 1982년 9월 어느 수요일 아침, 시카고에 사는 남성 한 사람이 '초강력 타이레놀' 캡슐을 사서 복용한지 몇 시간 후 갑자기 사망하였다. 같은 날 그 남성의 동생 부부가 같은 약병에 든 타이레놀 캡슐을 먹고 이틀 후에 사망하였다. 이어 일주일도 안 돼 시카고 지역에서 비슷한 사고로 4명이 더 죽었다. 사망원인은 타이레놀 캡슐에 들어 있던 청산가리인 시안화물이었다.
>
> 회사는 발칵 뒤집혔다. 존슨앤존슨은 신속하게 전국적인 광고를 통해 타이레놀을 복용하지 말 것을 소비자들에게 알렸다. 독극물 주입에 대한 조사가 시작되면서 타이레놀을 제조하는 과정에서 독극물이 주입된 것은 아니라는 사실이 밝혀졌다. 누군가가 캡슐에 청산가리를 주입한 것으로 드러났다.
>
> 미국 관계당국은 사고발생 지역인 시카고 지역 내의 타이레놀 리콜을 지시했다. 그러나 존슨앤존슨은 소비자의 안전에 대한 책임을 최우선시 한다는 회사의 윤리경영 방침에 따라 미국 전 지역에 유통된 타이레놀에 대해 대대적인 리콜 조치를 단행하였다. 시중에 배포된 3천1백만 통의 타이레놀 리콜에 무려 1억 달러 이상의 비용이 투입되는 등 총 2억2천만 달러의 손실을 감수하며 소비자의 안전에 책임을 다하였다. 또한 대대적인 언론 홍보를 통해 소비자들에게는 이 사건이

해결되기 전까지 타이레놀을 복용하지 말 것을 당부했다. 전국에 있는 모든 약국과 슈퍼마켓 진열대에서 타이레놀을 치워버렸으므로 이 사건이 해결되기 전까지 그 어디에서도 타이레놀을 구매할 수 없게 되었다. 동시에 의사 · 병원 · 유통업체에 50만 통이 넘는 전보를 보냈다. 또 언론을 통해서 성명을 발표함으로써 올바른 상황을 전달하기 위한 노력을 계속했다.

경쟁업체들은 이 사건으로 존슨앤존슨은 브랜드 이미지에 결정적인 타격을 입을 것이며 타이레놀 브랜드는 영원히 살아남을 수 없을 것이라고 전망했다. 일부에서는 존슨앤존슨이 타이레놀이라는 브랜드를 버리고 새로운 브랜드로 시작해야 한다고 주장하기도 했다. 실제로 사건이 일어난 직후 미국 진통제 시장에서 존슨앤존슨의 시장점유율은 35.3%에서 7% 이하로 급전직하했다.

그러나 다른 한편으로 존슨앤존슨이 소비자의 안전에 대한 책임감이 강한 기업이라는 사실을 보여주는 전화위복의 기회도 되었다. 존슨앤존슨은 양심적이고 신속한 대응으로 잃었던 소비자들의 신뢰를 회복하기 시작했다. 1983년 5월 타이레놀은 1982년 9월에 발생한 사건으로 잃어버렸던 시장 점유율을 8개월 만에 거의 회복하였다. 1986년에는 시장점유율이 35%까지 상승하게 되었다.

기업의 사회적 책임에 대한 관심이 기업 내외적으로 확산되게 된 계기는 앞서 소개한 존슨앤존슨사의 타이레놀 사건이었다. 존슨앤존슨사의 위기대처 방식이 기업의 주주들이 아닌 일반 소비자에 대한 책임에서 비롯됐다는 것이 알려지면서 기업의 윤리적 책임이 기업 지속가능성에 필수적이라는 인식이 확산되는 계기가 되었다.

타이레놀 사건에서 보듯이, 기업의 사회적 책임은 윤리ethics에 뿌리를 두고 있다. 따라서 기업의 윤리적 책임이 곧 기업의 사회적 책임의 핵심 요소가 된다. 21세기 들어 기업의 윤리적 책임에 대한 중요성을 일깨우는 글로벌 금융위기가 연이어 발생하게 되면서 기업의 사회적 책임을 글로벌 스탠더드로 만들려는 시도가 범세계적으로 활발히 일어나게 되었다.

기업의 사회적 책임Corporate Social Responsibility: CSR에 대한 사전적 정의를 정리해보면, '기업이 생산 및 영업활동을 하면서 환경경영, 윤리경영, 사회공헌을 통해 기업의 이해관계자를 비롯한 사회 전체에 이익을 동시에 추구하며, 그에 따라 의사 결정 및 활동을 하는 것'이라고 할 수 있다. 2010년 11월 발효된 기업의 사회적 책임 국제표준인 ISO 26000에서도 기업의 사회적 책임을 "기업의 활동으로 인해 발생하는 사회와 환경에 대한 영향에 대해 기업이 투명하고 윤리적인 방법으로 책임을 지는 것"이라고 같은 맥락에서 정의하고 있다.

과거에는 기업의 목적은 오직 이윤창출이라는 생각이 지배적이었다. 그러나 경영학의 스승이라 불리는 피터 드러커Drucker는 기업의 이윤추구와 사회적 책임은 양립해야 한다고 주장한다. 드러커는 기업은 무엇보다 먼저 경제적 성과 없이 그 어떤 책임도 이행할 수 없다고 전제한다. 그러나 "학교의 책임이 교육적 성과에 그치지 않고, 병원의 책임이 보건에 국한되지 않는 것처럼 기업의 책임이 경제적 성과에만 국한되지는 않는다."는 점을 강조한다. 모든 조직은 "구성원에 대한 영향력, 환경, 고객, 접촉하는 사람이나 사물 모두에 대한 책임을 부담해야 한다."는 것이며 이것이 사회적 책임이라는 것이다.

기업의 사회적 책임은 구체적으로 무엇인가? 미국 조지아대 아치 캐롤(Carroll, 1991) 교수는 기업은 네 가지의 사회적 책임을 지닌다고 말한다. 즉, 경제적 책임, 법적 책임, 윤리적 책임 및 자선적 책임이다.

1단계인 경제적economic 책임은 기업이 제품과 서비스를 생산하여 적절한 가격에 판매하고 이윤을 창출함으로써 투자자들에게 그 수익의 일부를 배분하는 책임Be profitable을 의미한다. 이는 기업 자체의 존재 목적이자 가장 기본적인 책임으로 생산 활동을 통해 부가가치를 창출하고 고용 및 유효수요를 창출하는 등의 형태로 사회에 기여하는 걸 의미한다. 즉, 기업의 경제적 책임이란 생산 활동을 통하여 부가가치를 창출하고 고용 및 유효수요를 창출하는 등의 방법으로 행하는 사회적 기여를 의미한다.

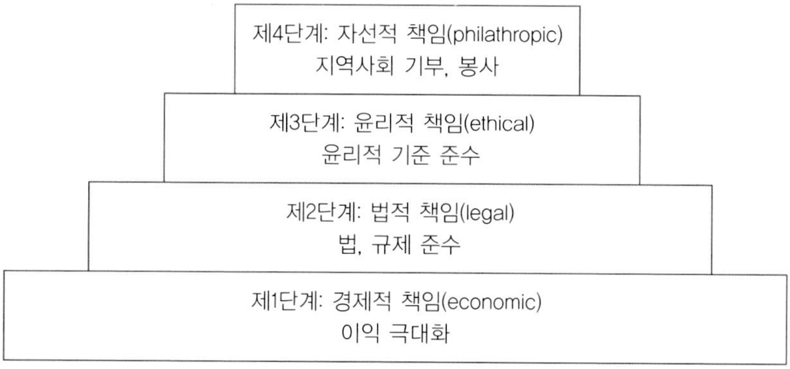

캐롤의 기업의 사회적 책임 4단계

2단계 법적legal 책임이란 기업의 경영이 공정한 규칙 속에서 이루어져야 한다는 의미로, 기업이 속한 사회가 제정해 놓은 법을 준수하는 책임Obey the law이다. 기업의 입장에서 경제적 책임과 법적 책임은 당연히 수행해야 할 의무라 할 수 있다. 그러나 기업들은 국가경제에서 기업이 차지하는 비중과 역할, 그리고 그 영향력이 증대됨에 따라 기존의 경제적 책임과 법적 책임을 넘어 '윤리적 책임'과 '자선적 책임'을 요구받게 된다. 이렇게 본다면 기업의 입장에서는 경제적 책임과 법적 책임은 당연히 수행하여야 하는 의무라 할 수 있다.

기업의 사회적 책임을 한국경제 발전사에 대비하여 설명해 보면, 1960~1970년대 경제개발 시대부터 1980년대까지 우리나라 기업의 주된 사회적 책임은 주로 경제적 책임에 관한 것이었다. 성장우선주의 시대였기에 기업의 사회적 책임은 제품의 생산 및 수출을 통하여 국가의 경제발전에 이바지함으로써 경제적 책임을 이행하는 것이었다.

이처럼 성장우선이라는 경제적 책임을 중시하던 기업의 사회적 책임은 1980년대의 민주화 운동과 함께 노동 · 환경 · 인권문제 등이 사회적 이슈가 되면서 기업의 법적 책임이 중요한 자리를 차지하게 되었다. 다시 말해, 기업의 본질적 존재인 경제적 책임 이외에 법적 실체로서 준법책임이 강조되게 되었던 것이다.

3단계는 윤리적ethical 책임이다. 기업이 국가경제에서 차지하는 비중이 점점 더 커지고 그 영향력도 커짐에 따라 사회는 기업에 경제적 책임과 법적 책임 이외에 추가로 '윤리적 책임'을 요구하게 되었다. 기업의 윤리적 책임은 법적 강제성을 띠고 있는 것은 아니지만 사회가 기대하고 요구하는 바를 충족시킬 수 있어야 한다는 것이다. 즉, 기업은 기업의 모든 이해관계자-소비자, 내부 이해관계자, 외부 이해관계자 등의 기대, 기준 및 가치에 부합하는 행동을 하여야 할 책임Be ethical이 있다는 것이다.

4단계는 자선적 책임이다. 기업의 사회에 대한 자선적 책임은 자발적으로 행하는 책임Be good corporate citizen이다. 경영활동과는 직접 관련이 없는 문화 활동, 기부, 자원봉사 등을 의미한다. 특히 급변하는 정보화시대에서 사회 이슈에 대한 네티즌들의 활발한 참여와 시민단체들의 지속적인 활동은 기업의 사회적 책임에 대한 인식을 제고함과 동시에 윤리적 책임과 자선적 책임을 강하게 요구하는 계기가 되고 있다. 이렇게 볼 때, 첫 번째 경제적 책임은 기업 스스로의 생존을 위해 행하는 책임이고, 나머지 세 가지 책임들은 기업이 남을 위해 행하는 책임임을 알 수 있다.

3) ISO 26000

기업의 사회적 영향력이 커짐에 따라, 전 세계적으로 기업의 사회적 책임CSR에 대한 관심과 요구가 점차 증가하게 되었다. 또한 기업이 지속가능한 경영을 하기 위해서는 경영이 투명하고 윤리적인 경영을 해야 한다는 인식이 글로벌 차원에서 확대되었다.

기업의 이해관계자인 주주, 노동자, 소비자, 정부 등은 기업이 기업 고유의 목적인 경제적 책임 이외에 환경과 노동, 노동자, 소비자 그리고 지역사회 등 사회 전반에 대한 책임을 부담하기를 요구하게 된 것이다. 지속가능한 발전을 위해서는 기업의 사회적 책임이 중요하다는 논의가 이루어지고 있는 상황에서 세계 각국은 기업의 사회적 책임을 국제표준으로 만들자는 데 합의를 하게 되었다.

이에 따라, 각 국의 정치적 · 경제적 이해관계 때문에 10여 년의 산통을 겪은 끝에 마침내 2010년 11월 기업의 사회적 책임CSR을 규정하는 국제표준인 ISO 26000이 제정되었다. ISO 26000은 기업의 사회적 책임이 인류의 지속가능발전에 필수적이라는 인식 하에, 지배구조, 인권, 노동, 환경, 소비자, 공정운영, 지역사회 참여와 발전 등 7개 핵심 주제에 대해 준수해야 할 사항을 제시한 지침서다. 이 지침서는 세계 인권선언, 국제노동기구 협약, 기후변화협약, OECD 다국적기업 가이드라인, 국제연합 글로벌 콤팩트 등의 국제지침을 총망라한 것으로 기업의 사회적 책임과 관련한 국제적 이해 지침의 종합판이라 할 수 있다.

Q 주제3 돌발퀴즈

다음 괄호 안에 들어갈 공통된 말은?

(　　　　　)이란 제조물의 결함으로 인하여 소비자 또는 제3자에게 생명, 신체, 재산상의 손해가 발생했을 경우 해당 제조물의 제조업자나 판매업자에게 손해배상 책임을 지게 하는 것을 말한다. (　　　　　)법은 2001년 1월 12일 법률 제6109호로 공포되었으며, 2002년 7월 1일부터 시행되고 있다.

〈주제3 돌발퀴즈〉 [정답] 제조물 책임

평가문제

1. 책임에 대한 설명으로 옳은 것끼리 묶은 것은?

가. 맡아서 해야 할 임무나 의무다.

나. 한 개인의 역할이자 직무, 행동이며, 그 행위의 결과에 맡겨진 의무다.

다. 미국 대통령 중 트루먼 대통령의 책임의식은 최악이었다.

라. 지나치게 책임감을 강조하면 직원들의 사기가 떨어질 수 있다.

마. 시간만 때우는 직원이 많아 지면 그 기업은 몰락한다.

1) 가, 나, 라 2) 나, 다, 라 3) 가, 다, 라 4) 가, 나, 마

2. 괄호 안에 공통적으로 들어갈 적절한 말은?

> 셋째, (   )에 대한 책임이다. 모든 직장인은 자신이 제공한 서비스나 제품의 (   )에 대한 책임을 지게 된다. (   )가 고객의 만족과 감사가 될 수도 있지만, 반면에 서비스나 제품의 제공이 고객의 육체적 · 정신적 · 재정적 손해를 끼칠 수도 있으며, 이 경우 그에 대한 책임을 져야 하는 것이다.

3. 괄호 안에 들어갈 말은?

> '(   ) 법칙'이란 고객이 겪은 단 한 번의 불쾌한 경험, 한 명의 불친절한 직원, 매장 벽의 벗겨진 페인트칠 등 기업의 사소한 실수가 결국은 기업을 쓰러뜨린다는 이론이다.

4. 하인리히 법칙에 대한 설명과 관련이 있는 것은?

1) 깨진 유리창의 법칙과는 전혀 다른 경영이론이다.

2) 초기의 사소한 비윤리적인 행동은 덮어 두어야 한다.

3) 직장에서의 비윤리적인 사건은 갑자기 발생한다는 이론이다.

4) 300-29-1의 법칙으로 '호미로 막을 걸 가래로 막게 된다.'는 것을 보여준다.
5) 하인리히가 제안한 기업구조조정 이론이다.

5. 괄호 안의 내용이 포함되어 있는 법은?

1. 법의 적용대상인 제조물은 제조 가공된 동산이며, 다른 동산이나 부동산의 일부를 구성하는 경우를 포함한다.
2. 손해배상책임의 주체는 제조 가공 또는 수입을 업으로 하는 자, 제조업자로 표시하거나 오인시킬 수 있는 표시를 한 자로 하되, 제조업자를 알 수 없는 경우에는 공급업자로 한다.
3. 제조물 책임의 내용은 제조물의 결함으로 인한 생명, 신체 또는 재산상의 손해를 입은 자에 대한 손해배상이다.

1) 소비자 보호법 2) 제조물 책임법 3) 손해배상책임법 4) 제조업자 보호법

6. 괄호 안에 공통적으로 들어갈 적절한 말은?

기업의 ( )에 대한 사전적 정의를 정리해 보면, '기업이 생산 및 영업활동을 하면서 환경경영, 윤리경영, 사회공헌을 통해 기업의 이해관계자를 비롯한 사회 전체에 이익을 동시에 추구하며, 그에 따라 의사 결정 및 활동을 하는 것'이라고 할 수 있다. 2010년 11월 발효된 기업의 ( ) 국제표준인 ISO 26000에서도 기업의 ( )을 "기업의 활동으로 인해 발생하는 사회와 환경에 대한 영향에 대해 기업이 투명하고 윤리적인 방법으로 책임을 지는 것"이라고 같은 맥락에서 정의하고 있다.

7. 괄호 안에 들어갈 적절한 말은?

미국 조지아대학 캐롤 교수는 기업은 네 가지의 사회적 책임을 지닌다고 말한다. 즉, 경제적 책임, 법적 책임, ( )적 책임 및 자선적 책임이다.

8. 다음은 기업의 사회적 책임에 관한 내용이다. 관련 있는 내용끼리 연결해 보자.

1) 경제적 책임	가) 경영활동과는 직접 관련이 없는 문화 활동, 기부, 자원봉사
2) 법적 책임	나) 기업이 제품과 서비스를 생산하여 적절한 가격에 판매, 이윤창출
3) 윤리적 책임	다) 법적 강제성을 띠고 있는 것은 아니나 사회가 기대하는 바를 충족
4) 자선적 책임	라) 기업이 속한 사회가 제정해 놓은 법을 준수하는 책임

9. ISO 26000에 대한 설명으로 옳은 것끼리 묶은 것은?

가. 기업의 사회적 책임, 즉 CSR을 규정하는 국제표준이다.

나. 세계 각국이 합의하여 제정한 기업의 경제적 책임에 대한 국제표준이다.

다. 지배구조, 인권, 노동, 환경, 소비자, 공정운영, 지역사회 참여와 발전 등 7개 핵심 주제에 대해 준수해야 할 사항을 제시한 지침서다.

라. 2000년 11월 제정된 기업의 제품과 서비스에 대한 국제표준이다.

마. 기업의 사회적 책임과 관련한 국제적 이해 지침의 종합판이라 할 수 있다.

1) 가, 나, 다　　2) 나, 다, 라　　3) 가, 다, 마　　4) 다, 라, 마

평가문제 정답 및 해설

1. [정답] 4)

[해설] 다. 트루먼은 책임의식의 표본이었다.

라. 책임감의 강조는 직원들의 사기저하와 관계가 없다.

2. [정답] 결과

[해설] 업무에서의 책임에 대한 설명이다.

3. [정답] 깨진 유리창

[해설] 깨진 유리창 법칙에 대한 설명이다.

4. [정답] 4)

[해설] 4)를 제외한 설명은 하인리히 법칙의 내용과 관련이 없다.

5. [정답] 2)
[해설] 제조물책임법을 설명한 말이다.

6. [정답] 사회적 책임 혹은 CSR(Corporate Social Responsibility)
[해설] 기업의 사회적 책임에 대한 정의다.

7. [정답] 윤리
[해설] 기업의 사회적 책임에 대한 설명이다.

8. [정답] 1)–나) 2)–라) 3)–다) 4)–가)
[해설] 기업의 사회적 책임에 대한 설명이다.

9. [정답] 3)
[해설] 나. 경제적 책임이 아닌 사회적 책임에 대한 국제표준이다.
라. 2010년 11월 제정되었으며 사회적 책임에 대한 국제표준이다.

정리하기

1. 책임의 의미와 중요성
 - 생텍쥐페리에 따르면 책임이란 자신과 관계를 맺고 있는 대상, 업무에 대한 의무다.
 - 직장인은 자신의 업무에 대해 책임을 질 때 비로소 그 업무의 주인이 된다.
 - 철학자 니체는 책임은 힘에의 의지의 발현이며, 책임을 다할 때 인간은 진정한 자유인, 주인이자 귀족이 된다고 강조한다.
 - 소방관의 기도, 소방관의 헌신적인 업무수행은 책임을 다하는 주인의 모습을 보여준다.
 - 직장인들은 자신이 맡은 일에 대한 세 가지의 책임을 지게 된다. 즉 서비스에 대한 책임, 제품에 대한 책임, 결과에 대한 책임이다.

2. 깨진 유리창 법칙과 하인리히 법칙

-'깨진 유리창 법칙'은 고객이 겪은 단 한 번의 불쾌한 경험, 한 명의 불친절한 직원, 매장 벽의 벗겨진 페인트칠 등 기업의 사소한 실수가 결국은 기업을 쓰러뜨린다는 이론이다.

-하인리히법칙은 한 번의 사망 사고 이전에는 평균적으로 동일한 원인으로 인한 부상사고가 29건, 그리고 부상에 이를 뻔한 사고가 300건이나 발생한다는 것이다. 이른바, 300-29-1'의 법칙이다.

3. 제조물 책임과 ISO 26000

-제조물 책임이란 제조물의 결함으로 인하여 소비자 또는 제3자에게 생명, 신체, 재산상의 손해가 발생했을 경우 해당 제조물의 제조업자나 판매업자에게 손해배상책임을 지게 하는 것을 말한다.

-제조물책임법은 2001년 1월 12일 법률 제6109호로 공포되었으며, 2002년 7월 1일부터 시행되고 있다.

-기업의 사회적 책임, 즉 CSR은 '기업이 생산 및 영업활동을 하면서 환경경영, 윤리경영, 사회공헌을 통해 기업의 이해관계자를 비롯한 사회 전체에 이익을 동시에 추구하며, 그에 따라 의사 결정 및 활동을 하는 것'이다.

-미국 조지아대학 캐롤 교수는 기업은 네 가지의 사회적 책임을 지닌다고 말한다.

-경제적 책임은 기업이 제품과 서비스를 생산하여 적절한 가격에 판매하고 이윤을 창출함으로써 투자자들에게 그 수익의 일부를 배분하는 책임을 의미한다.

-법적 책임이란 기업이 속한 사회가 제정해 놓은 법을 준수하는 책임이다.

-윤리적 책임이란 기업은 기업의 모든 이해관계자-소비자, 내부 이해관계자, 외부 이해관계자 등의 기대, 기준 및 가치에 부합하는 행동을 하여야 할 책임이 있다는 것이다.

-자선적 책임은 기업이 자발적으로 행하는 책임으로 문화 활동, 기부, 자원봉사 등을 의미한다.

-2010년 11월 기업의 사회적 책임을 규정하는 국제표준인 ISO 26000이 제정되었다.

–ISO 26000은 기업의 사회적 책임이 인류의 지속가능발전에 필수적이라는 인식 하에, 지배구조, 인권, 노동, 환경, 소비자, 공정운영, 지역사회 참여와 발전 등 7개 핵심 주제에 대해 준수해야 할 사항을 제시한 지침서다.

참고하기

김민주(2014). 하인리히법칙. 서울: 미래의 창.

서울경제 2015. 11. 20. 파수꾼인 줄 알았더니 기업정보로 돈 챙긴 회계사들.

중도일보, 2016. 3. 3. 2001년 불꽃이 된 여섯 소방관(김은주 기자).

이관춘(2009). 기업의 위기극복을 위한 윤리경영전략. 서울: 학지사.

이관춘(2013). 직업은 직업이고 윤리는 윤리인가(3판). 서울: 학지사.

왕중추(2005). 작지만 강렬한 디테일의 힘(허유영 역). 서울: 올림.

생텍쥐페리(2005). 어린왕자(최복현 역). 서울: 책이있는마을.

한국산업인력공단(2008). 직업윤리 교수자용 워크북.

Carroll, A. B. (1991). The pyramid of corporate social responsibility. Toward the moral management of organizational stakeholders. *Business Horizons, 34*, 39-48.

Ferrell, O.C., fraedrich, J., & Ferrell, L.(2005). *Business Ethics: Ethical Decision Making and Cases*(6th ed.) Boston: Houghton Mifflin Co.

Heinrich, H. W. (1931). *Industrial Accident Prevention: A scientific approach*. New York: McGraw-Hill.

Johnson, L. & Phillips, B. (2005). 정직한 경영, 존경받는 기업(나선숙 역). 서울: 한스미디어.

Levine, M. (2009). 깨진 유리창 법칙(김민주, 이영숙 역). 서울: 흐름출판.

Robert, H. (2006). 윤리경영(e매니지먼트 역). 경기: 21세기북스.

제11강

준법과 윤리

1. 준법과 부정부패
2. 준법과 윤리와의 관계

학습개요

준법의 의미를 이해하고 준법과 부정부패와의 관계 및 준법과 윤리와의 관계를 설명할 수 있다.

학습목표

1. 준법의 의미를 설명할 수 있다.
2. 준법과 부정부패와의 관계를 설명할 수 있다.
3. 준법과 윤리와의 관계를 설명할 수 있다.

주요용어

준법, 준법의식, 부정부패, 준법과 윤리

시작하기

〈사례 소개〉

지난 시간에는 공동체 윤리로서 직업에서의 책임과 제조물 책임에 대해, 그리고 기업의 사회적 책임에 대해 알아보았습니다. 오늘은 준법과 윤리와의 관계에 대해 함께 학습해 보도록 하겠습니다.

누군가 "저 사람은 윤리적이다."라고 말한다면, 그 사람은 틀림없이 법을 잘 지키는 사람, 즉 준법정신이 강한 사람일 것입니다. 마찬가지로 직업윤리는 준법, 곧 법을 지키는 데서 출발합니다. 그러나 주목할 점은 법만 지킨다고 항상 윤리적이라고 할 수는 없다는 것입니다. 준법은 윤리의 필요조건이지 충분조건은 아니기 때문입니다.

먼저, 다음 사례를 통해 준법이 윤리적인 직장인, 윤리적인 기업경영을 위해 얼마나 중요한 요소인지를 함께 생각해보도록 하겠습니다.

〈사례 내용〉

〈엔론의 불법경영의 종말〉

2001년 12월, 월스트리트 역사상 최대 기업 회계부정 사건인 엔론 사태로 유죄 평결을 받았던 존 클리포드 백스터 부사장이 가족에게 유서 한 장을 남긴 채 승용차 안에서 권총으로 목숨을 끊었다. 이어 2006년 7월에는 역시 유죄평결을 받고 최종 선고를 기다리던 엔론 창업주인 케네스 레이Kenneth Lay 전 사장이 갑자기 사망했다. 레이 전 회장이 은행 사기와 은행에 대한 허위사업 보고 등 6개 혐의가 유죄로 드러나면 최대 165년의 실형을 받을 수 있는 상황이었다고 언론은 보도했다.

엔론은 「포천」지에 의해 1996년부터 2001년까지 전례 없이 6년 연속으로 미국에서 가장 혁신적인 기업으로 선정됐고, 「비즈니스위크」지도 올해의 에너지 기업으로 선정하기도 했던 기업이었다. 엔론은 또한 '일하기 좋은 최고 기업'에 24위, '미국의 최고 급성장 기업' 29위, '종업원 능력 평판'에 2위, '경영품질 평가' 1위에 선정되기도 하였다.

그러나 이러한 화려한 평가를 받은 지 정확히 1년 뒤인 2001년 12월, 미국 재계 7위에 속하던 텍사스의 거대 에너지 기업 엔론은 310억 달러의 빚을 안고 파산하였다. 워낙 파산규모 컸기에 미국 사회에 미치는 파장 역시 컸다. 4천 명 이상의 종업원이 하루아침에 실직을 했고, 21억 달러의 연금 손실이 발생했다. 또한 주가 하락으로 투자자들이 입은 손해를 감안하면 총 피해액은 600억 달러에 달한다.

파산 원인은 최고 경영진의 불법적인 경영과 비윤리적인 리더십, 비윤리적 행동을 조장한 기업 문화, 그리고 투자금융기관과의 불법적인 결탁 때문이었다. 한마디로 법을 무시한 경영 때문이었다.

엔론은 1985년 7월 천연가스 파이프라인 회사의 합병을 통해 설립되었다. 창업 당시는 천연가스를 텍사스 지역에서 공급하는 소규모 회사에 불과했다. 그러나 엔론 창업주인 케네스 레이Lay 회장의 천부적 로비스트 기질과 발각되지만 않는다면 회사 이익을 위해 무슨 수단을 써도 좋다는 기업 문화가 단기적으로 성공해 엔론은 창업 15년 만에 미국과 유럽 거래 에너지의 20%를 담당하는 세계 최대 에너지 기업으로 부상했다.

그러나 그동안 회사 경영진과 투자금융회사의 결탁, 나아가 회계감사를 맡았던 아서앤더슨 회계법인의 동조 하에 이루어진 분식회계 등 회사의 불법적인 행태들이 서서히 드러나기 시작했다. 엔론은 2000 회계연도에만 약 10억 달러에 달하는 이익을 부풀리는 분식회계를 서슴지 않았다. 레이 회장은 회계부정 사실을 알면서도 끝까지 이를 비밀에 부치면서 오히려 1억 달러에 달하는 자기 주식을 매도하고 회사 직원들에게 자사주를 사라고 독려하기까지 했다. 회장 외의 다른 최고 경영진들 역시 내부정보를 이용, 회사 파산을 감지하고 주식을 매각하여 무려 수천만 달러에서 수억 달러까지 수익을 착복했다.

〈강의 안내〉

미국의 거대기업인 엔론의 사례는 기업의 임직원들이 불법적인 직무 수행을 할 경우 어떠한 종말을 맞게 되는 지를 보여주는 전형적인 사례라 할 수 있습니다. 아무리 경영의 성과가 좋다하더라도 법을 무시하고 이익만을 추구하는 기업이나 개인은 하루아침에 무너진다는 것입니다. 준법 경영을 하면 성공한다고 말 할 수는 없습니다. 그러나 불법 경영을 하면 반드시 실패한다는 것입니다.

그럼 이번 강의에서는 준법의 의미가 무엇인지, 그리고 준법이 부정부패 및 윤리와 어떠한 관계에 있는지에 대해 함께 학습해 보기로 하겠습니다.

학습하기

1. 준법과 부정부패

1) 준법의 의미

흔히들 정직하고 예의 바르며 배려 깊고 폐를 끼치지 않는 사람을 “법이 없어도 살 수 있는 사람”이라고 칭찬한다. 그러나 달리 보면 이러한 사람들이야말로 “법이 없으면 살 수 없는 사람”이다. 법이 우리를 온전히 지켜줄 때 우리는 안심하고 살 수 있으며, 부당한 대우나 차별대우 없이 자유롭게 살 수 있기 때문이다.

준법遵法이란 글자 그대로 법과 규칙을 준수하는 것을 의미한다. 모든 종류의 직업세계를 포함하여 특정한 조직이나 사회라는 공동체가 유지되기 위해서는 구성원들의 권리와 의무를 규정한 법이 필요할 수밖에 없다. 심리학적으로 볼 때 인간은 기본적으로 이기적이다. 타인의 안녕과 행복에 앞서 자신의 안녕과 행복을 우선시하는 심리적인 성향을 지니고 있다. 둘 이상이 모여 사는 사회에서는 이러한 개인 각자의 성향이 충돌할 수밖에 없으며, 따라서 이를 조정할 수 있는 법이란 제도적 장치가 요구되는 것이다. 따라서 준법은 사회구성원 모두의 인간다운 삶을 보장해 주는 최소한의 조건이자 인간 삶의 뿌리라고 할 수 있다. 준법은 사회라는 집을 지을 때의 기초 공사와 같은 것으로, 준법이 없이는 우리 모두의 사회라는 집은 허물어질 수밖에 없는 것이다.

도덕심리학자인 로렌스 콜버그Kohlberg는 인간에게는 6단계의 도덕성 수준이 있다고 말한다. 이중 4단계는 법과 질서를 중시하는 도덕성 수준인데, 콜버그는 한 사회가 민주적인 사회가 되기 위해서는 시민들이 최소한 4단계의 도덕성 수준을 갖추어야 한다고 강조한다. 다수의 의견이나 사회적인 인습 등으로 문제를 해결하기보다는 법이 보다 안전하고 포괄적인 체제가 된다는 것을 인식하고 이를 준수하는 것이 중요하다는 것이다.

그렇다면 왜 법을 지키지 않는 것일까? 다른 사람이야 어떻게 되든 자신만 편하고 이익을 얻으면 그만이라고 생각하기 때문이다. 그러나 법을 지키지 않고 자기 하고 싶은 대로 하면 당장은 편하고 이익이 될지 모르지만, 반드시 그로 인해 누군가 다른 사람이 피해를 입기 마련이다. 그리고 언젠가는 자기 자신도 피해를 입을 수 있다. 법을 위반함으로써 처벌을 받느냐 안 받느냐를 따지는 옹졸한 생각을 넘어서야 한다. 준법은 남을 위한 것이 아니라 결국은 자신을 위한 것이기 때문이다.

우리나라는 전쟁의 폐허에서 벗어나 지난 수십 년간 눈부신 발전을 하였다. 소위 한강의 기적을 이룬 국가로서 제3세계 국가들에 있어서 발전을 위한 모델이 되었고, 지금도 우리의 발전과정을 배우려는 국가들이 상당수 있다. 물론 우리의 이런 모습에는 국민의 희생과 노력이 있었다는 것은 주지의 사실이다. 그러나 이런 모습 이면에는 발전에 따르는 부작용으로 인한 부정적인 면도 많이 있다. 고도 경제성장 과정에서 결과와 목적 달성에만 가치를 두다보니 목적 달성을 위해 수단과 방법을 가리지 않는 의식이 관행처럼 되기도 하였다. 이로 인해 법을 지키려는 정신보다 법대로 살면 오히려 손해를 보게 된다는 생각이 싹

튼 측면도 있다.

그러나 직업 환경은 점차 투명하게 변하고 있다. 엔론의 사례에서 볼 수 있듯이 기업경영자는 물론 직장인 개개인의 불법적인 행위는 자신은 물론 조직을 멸망으로 이끄는 지름길이 되고 있다. 따라서 준법의식에 대한 패러다임이 바뀌어야 한다. 법을 지킨다는 것은 자신의 이익과 공동체의 이익을 함께 도모하는 것이며, 이를 통해 자신과 공동체의 의미와 존재의 가치를 확인하는 일이다.

2) 준법과 부정부패

직업세계의 준법의식을 적나라하게 보여주는 것이 부패지수다. 법을 지키지 않아 부정부패가 발생하기 때문이다. 부패감시 국제 민간단체인 국제투명성기구Transparency International: TI는 매년 세계 각국의 '부패인식지수Corruption Perceptions Index: CPI'를 조사하여 발표하고 있다. 부패인식지수는 세계은행IBRD 등 7개 기구가 설문조사를 거친 결과를 취합하여 분석 발표한다. 지수는 부패가 전혀 없으면 10점, 부패가 만연한 상태를 0점으로 매기는데 만점(10점)에 가까울수록, 순위가 높을수록 부패정도가 낮은 것을 의미한다.

2015년 발표한 각국의 부패인식지수CPI 결과를 보면 우리나라는 10점 만점에 5.5점(55%)으로 175개국 중에서 43위를 차지하고 있다. 2016년에는 좀 나아졌는지 확인해 보자. 한국은 매년 10점 만점에 5점을 갓 넘은 수준을 보이며, 전 세계 40권에서 헤어나지 못하고 있다. 더욱 문제가 되는 것은 한국의 부패수준은 1996년부터 지금까지 20여 년이 다 되어가도록 거의 변함이 없고, 별다른 향상을 보이지 않고 있다는 점이다. OECD국가 중 최하위권이다. OECD 30개 회원국의 평균인 7.18점은 되어야 청렴선진국 클럽에 속한 것으로 간주되는데, 여기에 크게 못 미친다. 아시아 국가 중에서도 최하위권인 것은 물론 부탄과 같은 저개발 지역 국가에 비해서도 낮은 순위를 기록했다. 경제력에 비해 부패가 지속적으로 크게 만연되어 있다는 외부의 평가를 받고 있는 것이다.

〈우리나라의 부패지수, 2015년 기준〉

	연도	2000	2001	2002	2003	2004	2005	2006	2007	2008	2009	2010	2011	2012	2013	2014
부패지수	점수	40	42	45	43	45	50	51	51	56	55	54	54	56	55	55
	국가	90	91	102	133	146	159	163	180	180	180	178	183	176	177	175
	순위	48	42	40	50	47	40	42	43	40	39	39	43	45	46	43
OECD	회원국	30	30	30	30	30	30	30	30	30	30	30	34	34	34	34
	순위	27	24	24	24	24	22	23	25	22	22	22	27	27	27	27

국제평가기구의 평가결과를 뒷받침해주는 자료가 적지 않다. 국민권익위원회는 매년 주한 외국공관, 상공회의소, 외국인 투자기업체에 근무하는 외국인을 대상으로 한국 공직사회에 대한 '부패인식도'를 조사하고 있다. 결과를 보면 외국인 35%가 '한국 공직사회가 부패했다.'고 인식하고 있다. 상당수의 외국인들이 한국 공무원들이 부패했다고 인식하고 있으며 부패 때문에 한국에서 기업 활동을 하는 데 어려움을 겪고 있다는 이야기다. 또한 한국 공무원에게 금품이나 향응을 제공하거나 부패 관련 사건이나 실태를 목격하는 등 직간접 경험을 통해 한국 공직 사회가 부패한 것으로 생각하고 있는 것이다.

정치권의 부정부패는 더더욱 부끄러운 수준이다. 몇 해 전에는 국민이 선출한 지방자치 단체장 230명 중 48%나 되는 110명이 비리와 위법 혐의로 기소되

〈아시아 주요 국가별 CPI 현황〉

구분	싱가포르	일본	홍콩	부탄	대만	한국	말레이시아	인도	필리핀	태국	중국	인도네시아	베트남
2014	7위 (84점)	15 (76)	17 (74)	30 (65)	35 (61)	43 (55)	50 (52)	85 (38)	85 (38)	85 (38)	100 (36)	107 (34)	119 (31)
2013	5위 (86점)	18 (74)	15 (75)	31 (63)	36 (61)	46 (55)	53 (50)	94 (36)	94 (36)	102 (35)	80 (40)	114 (32)	116 (31)

기도 하였다.

공무원의 부패는 국가신인도를 약화시켜 국가경쟁력 약화로 귀결된다. 예컨대, 인허가가 필요한 사업에서 복수의 민간인이 사업을 신청할 경우, 공무원의 부패로 적절한 신청자가 사업자로 선정되지 못한다면 국민은 부적절한 사업자에 의해 수준 낮은 서비스를 받게 됨으로써 1차적 피해를 보게 된다. 이러한 1차 피해에 더해 적절한 주체가 사업추진에 사용한 경비 일체가 손실로 남을 수밖에 없고, 이 손실은 고스란히 국민에게 전가될 수밖에 없다는 점에서 2차 피해가 발생하게 된다.

그러나 최근 들어 우리 국민들의 준법의식이 향상되었다는 조사 결과도 나온다. 현대경제연구원이 2014년 성인남녀 809명을 대상으로 한 '공동체 관련 대국민 인식조사'에 따르면, '자신과 다른 사람 모두 법을 준수하려고 많이 노력하고 있다.'는 답변이 55.3%, '자신은 높은데 다른 사람은 미흡하다'는 답변이 17.9%였다. 반면에, '자신과 다른 사람이 모두 미흡하다.'는 답변은 26.8%에 불과했다. 국민들은 적어도 과반수 넘게 법을 지키려는 마음이 있고, 이를 위한 노력도 하고 있다는 것을 보여주는 것이다. 국민들 사이에 이렇듯 준법질서를 추구하는 노력을 많이 한다는 인식은 '공동체 회복에 대한 청신호'라고 할 수 있다.

Q 주제1 돌발퀴즈

도덕심리학자 콜버그는 민주사회가 되기 위해서는 시민들이 최소한 4단계의 도덕성 수준을 가지고 있어야 한다고 말한다. 4단계는 무엇을 준수하는 단계인가?

〈주제1 돌발퀴즈〉 [정답] 법과 규칙

2. 준법과 윤리와의 관계

직업윤리는 법을 준수하는 데서 출발한다. 준법은 직업윤리의 기초이면서 필수적인 조건이다. 법만 잘 지켜도 윤리적인 직장인, 윤리적인 기업경영자가 될 수 있다. 그러나 준법이 윤리의 필수조건이기는 하지만 충분조건이라고 할 수는 없다. 법과 윤리 사이에는 어떤 회색지대gray areas가 존재하기 때문이다. 예를 하나 들어보자(참조: Life magazine, 1996. 6.).

1) 나이키 딜레마와 준법

〈'나이키'의 파키스탄 딜레마〉

1996년, 미국 잡지 「라이프」 6월호에는 타릭Tariq이란 이름의 12살짜리 파키스탄 소년이 나이키의 로고라 새겨진 축구공을 바느질하고 있는 사진과 함께 파키스탄 시알콧 지역에서의 아동 노동 착취를 비판하는 기사가 실렸다. 각종 매체들이 앞다퉈 이 사진을 받아 게재했고, 나이키 제품이 아동 노동으로 만들어졌다고 보도했다.

이 뉴스는 곧 미국과 유럽 사회를 들쑤셔 놓았다. 월드컵 경기장에서부터 동네 축구장까지 전 세계를 누비며 아이들에게 꿈을 주던 수많은 축구공이 대부분 아동들의 노동을 착취해서 만들어졌다는 사실은 누구에게나 충격적이었다. 미국 소비자단체들은 아동 노동으로 생산된 제품을 사지 않겠다는 발표를 잇달아 내놓았고, 노동조합들과 시민 단체들은 시알콧 지역에서 생산된 축구공 불매운동을 시작했다.

나이키의 주가는 크게 떨어지고 판매량도 급감했다. 사람들은 '저스트 두 잇just do it'이라는 광고 문구를 빗대, "어린이들에게 강제 노동을 시켜서라도 무조건 생산하고 보자는 얘기냐."라고 비아냥거리기도 했다.

나이키는 본사가 디자인만 맡고 생산은 모두 다른 회사에 아웃소싱 하는 모델을 고안해 낸 기업이다. 아웃소싱 비용이 낮은 곳을 찾다보니 점점 임금이 낮은 해외로 생산거점이 옮겨졌다. 이런 방식으로 자유자재로 계약을 맺고 또 해지하며 생산지를 바꾸기 때문에 생산 공장을 직접 갖고 있는 다른 기업들에 비해 몸이 가볍고 경쟁력이 클 수밖에 없었다. 세계화의 바람을 타고 나이키 방식은 세계화를 이끄는 모범적인 경영 방법으로 소개되기도 했다.

그러나 저개발국가의 싼 노동력을 이용한 원가절감 방식이 기업의 치명타를 가하는 부메랑이 된 것이다. 어린이들에게 꿈과 용기를 주겠다며 축구공을 팔던 젊은 기업 나이키의 이미지는 순식간에 가난한 나라의 어린이들에게 강제로 바느질을 시켜 축구공을 생산해 비싸게 파는 악덕 기업의 이미지로 변할 운명에 처하게 된 것이다. 결과적으로 볼 때, 나이키는 경영진을 교체하고 노동 및 환경 관련 업무를 총괄하는 시스템을 구축하고 사회책임경영을 도입하는 등 각고의 노력을 기울인 끝에 과거의 명성을 점차 회복해 나갈 수 있었다.

그렇다면 나이키는 불법을 저지른 것인가? 나이키는 법을 준수했다. 적어도 그 당시 파키스탄과 같은 저개발국가에서는 아동 노동이 불법은 아니었다. 나이키는 파키스탄에서 아동에게 노동을 시키는 것이 합법이기에 윤리적으로 문제될 것이 없다고 생각한 것이다. 오히려 그나마 아동들에게 일자리라도 주어져야 아동들이 생계를 유지하고 더 열악한 상황으로 전락하지 않는다는 주장도 설득력을 얻고 있었다. 그러나 아동 노동이 저개발국가에서는 합법이라 하더라도 전 세계 소비자들은 아동 노동을 이용하는 기업의 행위가 윤리적이라고 보지는 않는다는 사실이다. 다시 말해, 합법이 곧 윤리적인 것은 아니라는 점이다.

법은 윤리적 행위의 중요한 기준이다. 그렇다고 법과 윤리적 행위가 언제나 같은 것은 아니다. 사회에는 법으로 통제할 수 없는 회색지대gray areas가 언제나 있게 마련이다. 법이 제공하는 것은 기업경영에서 요구하는 최소한의 윤리 기준에 대한 현실적 해석일 뿐이다. 준법이 곧 윤리적 행위라는 등식이 성립할 수도 있지만, 법 규정에는 없어도 사회적 합의에 의해 도출된 행동 기준도 많다. 즉, 합법적이지만 비윤리적일 수 있으며 반대의 경우도 성립할 수 있는 것이다. 물론 가장 바람직한 행위는 합법적이고 윤리적인 행위다. 그렇지만 법은 단순한 출발점에 불과하며 윤리적 행위는 법 이상의 영역이 될 수 있다는 점을 인식하는 것이 필요하다.

〈직업에서의 윤리와 법의 관계〉

	비윤리적	윤리적
불법적	1 불법적이고 비윤리적	3 불법적이나 윤리적
합법적	2 합법적이나 비윤리적	4 합법적이고 윤리적

2) 합법이며 윤리적인 것

기업경영이나 직장생활에서는 합법적이면서도 윤리적인 행위를 하는 것이 최선이다. 우리나라에는 준법과 윤리를 조화시킨 경영자가 적지 않다. 대표적인 인물이 전에 소개했던 대한민국의 독립투사 출신의 유일한 박사다. 그는 정직한 기업인의 대명사이자 기업의 사회적 책임을 일찌감치 실천한 기업인으로 존경받는 인물이다. 유한양행 설립자인 유일한 박사는 법을 준수하면서 윤리적인 기업경영을 실천한 대표적인 기업인이었다. 일제 강점기에 미국에서 유학을 한 그는 항일무장독립군인 맹호군을 창설하는 데 주도적인 역할을 하였다. 귀국 후에는 1926년 유한양행을 창업해 깨끗하고 법을 지키며 정직한 기업경영으로 사회적인 존경을 받았다. 그의 경영신조는 다음과 같았다.

〈유일한 박사의 경영신조〉

정성껏 좋은 상품을 만들어 국가와 동포에 봉사하고, 정직성실하고 양심적인 인재를 배출한다. 일자리를 만들고 정직하게 납세하며, 남은 것은 기업을 키워 준 사회에 환원한다.

그는 자신의 신조대로 자신의 재산을 모두 사회에 환원했다. 1962년에는 국내 민간 기업으로는 두 번째로 기업을 공개하여 투명경영을 실현하였고, 정직한 세금납부로 산업훈장을 받았다. 유일한은 국가에 내는 세금이야말로 나라를 위하는 일이라고 했으며, 세금을 차질 없이 납부하도록 엄격하게 관리했다. 국가는 세금에 의해서 운영되는 것이므로 부강한 국가를 만들기 위해서는 납세의 의무를 성실히 해야 된다는 것이 그의 신념이었다.

유일한은 단지 법을 지키는 준법경영을 넘어 윤리적인 기업경영을 한 인물로 평가받고 있다. 이를 잘 보여주는 일화가 있다.

> 비타민 드링크제가 한창 인기를 끌 무렵, 유한양행 임원들이 유일한 사장에게 "우리도 드링크제를 만들어 팔자."고 건의했다. 다른 회사들이 드링크제를 만들어 한창 수익을 올리고 있을 때였으니 당연한 제안이었다. 그러나 임원들의 말을 들은 유일한은 다음과 같이 말을 하며 일언지하에 거절했다.
>
> "드링크제는 비타민 한 알을 물에 타서 폭리를 취하는 것이다.
> 장사꾼이 할 짓이 못된다."

이후 유일한에게는 '바보 유일한'이라는 별명이 붙게 되었다고 한다. 모든 직업세계에서 합법이라도 윤리적인지 아닌지를 생각해서 행동하라는 유일한 박사의 가르침이 아닐 수 없다.

법과 윤리를 조화시킨 인물로 외국의 사례를 하나 들어보기로 하자. 미국 뉴욕에 있는 라가디아 공항은 20세기 초반 세 번이나 뉴욕시장을 지낸 라가디아 판사의 이름을 따 지은 것이다. 그가 판사로 재직했던 때의 유명한 일화가 있다.

〈라가디아 판사의 판결〉

1935년 미국이 대공황으로 극심한 경제적 어려움을 겪던 어느 겨울, 노인 한 사람이 빵가게에서 빵을 훔치다 절도죄로 잡혀 기소되었다.

판사가 물었다. “할머니, 빵을 훔치는 게 범법인 줄 아실 텐데 왜 빵을 훔쳤습니까?”

“내 딸은 병이 들어 누웠고, 사위는 집을 나가 어린 손자가 배가 고파 울기에 어쩔 수 없어서 빵을 훔쳤습니다.”

할머니의 안타까운 사정을 들은 판사가 판결문을 낭독했다.

“빵 한 조각을 훔친 것은 엄연히 법을 위반한 것입니다. 법은 만인에게 평등하고 예외가 없기에 10달러 벌금형에 처합니다. 그러나 노인이 빵을 훔친 것은 노인만의 책임이 아닙니다. 이 도시에 살고 있는 우리에게도 책임이 있습니다. 이 노인이 살기 위해 빵을 훔칠 정도로 어려운 상황임에도 아무런 도움을 주지 않고 방치한 책임입니다.

그래서 저에게도 10달러의 벌금형을 내리겠습니다.

오늘 이 법정에 참석한 여러분들은 피고의 이웃 주민들로써 굶주림에 지쳐 빵 한 조각 때문에 법정에 서게 된 이웃을 위해 무엇을 하셨습니까? 여러분 모두에게 50센트씩 벌금에 처합니다. 이 벌금은 불우 이웃 성금으로 피고에게 드리겠습니다.”

그날 자리를 함께했던 이웃주민들이 낸 벌금을 모아 10달러의 벌금을 제외한 47달러 50센트를 피고에게 전달하여 새로운 삶을 살아가도록 용기를 주었다고 한다.

Q 주제2 돌발퀴즈

아래의 표는 직업에서의 윤리와 법의 관계에 대한 내용이다. 가장 이상적인 법과 윤리의 관계는 몇 번인가?

	비윤리적	윤리적
불법적	1)	3)
합법적	2)	4)

평가문제

1. 현대 사회에서 준법정신이 필요한 이유로 가장 적절한 것은?
   1) 모든 사회적 악을 제거할 수 있기 때문이다.
   2) 사회적 약자의 권리만을 보호하기 위해서다.
   3) 양심과 도덕에 의한 질서 유지보다 법에 의한 질서 유지가 더 이상적이기 때문이다.
   4) 사회 질서 유지를 위해서 처벌보다는 양심에 의한 가책이 더 효과적이기 때문이다.
   5) 법을 지키지 않으면 다른 사람이 피해를 입게 되고 결국에는 자기 자신도 피해를 입게 되기 때문이다.

2. 준법과 부정부패에 대한 설명으로 옳은 것끼리 묶은 것은?
   가. 국제투명성기구는 기업의 사회적 책임을 규정하는 국제표준이다.
   나. 우리나라의 부패인식지수는 OECD 회원국 중 하위권이다.
   다. 부패인식지수와 국가경쟁력은 상호 관련이 없다.

〈주제2 돌발퀴즈〉 [정답] 4)

라. 공무원의 부패는 국가신인도를 약화시켜 국가경쟁력 약화로 귀결된다.

마. 우리나라는 경제력에 비해 부패가 만연되어 있다는 외부의 평가를 받고 있다.

1) 가, 나, 다　　2) 나, 다, 라　　3) 가, 다, 마　　4) 나, 라, 마

3. 법과 윤리에 관한 설명으로서 괄호 안에 들어갈 적절한 말은?

〈직업에서의 윤리와 법의 관계〉

	비윤리적	윤리적
불법적	1 불법적이고 비윤리적	3 불법적이나 윤리적
합법적	2 합법적이나 윤리적	4 ( )

평가문제 정답 및 해설

1. [정답] 5)

[해설] 준법은 타인과 자신 모두를 위해 필요한 것이다.

2. [정답] 4)

[해설] 가. 국제투명성기구는 각국의 부패인식지수를 조사하는 민간 기구다.

다. 부패인식지수와 국가경쟁력은 상호 관련이 깊다.

3. [정답] 합법적이고 윤리적

[해설] 합법적이면서 윤리적인 행위가 중요하다.

정리하기

1. 준법과 부정부패

- 준법(遵法)이란 글자 그대로 법과 규칙을 준수하는 것을 의미한다.
- 조직이나 사회라는 공동체가 유지되기 위해서는 구성원들의 권리와 의무를 규정한 법이 필요할 수밖에 없다.
- 준법은 사회구성원 모두의 인간다운 삶을 보장해 주는 최소한의 조건이다.
- 법을 지킨다는 것은 자신의 이익과 공동체의 이익을 함께 도모하는 것이며, 이를 통해 자신과 공동체의 의미와 존재의 가치를 확인하는 일이다.
- 직업세계의 준법의식을 적나라하게 보여주는 것이 부패지수다.
- 한국의 부패인식지수는 매년 10점 만점에 5점을 갓 넘은 수준을 보이며, 전 세계 40권에서 헤어나지 못하고 있다.
- 경제력에 비해 부패가 지속적으로 크게 만연되어 있다는 외부의 평가를 받고 있는 것이다.
- 공무원의 부패는 국가신인도를 약화시켜 국가경쟁력 약화로 귀결된다.

2. 준법과 윤리와의 관계

- 준법이 윤리의 필수조건이기는 하지만 충분조건은 아니다. 법과 윤리 사이에는 어떤 회색지대가 존재하기 때문이다.
- 법은 기업경영에서 요구하는 최소한의 윤리기준에 대한 현실적 해석일 뿐이다.
- 법 규정에는 없어도 사회적 합의에 의해 도출된 행동 기준도 많다.
- 즉, 합법적이지만 비윤리적일 수 있으며 반대의 경우도 성립할 수 있는 것이다.
- 물론 가장 바람직한 행위는 합법적이고 윤리적인 행위다.
- 법은 단순한 출발점에 불과하며 윤리적 행위는 법 이상의 영역이 될 수 있다는 점을 인식하는 것이 필요하다.

정리하기

이관춘(2009). 윤리경영전략. 서울: 학지사.

이관춘(2012). 호모키비쿠스. 서울: 학지사.

한국산업인력공단(2008). 직업윤리 교수자용 워크북.

Life magazine, 1996. 6. six cents an hour(Sydney Schanberg).

Smith, K. & Johnson, P. (1996). *Business ethics and business behavior*. London: Thomson Business Press.

제12강

직장인의 예절

1. 예절과 평판 경쟁력
2. 직장에서의 인사 예절
3. 직장에서의 의사소통 예절

학습개요

예절의 의미와 중요성을 이해하고 직장에서의 인사 예절 및 의사소통 예절을 설명할 수 있다.

학습목표

1. 예절의 의미와 중요성을 설명할 수 있다.
2. 직장에서의 인사 예절을 설명할 수 있다.
3. 직장에서의 의사소통 예절을 설명할 수 있다.

주요용어

예절과 윤리, 평판경쟁력, 인사 예절, 전화 예절, 이메일 예절

시작하기

〈사례 소개〉

오늘은 직장에서 지켜야 할 일반적인 예절에 대해 함께 생각해 보도록 하겠습니다. 직장생활이란 나 혼자만이 아닌 여러 사람들이 함께 모여 공동의 목표를 추구하며 생활하는 공동체입니다. 다른 사람과의 공동체 생활에는 반드시 지켜야 할 예절 혹은 에티켓이 있기 마련입니다. 아무리 업무 능력이 탁월하다 해도 예절이나 예의가 부족한 사람은 좋은 평가를 받기 어렵습니다.

직장에서 지켜야 할 예절에는 여러 가지가 있습니다. 직장에서의 복장이나 식사 에티켓에서부터 직장에서 사용하는 언어, 남을 배려하는 태도, 예약을 부도내지 않는 의식과 태도, 이메일을 포함한 의사소통의 예절 등 다양할 것입니다. 이런 예절들은 기본적으로 남에게 피해를 끼치지 않거나 남을 배려하는 정신을 바탕으로 하기 때문에 직업에서의 예절은 직업윤리와 밀접한 관계가 있다고 할 수 있습니다.

먼저 다음 사례(동아일보, 2015. 10. 7.)를 통해 직장에서의 예절의 의미와 중요성에 대해 함께 생각해보도록 하겠습니다.

〈사례 내용〉

〈해도 너무한 궂은일 떠넘기기〉

〈사례 1〉 한 대기업에 근무하는 신모 대리(33)는 사원시절 외근을 하던 중 옆 팀 선임으로부터 황당한 문자를 받았다. "ㅇㅇ씨, 정수기에 물이 떨어졌네. 회사 들어와서 정수기 물통 좀 갈아줘." 신 대리는 외근이 끝나자마자 회사에 들어가 정수기 물통을 갈면서 '이걸 할 사람이 나밖에 없나…….' 하는 씁쓸한 생각이 들었다. 물통 용량은 19.8L. 보통 여성이 들기엔 쉽지 않으니 여직원은 넘어간다고 하더라도, 한 사람은 요통 핑계로, 다른 사람은 그냥 모른 척…… 어쩌다 보니 정수기와 가장 가까운 책상에 앉아있는 남자 사원 신 대리의 업무가 됐다. 얼마 후 옆 팀에 막내 남자 직원이 들어왔지만 여전히 물통은 신 대리가 갈고 있다. 이미 신 대리의 일이 돼버려 아무도 신경을 쓰지 않기 때문이다.

〈사례 2〉 한 중견기업 총무팀에 근무하는 김모 과장(38)은 최근 사내 게시판에 글을 올렸다가 봉변을 당했다. 회의가 끝난 회의실엔 항상 쓰던 종이컵과 간식 쓰레기가 남아 있었고, 화이트보드엔 글씨가 그대로 있었다. 그는 이 광경을 사진으로 찍어 "함께 정리정돈을 하자."고 독려하는 글을 사내 게시판에 올렸다. 그러나 얼마 후 김 과장은 술자리에서 직원들이 "원래 사무실 관리는 총무팀 역할 아니냐." "왜 괜히 직원들을 곤란하게 만드느냐."고 자신의 뒷담화를 한다는 사실을 우연히 알게 돼 충격을 받았다.

〈사례 3〉 자신의 일을 남에게 미루면서 엉뚱한 사람이 난감해지기도 한다. 한 대기업에서 청소를 담당하는 아주머니는 임원용 컵을 씻는 일도 했다. 마음씨 좋은 아주머니는 간혹 탕비실에 직원들이 컵을 두고 갈 때마다 씻어줬다. 그랬더니 직원들이 하나둘씩 탕비실에 자신의 컵을 두기 시작했다. 아주머니는 "다 씻어주자니 너무 많고, 놔두자니 야박하다."며 난감해했다. 결국 사무실 선임이 직원들에게 "본인의 컵은 본인이 씻으라."고 당부하면서 이 상황은 종료됐다.

〈강의 안내〉

직장 내에서의 예절은 직장의 분위기를 좌우하고 나아가 기업성과에 영향을 미칠 만큼 중요한 요인이 됩니다. 따라서 작고 사소한 에티켓이라도 소중히 여기는 의식과 태도가 중요합니다. 앞의 사례에서 보듯 직장에서의 사소한 궂은 일 하나에 대한 태도가 업무 분위기를 바꿔놓기도 합니다. 사무실에서 자기 물건은 자기가 챙기고, 솔선수범하면 훈훈한 사무실 분위기가 만들어지지만, 허드렛일이라고 귀찮다고 미루면 결국 얼굴을 붉히는 상황이 생기게 됨을 보여

주는 사례라 할 수 있습니다. 직장의 사무실은 공동의 생활공간이라는 점을 잊지 말아야 하겠지요.

직장생활에서 고려해야 할 예절은 많습니다. 우리가 사소하게 생각하는 인사하는 예절, 명함을 주고받는 예절, 이메일이나 문자를 주고받는 예절, 전화예절, 나아가 직장 밖에서의 예절에 이르기까지 다른 사람들과의 관계에서 지켜야 할 예절은 다양합니다. 그런데 이런 사소하게 생각할 수도 있는 예절을 잘 지키지 못해 개인적으로 곤란함이나 어려움을 겪게 되는 경우가 많습니다. 반대로 이런 직장 예절을 잘 지킴으로써 대인관계에서 신뢰를 쌓게 되고, 그 결과 업무의 성과를 올리고 조직의 목표 달성에 도움이 되는 경우도 적지 않습니다. 특히 모든 것이 드러나는 평판경제 시대에 직장인들의 매너, 예절은 직장의 경쟁력과도 관계가 있다는 사실을 생각해 볼 필요가 있습니다.

그럼 이번 강의에서는 먼저 예절의 의미는 무엇이고, 왜 중요한지 그리고 직장과 관련된 예절에는 어떤 것이 있는지 구체적으로 학습해보기로 하겠습니다.

학습하기

1. 예절과 평판 경쟁력

직장에서의 예절을 논의하기 전에 먼저 일반적인 예절의 의미와 중요성에 대해 생각해 볼 필요가 있다. 직장인 개개인의 일상적인 매너 혹은 예절은 우리사회의 삶의 질을 향상시키는 데 보이지 않는 큰 영향을 미친다. 뿐만이 아니다. 모든 것이 실시간으로 드러나는 21세기 글로벌 평판경제시대에 국가경쟁력 제고와도 연계된다. 이제, 예절은 윤리의 문제이자 경쟁력의 요소인 것이다.

1) 예절과 윤리

예절禮節은 "인간관계에 있어서 사회적 지위에 따라 행동을 규제하는 규칙과 관습의 체계"라고 사전에서는 정의한다. 예절의 형식은 시대와 문화에 따라 다를 수 있다. 예절은 법에 의해 강제되는 행동규칙이나 집단에 의해 강요되는 행동규범은 아니지만 지키지 않을 경우 타인에게 피해를 줌은 물론 다른 구성원들로부터 소외당하게 된다. 그럼 예절은 윤리와 무슨 관계가 있는 것인가?

윤리는 기본적으로 남을 위한 철학이다. 나의 행동이 타인에게 미치는 영향이나 결과에 초점을 맞춘다는 점에서 그렇다. 예절이 윤리와 무슨 관계가 있느냐는 의문을 가질 수도 있다. 그러나 예절 역시 기본적으로 자신의 행동이 타인에게 영향을 미친다는 점을 고려해 볼 때 윤리의 영역이자 남을 위한 철학이다. 일상의 소소한 에티켓에서부터 크고 다양한 예절에 이르기까지 예절은 항상 타인을 지향하며 타인이 행위의 준거가 되기도 한다. 따라서 윤리원칙과 마찬가지로 예절은 상호주의라는 관계성에 근거한다.

이렇게 볼 때, 예절의 윤리적 바탕은 황금률이다. 즉, '사람들이 네게 하기를 바라지 않는 것은, 너도 다른 사람에게 해서는 안 된다.'는 잘 알려진 격언보다 나은 예절의 윤리적 원칙은 없다. 이 내용을 보다 적극적 관점으로 바꾸면 '사람들이 네게 해 주기를 원하는 바를 타인에게 행하라.'가 된다. 따라서 예절의 윤리적 바탕은 두 가지, 즉 남에게 피해를 주지 않는 것, 그리고 남을 배려하는 것이다. 다음의 사례(조선일보, 2016. 4. 22.)를 보자.

> 예약을 해놓고 아무런 연락 없이 나타나지 않는 경우를 뜻하는 '노쇼No-show: 예약부도'가 공정거래위원회 등 정부기관이 나서 예방책을 논할 만큼 주요 이슈가 되고 있다. 노쇼는 소비자와 사업자 사이의 문제임에도 정부까지 나서는 이유는 그것이 소비자와 판매자의 문제에 그치지 않고, 이로 인해 발생하는 사회적 손실이 막대하기 때문이다. (관계 기관이) 식당, 병원, 미용실,

고속버스, 소규모 공연장 등 5개 서비스 부문 100개 업체를 조사해 노쇼에 따른 사회적 손실을 산출한 결과, 직접비용은 연 4조5000억 원에 달했다. 식자재 납품업체 등 연관 제조업체들의 손실까지 합하면 총 8조2800억 원에 달한다니 노쇼는 결코 작은 문제가 아니다.

더 심각한 것은 이러한 손실이 고스란히 소비자에게 되돌아올 수 있다는 점이다. 사업자가 정상적인 운영을 유지하려면 노쇼로 인한 비용을 물품 가격에 전가할 수밖에 없고, 따라서 소비자는 만연한 노쇼탓에 정상 가격보다 높은 가격을 지불해야 하기 때문이다.

예약을 하고 나타나지 않는 것은 법과 윤리의 문제라기보다는 예절과 매너의 문제로 생각할 수도 있다. 그러나 타인에게 물질적 · 정신적 피해를 준다는 점에서 윤리의 문제이기도 하다. 우리사회는 아직도 예약은 반드시 지켜야 하는 약속이라는 예절 문화 혹은 인식이 소비자에게 매우 부족한 실정이다. 노쇼는 타인에 대한 무례임은 물론 비윤리적이라는 인식이 시급하다. 또 다른 언론보도 사례(조선일보, 2015. 9. 9.)를 보자.

〈쩍벌남들 큰일 났다〉

뉴욕 시 맨해튼 지하철에서 두 남자가 체포됐다. 다리를 과도하게 쩍 벌렸다는 혐의였다. 이른바 '쩍벌남' 체포와 법정출두로 이어진 첫 케이스였다.

판결은 관대했다. 일정 기간 다시 같은 혐의로 체포되지 않으면 취하되는 것으로, 향후 위반행위가 없으면 자동 사면한다는 것이다.

최근엔 '쩍 벌리다manspread' 와 '쩍벌남manspreader' 이 영국 옥스퍼드 사전에 공식 단어로 등재됐다. 다리를 벌리고 앉는 이가 대부분 남자여서 앞에 man이 붙었다. '대중교통에서 다른 자리를 침범해 다리를 벌리고 앉는 행위' 라고 규정했다.

뉴욕 시는 '쩍벌' 자제를 호소하는 공공 인식 캠페인을 시작했다. 그 문구 중 하나는 '쩍벌은 이제 그만, 제발Stop the Spread, Please'. 버스나 지하철에서 무릎을 넓게 벌리고 앉아 한 좌석 이상 더 많은 공간을 차지하는 남자들에게 곤욕을 치르게 하겠다는 캠페인이다. 무례하고 배려 없는inconsiderate 쩍벌남들로 인해 너무 짜증나고 화 났던 여성들에겐 특히 희소식이 아닐 수 없다.

뉴욕과 시카고에선 이미 '쩍벌'이 금지돼 있다. 옆 사람을 전혀 개의치 않아 그러든, 자신이 뭔 짓을 하고 있는지 의식을 하지 못해 그러든, 이젠 다리 벌리고 앉았다가는 처벌 대상이 된다.

'쩍벌남'들은 구시렁 불만을 내뱉는다. …… 어찌됐든 꼴불견인 것은 힘 있는 인간들 앞에선 비굴하게 무릎 꿇고 머리 조아리는 작자들이 꼭 버스, 지하철에선 쩍벌남 노릇을 한다는 사실이다.

타인을 배려하지 못하는 전형적인 사례라 할 수 있다. 타인에게 끼치는 피해의 정도와 내용은 다르지만 예절과는 거리가 먼 무개념 중년 남성의 모습이 아닐 수 없다.

그런데 주위를 돌아보면 이런 무개념은 중년 남자들에게만 해당되는 것은 아니다. 상황과 내용은 다르지만 행태가 유사한 아줌마, 노인, 젊은이들도 적지 않다. 필자가 어느 시민강좌 안내문에 썼던 내용을 인용해 보자.

그냥 어쩌다 나이가 들어 40세 이상이 되면 아저씨다. 그런데 이들이 공공장소에서 사람들의 따가운 눈초리를 받을 만한 언행을 하면 '개'저씨개와 아저씨의 합성어가 된다. 지하철에서는 거친 목소리의 '난데족'이나 '쩍벌남', 직장 여직원에겐 툭하면 반말이나 성희롱발언, 하청업체에겐 관행처럼 하는 갑질 등등. 한마디로 부정적인 의미로 포장된 무개념 중년남성을 가리키는 말이다. 요즘 들어, 인터넷이나 예능프로그램에서 때로는 웃음의 기제로, 때로는 조롱의 용어로 자주 등장하는 우리 사회의 부끄러운 민낯이다. 그러나 따지고 보면 아저씨만 가지고 난리 피울 일은 아니다. 비슷한 증상을 가진 아줌마들도 쌔고 쌨지 않은가? 더 나아가 눈살 찌푸릴 행동이라면 아이들도, 젊은 남녀도, 할머니, 할아버지도 안 빠진다.

이들의 공통점은 무례다. 무례한 사람을 보니 개가 생각나는 것이다. 그렇다면 왜 무례해지는가? 철학자 한나 아렌트의 말을 빌리면, '순전한 무사유 sheer thoughtlessness'가 주범이다. 그들은 단지 자기가 무엇을 하고 있는지 깨닫지 못하는 것이다. 자신의 행동이 타인에게 어떤 영향을 미칠지, 역지사지 易地思之 못한다. 이 점이 바로 사람과 개를 가르는 기준이다. 뉴스 시간마다 보도되는 우리사회의 크고 작은 악惡은 여기서 비롯된다. 그런데 '사유'란 하지 않아도 상관없는 '권리'가 아니다. 한번 뿐인 인생을 '멋'지게, '행복'하게 살기 위한 조건이자 의무다. 그렇기에 동서고금을 막론하고 철학자라면 너도 나도 '생각하는 삶'을 부르짖는 것이다.

요즘 우리사회에서 '노 키즈 존No Kids Zone: 어린이 출입금지'이란 말이 나오고 있다. 아이가 소란을 떨어 다른 손님에게 방해를 주기 때문에 아예 어린이를 받지 않겠다는 것이다. 오죽하면 아이를 못 들어오게 할까하는 생각마저 든다. 프랑스나 독일, 호주 등 외국에서는 공공장소에서 자주 듣는 소리가 "조용히 해!"하는 엄마의 낮지만 매서운 목소리다. 아이 소란을 내버려두는 우리나라 많은 엄마들과는 분명 차이가 난다. 시간만 흐르면 아이가 '개중년'이 된다는 점을 생각해 보면, 타인을 배려하는 예절, 매너교육이 얼마나 중요한지를 절감할 수 있다.

2) 평판경제시대의 예절

정보기술IT의 발달로 소셜네트워크서비스SNS가 활성화하면서 기업을 포함한 직장의 경영방식이나 직장문화가 점차 투명하게 드러나고 있다. 기업의 고객이나 내부자가 마음만 먹으면 기업은 그대로 발가벗겨지고, 나아가 해당 기업의 평판으로 직결된다. 이른바 '평판 경제Reputation Economy' 시대가 찾아 온 것이다. 기업이 좋은 이미지를 쌓아 올리려면 오랜 시간이 걸리지만 그 이미지가 진흙탕 속에 빠지는 것은 한순간이다. 만인이 만인을 감시하고 평가하는 시대에 우리는 살고 있는 것이다.

기업경영 뿐만이 아니다. 기업에 속한 구성원들의 매너는 개인의 평판은 물론 조직의 브랜드 가치에도 큰 영향을 미칠 수가 있다. 같은 맥락에서 길거리 시민들의 매너, 공공예절은 한국을 방문한 외국 관광객들에게 어떤 인상을 주고 국가평판에 영향을 미칠지를 생각해 볼 필요가 있을 것이다. 예를 하나 들어보자. 한국에 살고 있는 팀 알퍼라는 영국인 칼럼니스트가 언론에 기고한 내용(조선일보, 2015. 12. 1.)이다.

〈요절복통 서울 지하철〉

일요일 아침이면 지하철을 타고 한강으로 조깅을 하러 간다. 매주 지하철에서는 한 편의 희극이 펼쳐진다. 단정하게 옷을 차려입은 독실한 교회 신자들은 손에 성경을 들고 근엄한 표정을 짓고 있다. 이들 곁에 딱 봐도 하룻밤 내내 술 마시고 광란의 파티를 즐기다 첫차를 타고 집에 들어가는 올빼미족이 드러누워 코를 골며 곯아 떨어져 있다. 자리 서너 개를 차지하고 드러눕는 건 예사. 분명 제 정거장에서 못 내리고 수원, 인천쯤에 도착해야 깨어날 것이다.

때로 서울 지하철은 달리기 시합이 벌어진 운동장을 연상시킨다. 뜀박질하는 승객들 때문이다. 등산객들은 해발고도 836m인 북한산 백운대는 거침없이 오르면서 지하철 계단은 걸어 올라가기 싫어한다. 꼭 노약자용 승강기를 타려고 든다. 지난주에는 노약자용 승강기를 향해 폭주기관차처럼 달려가는 등산객들이 어깨를 치고 지나가는 바람에 밀려 넘어질 뻔했다. 세렝게티 초원의 배곯은 사자에게 쫓기는 한 무리 영양 떼도 이렇게 뛰진 않은 것 같다. 빈자리 경쟁도 이에 뒤지지 않는다. 빈자리를 차지하기 위해 아줌마들이 남자 100m 세계기록 보유자인 우사인 볼트도 놀랄 만한 움직임을 보인다.

이 외국인 투고자는 고향인 영국의 상황과 비교를 한다. 런던 지하철은 폐소 공포증을 느낄 정도로 비좁다. 그 좁은 열차 안에서 사람들은 몸만 살짝 부딪혀도 서로 미안하다고 한다. 그래서 조용하고 지루하다는 것이다. 이에 반해, 신식인 한국 지하철은 현대적이고 널찍하다. 코미디와 스포츠가 펼쳐지는 역동적인 장소라고 결론을 내린다.

덕담으로 글을 맺었지만, 한국인의 공공 예절 수준을 꼬집는 부끄러운 글이 아닐 수 없다. 문제는 지구촌의 글로벌화가 점차 심화되면서 이러한 공중 예절이나 시민의식이 국가경쟁력과 직결된다는 점이다. 한국을 방문한 어느 중국인 사업가의 말을 들어보자(서울경제, 2015. 10. 16.).

〈유커가 '다시' 찾고 싶지 않은 한국〉

"한국, 한 번 가볼만한 나라지 두 번은 아닙니다." 베이징에서 사업을 하고 있는 왕즈웬씨. 그는 지난 국경절 연휴기간 서울을 찾았다가 봉변을 당했다고 분통을 터뜨렸다. 사업상 서울을 몇 번 다녀 온 경험이 있는 왕씨는 남대문 시장에서 쇼핑을 한 후 남산타워에 가려고 택시를 잡았다. 더듬더듬 한국말로 목적지를 말하자 택시기사가 부른 요금은 20만 원. 남산에서 기다렸다가 호텔로 돌아가는 요금까지 포함했다고 하지만 터무니없는 요금에 말문이 막혔다. 어이가 없어 주변 다른 택시를 이용하려고 하니 중국인이 말이 많다는 불쾌한 답만 돌아왔다. 왕 씨 가족의 서울 여행에 대한 기억은 바가지요금과 무시를 당했다는 불쾌함만 남았다.

이 중국인은 한국을 다시 찾고 싶지 않다고 했다. 실제로 올해 국경절에 한국을 방문한 유커들이 내년에 다시 한국을 찾을 가능성은 매우 낮다. 현재 중국인들의 한국 재방문율은 20.2%(2016년 기준)에 불과하다. 10명 중 2명 정도만 다시 한국을 찾는다는 말이다. 반면에, 일본의 재방문율은 81.4%에 달한다. 택시기사를 포함한 직장인 한 사람 한 사람이 외국인 방문객을 대할 때의 매너와 윤리적인 직무 수행이 우리사회 평판도에 영향을 미치고, 나아가 그 평판이 범국가적인 경제적 이익과도 직결되고 있는 것이다.

Q 주제1 돌발퀴즈

다음 괄호 안에 들어갈 용어는?

예절의 윤리적 바탕은 (　　　)이다. 즉 '사람들이 네게 하기를 바라지 않는 것은, 너도 다른 사람에게 해서는 안 된다.' 는 격언을 바탕으로 한다. 이 내용을 보다 적극적 관점으로 바꾸면 '사람들이 네게 해 주기를 원하는 바를 타인에게 행하라.' 가 된다. 따라서 예절의 윤리적 바탕은 두 가지, 즉 남에게 피해를 주지 않는 것, 그리고 남을 배려하는 것이다.

2. 직장에서의 인사 예절

처음으로 직장생활을 하면서 사회생활을 하게 되는 신입사원들이라면 직장에서의 인사법을 어떻게 배우고 어떻게 실천할 것인지 당혹스럽기 마련이다. 하지만 인사성, 인사하는 습관 하나만으로도 자신의 직무 능력을 평가받을 수 있음을 잊어서는 안 된다.

인사는 예절의 기본이며, 인간관계의 출발이다. 직장인에게 있어서 인사는 애사심의 발로가 될 수 있고 직장상사에 대해서는 존경심의 표현이 된다. 또한 동료 간에는 우정의 상징이고, 고객에게는 고객 만족을 추구하는 상인정신의 표현인 동시에 자신의 인격과 교양을 밖으로 나타내는 것이다(이하는 한국산업인력공단, 2008: 139-143 내용을 수정 · 보완).

〈주제1 돌발퀴즈〉 [정답] 황금률

1) 인사와 악수

우리는 누군가 나의 사무실에 방문했을 때 자리에서 일어나 인사를 하고 악수를 청해야 할지를 고민하게 되는 경우가 있다. 물론 작업 중인 일이 인사할 정도의 여유가 된다면 상황에 맞게 가볍게 목례를 하고 악수를 할 수 있다. 그러나 도저히 인사를 할 수 없는 경우라면 하지 않아도 될 것이다.

그러나 일반적으로 외부 인사가 나의 사무실을 방문하게 되었을 때 자리에서 일어나 악수를 청하며 손님을 맞이하는 것이 예의다. 그럼 악수는 어떻게 할 것인가?

악수는 자신의 전문성, 진실성 그리고 신뢰성을 느끼게 하는 신체의 언어다. 악수는 말을 시작하는 전 단계에서 강력한 비언어적 메시지를 전달한다. 악수를 하는 동안에는 상대에게 집중하는 의미로 반드시 눈을 맞추고 미소를 짓는다. 악수를 통해 친분 관계를 형성하고 긍정적인 작용을 일으키는 기회가 된다. 사람들 간의 직접적인 유대감은 손의 접촉으로부터 형성되고 대화의 스타일과 미래의 사업 제휴를 결정하는 등 생산적인 관계로 이끌 수 있다.

악수를 할 때는 서로 오른손을 잡고 밝은 태도로 악수한다. 너무 강하게 쥐어짜듯이 잡거나 반대로 너무 약하게 잡아서는 안 되며 손끝만 내밀고 악수해서도 안 된다. 악수는 서로의 이름을 말하고 간단한 인사 몇 마디를 주고받는 정도의 시간 안에 끝내야 한다. 악수를 할 때 상대방의 눈을 보면서 미소를 짓는다. 악수를 할 때 아랫사람이 윗사람에게 먼저 손을 내미는 것은 실례가 될 수 있다. 또한 상대방과 악수할 때 지나치게 허리를 굽히는 것은 삼가는 것이 좋으며, 경우에 따라서는 가벼운 목례 정도가 무방하다. 이성 간의 악수는 여성의 요청에 따르고 가벼운 목례 정도도 무방하다. 여성은 남성과 악수할 때 남성이 악수한 손을 흔든다고 같이 따라 흔들지는 않는다.

여러분의 동료와 함께 한번 연습해 보는 것도 좋다. 악수는 다른 사람에게 소개되었을 때, 자기 자신을 직접 소개할 때, 작별 인사를 할 때 등, 거의 모든 경우에 적절한 행동이다.

2) 소개 예절

소개를 통해서 지금까지 알지 못했던 사람들과 친해지고 서로 얘기를 나눌 기회가 생기는 것이기에 중요하다. 따라서 어색하지 않도록 소개자는 공통의 화제를 찾아 얘기의 실마리를 엮어 나가도록 마음의 배려를 하는 것이 필요하다.

비즈니스 상의 소개를 할 때는 직장 내에서의 서열과 나이를 고려한다. 이때 성별은 굳이 고려할 필요가 없다. 직장 내에서의 서열과 직위를 고려한 소개의 순서는 다음과 같다.

① 소개할 때

- 연령이 다른 경우: 나이 어린 사람을 연장자에게 먼저 소개한다.
- 사회적 지위가 다른 경우: 지위가 낮은 편을 높은 편에게 먼저 소개한다.
- 연령과 사회적 지위가 다른 경우: 일반적으로 사회적 지위를 우선하여 지위가 낮은 편을 높은 편에게 먼저 소개한다.
- 남성과 여성의 경우: 이성 간에는 남성을 여성에게 먼저 소개한다. 다만, 남성이 연장자이고 사회적 지위도 높은 경우에는 여성을 남성에게 먼저 소개하는 것이 자연스럽다.
- 같은 나이, 같은 지위의 동성인 경우: 소개하는 사람과 친한 쪽을 먼저 소개한다. 같은 여성인 경우 미혼자를 기혼자에게 먼저 소개한다.
- 동료 직원과 손님의 경우: 동료직원을 손님에게 소개한다.
- 자신이 속한 회사의 관계자를 타 회사의 관계자에게 먼저 소개한다.
- 반드시 성과 이름을 함께 말한다.
- 상대방이 항상 사용하는 경우라면, '박사' 등의 호칭을 함께 언급한다.
- 연령이 다른 경우: 나이 어린 사람을 연장자에게 소개한다.

② 소개를 받을 때

- 소개받을 때에는 소개되는 사람, 소개받는 사람 쌍방이 모두 일어서서 인사한다. 앉은 채로 인사하는 것은 예의를 벗어난다.
- 소개되는 사람의 이름을 정확하게 기억한다. 대화 중 상대방의 이름을 부르면 친근감을 줄 수 있다.
- 명함은 즉시 꺼내 쓸 수 있도록 준비한다. 상대방에게 "처음 뵙겠습니다. 저는 ㅇㅇㅇ라고 합니다."라고 먼저 인사하면서 명함을 전달하면 좋다.
- 처음 소개받은 사람과는 날씨, 여행, 스포츠 등 가벼운 화제를 선택하며 프라이버시에 관련된 문제나 정치, 종교, 금전 등에 관한 화제는 가급적 피한다.

③ 명함 교환 예절

명함은 프랑스의 루이 14세부터 유래되고 있다. 당시 사교계에서 귀부인들이 자신의 이름을 카드에 손으로 써서 왕에게 올렸다고 한다. 이후 동판 인쇄의 명함으로 발전되어 오늘에 이르고 있다. 명함은 현대에 와서는 특히 비즈니스맨에게는 없어서는 안 될 업무상 소도구의 하나라 할 수 있다. 명함은 받는 사람에게 종종 비즈니스의 첫인상을 줌과 동시에 가장 오래도록 계속될 인상을 남긴다. 명함은 우리가 뒤에 남기고 떠나는 악수와 같은 것이다.

명함을 주고받을 때의 유의할 점은 다음과 같다.

- 명함은 반드시 명함 지갑에서 꺼내고 상대방에게 받은 명함도 명함 지갑에 넣는다.
- 상대방에게서 명함을 받으면 받은 즉시 호주머니에 넣지 않는다.
- 명함은 대체로 아랫사람이 먼저 꺼내는데 윗사람에게 대해서는 왼손으로 가볍게 받쳐 명함을 내는 것이 예의이며, 동료와 아랫사람에게는 오른손으로만 건넨다.

- 명함을 받으며 그대로 집어넣지 말고 명함에 관해서 한 두 마디 대화를 건넨다.
- 쌍방이 동시에 명함을 꺼낼 경우에는 왼손으로 교환하고 오른 손으로 옮긴다.
- 명함을 내밀 때는 정중하게 인사한 후 "ㅇㅇ회사의 ㅇㅇㅇ라고 합니다."라고 회사명과 이름을 밝히면서 건넨다. 사내에서 내방객을 맞이할 경우는 이름만 말해도 된다.
- 상사와 함께 명함을 건넬 때는 상사가 건넨 다음에 건네도록 한다.
- 명함을 받았으면 날짜라든가 만난 장소, 간단한 용건 등을 뒷면에 메모해 두면 나중에 여러 가지로 참고가 된다.

Q 주제2 돌발퀴즈

괄호 안에 들어갈 예절의 용어는?

(　　)는 예절의 기본이며, 인간관계의 출발이다. 직장인에게 있어서 (　　)는 애사심의 발로가 될 수 있고 직장상사에 대해서는 존경심의 표현이 된다. 또한 (　　)는 동료 간에는 우정의 상징이고, 고객에게는 고객 만족을 추구하는 상인정신의 표현인 동시에 자신의 인격과 교양을 밖으로 나타내는 것이다.

3. 직장에서의 의사소통 예절

1) 전화 예절

'전화는 회사의 얼굴이다.'란 말이 있다. 전화 응대방법에 따라 회사의 이미

〈주제2 돌발퀴즈〉 [정답] 인사

지가 좌우된다는 뜻이다. 전화를 거는 방법이나 받는 태도로 인해 고객이나 상대방의 기분을 상하게 하는 것은 회사의 손실과 직결될 수가 있다. 전화는 직접 대면하는 것보다 신속하고 경제적으로 용건을 마칠 수 있는 장점이 있다. 그러나 얼굴을 대면하지 않고 이야기를 하기 때문에 상대방의 표정과 동작, 태도를 알 수가 없으므로 오해를 할 여지가 있다. 따라서 전화예절은 매우 민감하며 더욱 주의를 기울여야 한다. 전화예절은 '신속하게, 정확하게, 정중하게'라는 말로 요약할 수 있다.

먼저, 전화 통화를 할 때는 전화기의 송화기 부분에 대고 명확하게 말한다. 상대방에게 자신이 누구인지 먼저 밝힌 다음 천천히 예의를 갖추고 말한다. 통화 중에 음식을 먹거나 마시지 않도록 한다. 보이지 않는다 하더라도 말할 때는 미소를 띠면서 말한다. 사람들은 목소리만 듣고도 그 사람의 얼굴 표정을 떠올릴 수 있다.

① 전화 걸기

- 상대방의 전화번호, 소속, 직급, 성명 등을 미리 확인한다.
- 정보를 얻기 위해 전화를 하는 경우라면 얻고자 하는 내용을 미리 메모하여 모든 정보를 빠뜨리지 않도록 한다. 용건은 육하원칙으로 정리하여 메모한다.
- 전화를 건 이유를 숙지하고 이와 관련하여 대화를 나눌 수 있도록 준비한다.
- 전화는 정상적인 업무가 이루어지고 있는 근무 시간에 걸도록 한다. 업무 종료 5분전에 전화를 건다면 제대로 통화를 할 수 없을 것이다.
- 당신이 통화를 원하는 상대와 통화할 수 없을 경우에 대비하여 비서나 다른 사람에게 메시지를 남길 수 있도록 준비한다.
- 전화는 직접 걸도록 한다. 비서를 통해 고객에게 전화를 건다면 고객으로 하여금 당신의 시간이 고객의 시간보다 더 소중하다는 느낌을 갖게 한다.
- 전화를 해달라는 메시지를 받았다면 가능한 한 48시간 안에 답해주도록 한

다. 하루 이상 자리를 비우게 되는 경우 다른 사람이 대신 전화를 받아 줄 수 없을 때는 자리를 비우게 되었다는 메시지를 남겨 놓는 것이 예의다.

② 전화 받기

"전화를 받는 속도와 목소리에서 그 회사를 알 수 있다."고들 말한다. 직장에서는 걸려 온 전화를 받는 그 순간부터 자신이 회사의 대표자라는 마음가짐이 되어 있어야 하는 것이다.

- 전화벨이 3~4번 울리기 전에 받는다.
- 당신이 누구인지를 즉시 말한다.
- 천천히, 명확하게 예의를 갖추고 말한다.
- 목소리에 미소를 지으며 말한다.
- 말을 할 때 상대방의 이름을 함께 사용한다.
- 언제나 펜과 메모지를 곁에 두어 메시지를 받아 적을 수 있도록 한다.
- 주위의 소음을 최소화한다.
- 긍정적인 말로서 전화 통화를 마치도록 하고 전화를 건 상대방에게 감사의 표시를 한다.

③ 휴대전화

휴대전화는 일상적인 비즈니스 거래를 유지하고 도움이 필요한 사람에게 신속히 연락을 취할 수 있는 장점이 있다. 그러나 이러한 편리성을 얻기 위해서는 치러야 할 대가나 고려해야 할 점이 많다.

휴대전화를 지니고 있는 사람은 그 전화번호를 알고 있는 모든 사람들이 원하는 때에 호출될 준비를 하고 있는 것이다. 전화를 받아야 한다는 책임감을 느끼고, 전화를 받게 되고, 내가 하고 있는 일에 방해를 받게 될 수도 있다. 또한 휴대전화를 음식점, 엘리베이터, 지하철, 비행기, 버스, 기차 등의 밀폐된 공간에서 사용하는 것은 주위 사람들에게 피해를 주기 때문에 가능한 피하는 것이 에티켓이다.

휴대전화를 사용하게 될 경우에는 다음을 유의해야 한다.

- 어디에서 휴대전화로 전화를 하든지 간에 상대방에게 통화를 강요하지 않는다.
- 상대방이 장거리 요금을 지불하게 되는 휴대전화의 사용은 피한다.
- 운전하면서 휴대전화를 하지 않는다.
- 친구의 휴대전화를 빌려 달라고 부탁하지 않는다.
- 비상시에만 휴대전화를 사용하는 친구에게는 휴대전화로 전화하지 않도록 한다.

2) 이메일 예절

이메일은 정보를 공유하는 속도와 주고받는 능력을 크게 증대시켜 주었다. 하지만 빠르고 편한 방법인 만큼 단점을 갖고 있다. 이메일에는 인격이 없다는 말도 나온다. 따라서 회사 내부 이메일 사용에 대한 직원 교육이 중요하다는 목소리가 점차 높아지고 있다. 예를 들어, 국제소송전문 변호사는 'A사를 죽이자.'고 농담을 섞어 쓴 이메일이 몇 년 뒤 담합소송의 중요 증거가 될 수도 있다고 말한다(조선일보, 2015. 10. 7.).

이메일 사용자들은 문자, 축약된 기호, 또 이들을 혼합하여 감정을 표현하는 방법을 개발하였다. 그러나 이런 방식을 과도하게 사용하면 메일을 받는 당사자가 이해할 수 없는 일이 발생할 수 있다. 따라서 이메일 특유의 언어나 기호 사용을 최소화하는 것이 좋다. 다른 비즈니스 서신에서 사용하는 똑같은 문법이나 철자를 사용하는 것이 안전하다. 이메일 메시지는 간단하게, 그리고 가능한 한 간결하게 작성하여 수신자가 빨리 읽고 제대로 응답할 수 있도록 해야 한다.

① **이메일 보내기**

- 상단에 보내는 사람의 이름을 적는다.
- 메시지에는 언제나 제목을 넣도록 한다.
- 메시지는 간략하게 만든다.
- 요점을 빗나가지 않는 제목을 잡도록 한다.
- 올바른 철자와 문법을 사용한다.

② **이메일 메시지에 답하기**

- 자신이 받은 이메일의 내용과 관련된 일관성 있는 답을 하도록 한다.
- 다른 비즈니스 서신에서와 마찬가지로 화가 난 감정의 표현을 보내는 것은 피한다.
- 자신이 작성한 답장이 어디로, 누구에게로 보내는지 확인한다. 자동답신을 선택하여 보내는 것이 효율적으로 보이기는 하지만, 그 답신이 원래 메일을 보낸 사람에게 도착하지 않을 수도 잇다. 원래의 메시지에 첨부된 회신 주소는 메시지를 보낸 사람의 것이 아닐 수도 있음을 명심하라.

평가문제

1. 직장에서의 인사예절과 관련된 설명 중 옳은 것끼리 묶은 것은 ?

가. 왼손잡이는 악수를 왼손으로 해야 한다.

나. 나이 어린 사람을 연장자에게 소개한다.

다. 성만 밝히고 이름은 말할 필요 없다.

라. 내가 속해 있는 회사의 관계자를 타 회사의 관계자에게 소개한다.

마. 쌍방이 동시에 명함을 꺼낼 때는 왼손으로 서로 교환하고 오른손으로 옮겨진다.

1) 가, 나, 다　　2) 나, 라, 마　　3) 다, 라, 마　　4) 가, 다, 마

2. 직장에서의 전화예절과 관련된 설명 중 옳은 것끼리 묶은 것은 ?

가. 전화를 걸기 전에 미리 메모하여 준비한다.

나. 전화는 정상업무가 이루어지고 있는 근무 시간에 걸도록 한다.

다. 전화를 해달라는 메시지를 받았다면 가능한 한 빨리 해주려고 노력한다.

라. 상대방의 대답을 듣기 전에 준비한 멘트를 빨리 한다.

마. 업무에 관련된 내용이면 운전 중에도 휴대전화를 사용하는 것이 좋다.

1) 가, 나, 라 2) 나, 다, 라 3) 가, 나, 다 4) 다, 라, 마

3. 직장 안팎에서의 예절의 중요성에 대한 설명으로 옳은 것은?

1) 직장인은 직장 내에서의 업무와 관련된 예절만 지키면 된다.
2) 중국인들의 한국 재방문율은 매우 높다.
3) 문화가 다른 외국인 관광객들에게는 어느 정도 차별적인 대우도 필요하다.
4) 직장 안팎에서의 예절은 우리사회의 평판을 높이고 결과적으로 국가경쟁력에 영향을 미친다.

평가문제 정답 및 해설

1. [정답] 2)

[해설] 가. 왼손잡이라도 악수는 오른손으로 해야 한다.
다. 성과 이름을 함께 말한다.

2. [정답] 3)

[해설] 라. 상대방의 대답을 다 들은 후에 멘트를 한다.
마. 업무에 관련된 내용이라도 운전 중에는 휴대전화를 사용하지 않는 것이 바람직하다.

3. [정답] 4)

[해설] 1) 직장 밖에서의 예절도 지키는 것이 필요하다.
2) 중국인들의 한국 재방문율은 매우 낮다.
3) 문화가 다르다 해도 모두에게 동등한 대우가 필요하다.

정리하기

1. 예절과 평판 경쟁력

- 예절(禮節)은 '인간관계에서 사회적 지위에 따라 행동을 규제하는 규칙과 관습의 체계'다.
- 예절은 행동이 타인에게 영향을 미친다는 점에서 윤리의 영역이자 남을 위한 철학이다.
- 예절의 윤리적 바탕은 황금률이다.
- '사람들이 네게 하기를 바라지 않는 것은, 너도 다른 사람에게 해서는 안 된다.'는 격언보다 나은 예절의 윤리적 원칙은 없다.
- 예약을 하고 나타나지 않는 것은 예절과 매너의 문제이나 타인에게 물질적 · 정신적 피해를 준다는 점에서 윤리의 문제이기도 하다.
- '개저씨'란 별칭을 얻는 사람들의 공통점은 무례다.
- 무례한 이유는 철학자 한나 아렌트가 말한 '순전한 무사유' 때문이다. 그들은 단지 자기가 무엇을 하고 있는지 깨닫지 못하는 것이다.
- 자신의 행동이 타인에게 어떤 영향을 미칠지, 역지사지(易地思之) 못한다.
- 기업에 속한 구성원들의 매너는 개인의 평판, 조직의 평판에 큰 영향을 미칠 수가 있다.
- 일반 시민들의 매너 역시 마찬가지다. 공중 예절이나 시민의식이 국가경쟁력과 직결된다.

2. 직장에서의 인사 예절

- 인사는 예절의 기본이며, 인간관계의 출발이다.
- 직장인에게 있어서 인사는 애사심의 발로가 될 수 있다. 직장상사에 대해서는 존경심의 표현이 되며 동료 간에는 우정의 상징이 된다.
- 고객에게는 고객 만족을 추구하는 상인정신의 표현인 동시에 자신의 인격과 교양을 밖으로 나타내는 것이다.

3. 직장에서의 의사소통 예절

- '전화는 회사의 얼굴이다.'란 말이 있다. 전화 응대방법에 따라 회사의 이미지가 좌우된다.
- 전화를 거는 방법이나 받는 태도로 인해 고객이나 상대방의 기분을 상하게 하는 것은 회사의 손실과 직결될 수가 있다.
- 따라서 전화예절은 매우 민감하며 더욱 주의를 기울여야 한다.
- 전화예절은 '신속하게, 정확하게, 정중하게'라는 말로 요약할 수 있다.
- 이메일에는 인격이 없다는 말도 나온다. 따라서 회사 내부 이메일 사용에 대한 직원 교육이 중요하다는 목소리가 점차 높아지고 있다.
- 이메일 메시지는 간단하게, 그리고 가능한 한 간결하게 작성하여 수신자가 빨리 읽고 제대로 응답할 수 있도록 해야 한다.

참고하기

김대영(2016). **평판이 전부다**. 서울: 매일경제신문사.

동아일보 2015. 10. 7. 해도 너무한 궂은일 떠넘기기.

서울경제 2015. 10. 15. 유커가 '다시' 찾고 싶지 않은 한국.

윤희영(2015). '쩍벌남'들, 너희 이제 큰일 났다. 조선일보, 2015년 9월 10일자.

이관춘(2012). **호모키비쿠스**. 서울: 학지사.

이관춘(2013). **직업은 직업이고 윤리는 윤리인가(3판)**. 서울: 학지사.

이희숙(2016). '노쇼'의 부메랑, 결국 소비자가 맞는다. 조선일보, 2016년 4월 22일자.

조선일보 2015. 10. 7. 직원들 사내 이메일 사용 교육 중요.

조선일보 2015. 12. 1. 요절복통 서울 지하철.

한국산업인력공단(2008). **직업윤리 교수자용 워크북**.

제13강

직업에서의 성 예절

1. 성 예절의 윤리학적 기초
2. 성 예절의 의미와 중요성
3. 성폭행과 성희롱

학습개요

성 예절의 중요성을 윤리적 관점에서 이해하고, 성 예절의 의미와 중요성 및 성폭력과 성희롱의 의미와 성희롱 성립요건을 설명할 수 있다.

학습목표

1. 성 예절의 중요성을 윤리적 측면에서 설명할 수 있다.
2. 성 예절이 기업경쟁력임을 설명할 수 있다.
3. 성폭행과 성희롱의 의미 및 성립조건을 설명할 수 있다.

주요용어

성 예절, 성폭력, 성희롱, 성추행

시작하기

〈사례 소개〉

지난 시간에는 공동체 윤리로서 '직장에서의 예절'에 대해 알아보았습니다. 오늘은 공동체윤리의 마지막 시간으로서 성 예절과 경쟁력이란 주제로 함께 생각해 보도록 하겠습니다.

최근 들어, 직장에서는 성희롱과 같은 문제가 자주 제기되고 있습니다. 또한 언론 보도를 통해 다양한 직업 세계에서 성폭력과 관련된 문제들이 발생하고 있음을 알게 됩니다. 그런데 많은 경우, 성과 관련된 문제들은 서로에 대한 무지 혹은 관련 법규에 대한 무지에서 비롯되는 경우가 많습니다. 그 결과 관련된 개인에게 큰 상처를 주는 것은 물론 문제가 발생한 직장의 경제적 손실이나 업무의 손실을 초래하기도 합니다.

먼저, 다음 사례(한국산업인력공단, 2008:148에서 재인용)를 통해 성 예절의 의미와 중요성에 대해 함께 학습하도록 하겠습니다.

〈사례 내용〉

〈계약직 공무원의 외로운 항전〉

○○시청에서 한 계약직 여성의 재계약 문제가 미묘한 파장을 불러오고 있다. 진원지는 ○○실에서 계약직으로 근무하는 여성인 J씨. 시청의 영문 홈페이지를 관리하고 있는 그녀는 미국에서 석사학위를 받았다.

지난해 말 저녁 회식자리에서 성희롱 문제가 화제로 떠올랐다. 상사 한 사람이 총리실에서 발생한 성추행 성희롱 사건에 대해 구구절절 묘사하기 시작했다. 그러더니 한 발 나아가 "아마 이런 식으로 했겠지." 하며 옆에 앉아 있던 남자 직원의 가슴을 만지며 재연하기도 했다. 놀라움과 모욕감을 느낀 J씨는 바로 다른 여직원과 함께 "늦었으니 가 보겠다."며 자리를 떴다. 그리고 고민 끝에 직장협의회와 여성부에 그 상사를 성희롱 혐의로 진정했다.

J씨는 상사들이 보내는 곱지 않은 시선은 참을 만했지만 더 힘든 것은 상사들 때문에 만들어진 동료들의 싸늘한 반응이었다. 그 누구도 J씨에게 말을 건넬 수 없는 분위기가 계속 됐다. 사무실 내에서의 J씨에 대한 평가는 엇갈렸다. '조직세계와 도저히 어울리지 않는 사람'이라는 평가도 나온 반면, '누구도 갖지 못한 용기를 가진 사람'이라고 평가하는 사람도 있었다.

그리고 인사위원회는 J씨에게 계약 해직을 통보했다. 홍보담당관인 과장은 "내가 선택한 사람이지만 J씨는 조직 생활과 맞지 않아 다른 동료들과도 잘 지내지 못했다. 무엇보다도 자신의 업무를 다하지 못했다."며 부정적인 견해를 보였다.

이에 대해 J씨는 "계약 해지를 인정 할 수 없다."며 "감사과에 성희롱 사건 및 과장과 팀장의 언어폭력에 대해 진정하고 부당 해고에 대한 대책을 세우겠다."고 말했다.

〈강의 안내〉

참으로 불미스러운 일이지만 직장에서 벌어질 수 있는 사례라고 봅니다. 위의 사례를 놓고 몇 가지 생각을 해 보시기 바랍니다.

여러분은 위와 같은 경우를 어떻게 생각하십니까? 매우 용기 있는 행동이라고 생각하시나요? 여러분은 우리나라 직장에서 위와 같은 상황이 쉽게 발생하고 있다고 생각하시나요? 아니면, 정도의 차이는 있지만 몇 몇 직원들, 특히 남자직원들이 음담패설을 많이 할 것 같다고 생각하시나요? 만일 자신이라면 위와 같은 상황에서 어떻게 대처하실 건가요? 혹시 그 여직원같이 용기 있는 행동은 못했을 거라고 생각하시는지, 아니면 나 같으면 전문기관에 도움을 요청했을 거라고 생각하시는지요?

혹시, 그 여직원은 사소한 것을 가지고 혼자 유난을 떠는 별난 사람이고, 조직 분위기를 해치는 사람이라고 생각하지는 않으시는지요? 아니면 이런 여직원으로 인해 직장의 문화와 사회는 점점 발전한다고 생각하시는지요?

이번 강의에서는 직업윤리에서 왜 성 예절을 다루는지, 그리고 성 예절이 기업의 경쟁력이 된다는 점을 먼저 이해하고, 성폭력과 성희롱의 의미 및 성희롱이 성립되는 요건에 대해 함께 학습해보기로 하겠습니다.

학습하기

1. 성 예절의 윤리학적 기초

직장에서의 성 예절에 관한 논의를 하기 전에 먼저 성 예절이 윤리적 관점에서 왜 중요한 의미를 지니는지를 논의해 보기로 한다.

앞의 사례에서 보듯, 직장의 상사나 동료 직원으로부터 성적인 언어나 행동을 경험할 경우 흔히 불쾌감이나 모욕감을 느끼게 된다. 누구나 마찬가지 감정을 느낄 것이다. 그런데 만약 상대방이 사랑하는 연인관계에 있는 사람이라면 어떨까? 물론 상황은 달라질 수 있을 것이다. 그렇다면 같은 언어, 같은 행동인데도 불구하고 전혀 다른 기분과 감정을 경험하게 되는 이유는 무엇일까? 두말할 나위 없이 상대가 누구냐에 따라 다르다고 답할 수 있을 것이다. 성희롱이나 성추행인지 아니면 친밀감과 애정의 표현인지의 기준은 상대에 따라 달라진다는 생각이다. 물론 틀린 생각은 아니다. 그러나 때로는 연인관계 혹은 부부관계에서도 성폭력 행위가 성립된다는 사실에 생각이 미치면 대답은 달라질 수 있다.

윤리적 관점에서 본다면 똑같은 성적인 언어나 행위를 내가 받아들일 수 있느냐 없느냐를 결정하는 기준은 '대상'이 아닌 '자유'에 있다. 다시 말해, 상대가 누구냐에 따라 달라지는 것이 아니라 그 행위를 내가 '자유롭게' 선택하느냐의 여부에 달려 있다는 것이다. 낯선 타인의 행동은 말할 것도 없지만, 때로는 가까운 연인의 성적 언어나 행동이라 할지라도 나에게 심한 불쾌감이나 모멸감을 줄 수 있는 이유는 나의 소중한 '자유'가 침해되었음을 느끼기 때문이다. 직장 안팎에서의 성 관련 예절의 중요한 윤리학적 토대는 바로 이 개인의 '자유' 개념에서 출발해야 한다.

1) 성 예절과 자유의 존엄성

내가 어떤 타인을 좋아하거나 사랑하는데도 불구하고 상대는 내게 전혀 마음이 없고 눈길조차 주지 않는다. 어린 시절 짝사랑의 추억일 수도 있고, 지금 진행 중인의 상황일 수도 있다. 내게 이보다 가슴 아픈 사랑은 없을 것이다. 반대의 경우라면 어떨까? 이번엔 상대방에게 비극적인 사랑이 될 수 있을 것이다.

실존주의 철학자인 장 폴 사르트르(Sartre, 2008)는 이러한 사랑의 이율배반적인 본질을 '자유'의 개념을 통해 명쾌하게 제시하고 있다. 그는 대표적 저서인 『존재와 무』에서 인간은 곧 자유이며 사랑은 자유에 기초해 개인의 본질을 구축해 가는 행위라고 주장한다. 사르트르에 따르면 집안의 냉장고나 컴퓨터는 스스로 행위를 결정할 수 있는 자유가 없는(부자유스러운) '존재'에 불과하다. 인간은 존재는 하지만 인간에게는 미리 주어진 본질이 없다는 점에서 인간은 '무'의 상태다. 그러나 인간에게는 스스로 본질을 만들어 갈 수 있는 '자유'가 있다는 점에서 냉장고와 구분되는 존엄성을 지닌다.

오로지 개인의 자유로운 선택에 따라 사랑을 하고, 공부를 하고, 직장생활을 하는 것은 개인의 본질을 스스로 만들어 가는 소중한 행위다. 모든 인간에게는 매일 매일의 삶을 돌아보고 미래를 계획하고 선택할 수 있는 자유의 역량이 존재한다. 사르트르는 이렇게 인간은 냉장고와 같은 사물과 달리 자기 자신에 대해서對; pour 존재하는 존재, 즉 대자對自: pour-soi 존재라고 말한다. 다시 말해, 인간은 자유로운 선택에 기초해 '다른 것, 타자와의 관계'에 의해 자신을 자각하고 혹은 자기 자신과 대립하면서 자신의 본질을 만들어 가는 존엄한 존재라는 것이다.

사르트르의 관점에서 볼 때, 직장 안팎에서의 성과 관련된 언어와 행동은 인간 개개인이 자신의 본질을 구성해나가는 데 중요한 영향을 미친다. 그리고 그 성적 행위는 필연적으로 개인의 자유로운 선택이 수반되어야 한다는 것이다. 즉, 사랑하는 자와 사랑받는 자 양쪽의 자유로운 선택이 전제가 되어야 한다. 사랑과 애징 행위는 쌍방향인 것이다. 어느 한 쪽의 일방적인 선택일 경우, 그것은 사랑의 비극이자 더 나아가 다른 한 쪽의 존엄성을 파괴하는 성폭력이 될 수 있다는 것이다.

2) 성 예절과 목적으로서의 인간

앞서 논의한 18세기 계몽주의 철학자인 독일의 임마뉴엘 칸트Kant는 사르트르와 유사한 관점에서 개인의 자유가 성 예절의 본질임을 시사하고 있다. 칸트에 따르면, 직장에서의 성희롱, 성폭력이 비윤리적인 행위로 지탄 받는 이유는 그 행위자의 자율적인 선택이기 때문이다. 칸트는 인간의 윤리적 행위는 인간이 자유로울 때에만 비로소 의미가 있다고 주장한다. 반대로 상황에 의해 어쩔 수 없이 이루어진 행위, 타율적 선택에 의한 행위에는 윤리적인 의미를 부여하지 않는다.

예를 들어, 비좁은 지하철이나 엘리베이터에서 남들에게 밀려 불가피하게 상대의 몸에 접촉이 된 상황은 불쾌할 수는 있지만 도덕적 책임을 물을 수는 없다. 이유는 무엇일까? 상대가 자유로운 선택에 의해 나의 몸에 접촉이 된 것이 아니었다는 것을 나는 알고 있기 때문이다. 반대로 직장에서의 성희롱이나 성폭력으로 규정되는 행위들을 비도덕적이며 불법으로 규정하고 책임을 묻는다면 그 행위가 자유로운 선택에 따라 이루어졌을 경우에만 가능한 일이다.

칸트가 이처럼 인간의 자율적 선택을 강조하는 이유는 인간은 이성을 갖춘 존엄한 존재이기 때문이다. 칸트는 중세의 철학자들처럼 인간의 자유와 존엄성은 신의 부여한 선물이라는 주장을 바탕으로 하지 않는다. 그보다는 우리는 존중받아야 하는 존엄성을 지닌 이성적 존재이기 때문이라고 주장한다. 이성적 존재이기에 우리는 자율적 존재이며, 자유롭게 행동하고 선택할 능력이 있다. 자유롭게 행동한다는 것은 자율적으로 행동한다는 뜻이다. 자율적으로 행동하는 능력 덕에 인간의 삶은 특별한 존엄성을 지닌다. 또한 이성과 자유라는 두 가지 능력이 합쳐져 우리는 특별한 존엄성을 지닌 존재, 단지 식욕만을 느끼는 다른 동물과 구별되는 존재가 된다.

칸트에 따르면, 인간의 존엄성을 존중한다는 것은 인간을 목적으로 취급한다는 뜻이다. 따라서 칸트는 도덕의 중요한 법칙으로 "인간을 목적으로 대하라!"(정언명령 II)라고 선언한다. "나 자신이든 다른 어떤 사람이든, 인간을 절대 단순한 수단으로 다루지 말고, 언제나 한결같이 목적으로 다루도록 행동하라!"고 강조한다. 칸트에게 인간이란 그 자체가 목적이면서 존재만으로도 절대적 가치를 지니는 존재다. 칸트의 관점에서 볼 때, 직장에서의 성희롱이나 성폭력이 비도덕적인 또 다른 이유는 바로 타인을 목적이 아닌 자신의 쾌락을 위한 수단으로 대하는 것이기 때문이다. 상대를 존중해야 할 목적으로 대하지 않고, 자신의 성적 혹은 심리적 욕구를 해결할 수단으로 이용하는 것이기 때문이다.

Q 주제1 돌발퀴즈

다음은 철학자들이 주장하는 성폭력의 비윤리성의 이유에 대한 설명이다. 괄호 안에 공통으로 들어갈 용어는?

실존주의 철학자인 장 폴 사르트르는 사랑의 본질을 '(　　)'의 개념을 통해 명쾌하게 제시하고 있다. 그는 『존재와 무』에서 인간은 곧 (　　)이며 사랑은 (　　)에 기초해 개인의 본질을 구축해가는 행위라고 주장한다.
계몽주의 철학자인 이마누엘 칸트 역시 성폭력이 비윤리적인 이유를 상대방의 (　　)를 침해하기 때문으로 설명한다.

〈주제1 돌발퀴즈〉 [정답] 자유

2. 성 예절의 의미와 중요성

1) 성 예절의 의미

성 예절이란 말 그대로 성에 대한 예의범절을 말한다. 보다 구체적으로 남녀의 육체적 행위와 관련된 예의 및 범절을 의미하는 것이다. 앞의 사례에서 보듯이 직장에서 성에 대한 예절을 지키지 않을 경우, 상대에 대한 결례를 넘어 성희롱과 같은 법적인 문제로 비화될 수가 있다.

최근 사회적으로 자주 등장하는 성희롱 문제는 나와 또는 나의 직장과는 관련이 없는 것으로 생각할 수도 있다. 그리고 성희롱의 의도가 없는 단순한 친근감의 표시였다고 생각할 수도 있다. 예를 들어, "예쁘고 일도 잘해서 귀여워 해줬는데?" "같이 일하는 사이라서 친밀감의 표시로 무심코 했는데 법정에까지 간다면 무서워서 어떻게 일을 하니?" "그런 것은 아무래도 여자가 해야 어울리지. 남자들만 있는 곳에서 한번 분위기 좀 살려줄 수 있잖아?" "업무의 연장인데, 그 정도는 할 수 있잖아." 등의 생각을 하기도 한다(한국산업인력공단, 2008:151).

그러나 이런 언행은 다음에서 보듯이 성희롱과 같은 문제로 비화될 수가 있다. 왜냐하면, 어떤 행위가 성희롱이냐 아니냐를 구분하는 법률적인 기준의 특징은 가해자가 '의도적으로 성희롱을 했느냐'를 중시하는 것이 아니라, 피해자가 '성적 수치심이나 굴욕감을 느꼈느냐 아니냐'를 중요한 기준으로 삼기 때문이다(한국산업인력공단, 2008:152). 그 결과 법적 문제로 연결되고 당사자에게 심각한 피해를 주게 됨은 물론 회사에도 적지 않은 타격을 주게 된다는 점을 인식해야만 한다.

직장 내에서 성 예절을 지키기 위해서는, 첫째, 직장 내 직원들은 성적인 언어, 모욕적이고 타인을 비하하는 언어 등 부적절한 언어와 행동을 하여 타인의 명예와 임직원으로서의 품위를 손상시켜서는 안 된다. 성 범죄는 사회적 또는 윤리적으로 비난 받는 행위이며, 동료, 상사, 거래처간에 존경과 신뢰를 쌓는데 큰 장애물이 된다는 점을 인식해야 한다. 둘째, 성에 대한 인식 차이가 크다는 점을 새롭게 인식해야 한다. 남성은 친밀감의 표현으로 생각할 수 있지만 여성에게는 수치심을 유발할 수 있다는 것이다. 셋째, 권위주의적인 조직 문화에 대한 반성이 선행되어야 한다. 성별에 따라, 나이에 따라, 혹은 사회경제적 지위나 인종에 따라 비대칭적인 권력 관계를 용인하는 권위주의적인 직장 문화에서는 성희롱과 같은 문제가 발생할 소지가 크기 때문이다.

2) 성 예절의 중요성

앞의 계약직 여직원의 사례를 생각해 보자. 직장의 상사가 성희롱 문제를 화제로 해서 또 다른 성희롱 문제를 일으킨 사건이다. 이 사건으로 당사자인 계약직 여직원이 입은 정신적 피해는 물론이고 직장의 분위기도 나빠져 전체 구성원들의 사기도 떨어졌을 것이다. 그 결과 직간접적으로 업무의 생산성에도 영향을 미치게 되었을 것이다.

직장 내에서의 성희롱과 같은 성 예절 문제가 불거지게 되면 그 피해는 조직 전반으로 확대된다. 사안의 경중에 따라 조직의 생존의 문제로까지 파급될 수가 있다. 다음의 사례를 보자(출처: 한국경제신문, 1996. 4. 11.).

〈자동차 회사 성범죄 사건〉

1996년 4월 미국에 현지 공장을 둔 일본 미쓰비시 자동차가 피해자수 배상액규모 등에서 미 헌정상 전례가 없는 성희롱 사건에 휘말려들었다. 미국 고용기회균등위원회EEOC는 9일 미쓰비시 자동차 미국 현지법인의 간부들을 성희롱 방조혐의로 미일리노이 주 연방법원에 제소했다. EEOC는 소장에서 "미쓰비시 간부들은 일리노이 주 공장에서 지난 90년부터 성희롱 피해보고가 잇따랐으나 이를 방치했다."며 피해자 1인당 30만 달러의 배상액을 청구했다. 이번 사건의 피해자수는 무려 7백여 명. EEOC가 승소할 경우 미국이 지난 64년 성차별을 금지하는 법(민권법 7조)을 제정한 이후 피해자 수나 배상액수면에서 최대 규모를 기록하게 된다.
피해자들이 주장하는 성희롱 유형은 약 3가지이다. "암캐" 등 수치심을 유발하는 폭언과 함께 키스와 애무를 하고 섹스사진을 보여 주기도 하며, 심지어 여성근로자들에게 성관계를 요구했다는 것. 특히 성관계 요구에 응하지 않을 경우 보복을 당했다고 이들은 주장하고 있다.

이 자동차 기업은 소비자로부터 성범죄 기업으로 낙인을 받게 되었고, 그 결과 엄청난 재정적 손실과 함께 도산의 위기까지 직면하게 되었다.

위의 사례에서 보듯이, 직장 내 성폭력은 무엇보다 근로환경을 악화시킴은 물론 업무의 효율성마저 저하시킨다. 직장 구성원들의 근무의욕의 상실, 사기저하, 사업장 분위기 악화, 업무능력 저하로 조직의 생산성에 부정적인 영향을 미치게 된다. 또한 기업에 경제적 손실을 가져옴은 물론 기업 이미지마저 실추시키게 된다. 관련된 직원에게 투자된 경비가 상실되고 대체 인력의 고용을 위한 경비가 추가로 투입되어야 하는 등 인사비용이 증대되고 기업이미지가 실추된다.

아래의 표에서 보면, 직장 내 성폭력은 특히 업무나 고용상 권력이 있는 사람으로부터 일어나는 경우가 많다.

	고용주	상사	동료	부하	고객	거래처	기타
발생건수	60	98	50	2	17	11	10
비율	24.2	39.5	20.2	0.8	6.9	4.4	4.0

그러나 직장에서 성희롱 문제가 발생할 경우 많은 피해자들이 미온적으로 대처하는 것으로 나타나고 있다. 여성가족부가 전국 공공기관, 민간사업체 직원 7,844명과 성희롱 대처업무 담당자 1,615명을 대상으로 실시한 2015년 성

희롱 실태조사'(여성가족부, 2015)에 따르면 직장 내 성희롱 피해자 10명 가운데 8명은 가해자나 회사에 대한 문제 제기 없이 참고 넘긴 것으로 드러났다. 응답자의 6.4%가 현재 다니는 직장에서 한 번 이상 성희롱 피해를 본 것으로 집계됐는데, 성별로는 여성 응답자의 9.6%가 피해경험이 있다고 밝혀 남성(1.8%)보다 5배 이상 많았다.

성희롱 내용은 '외모에 대한 성적 비유나 평가'(3.9%)가 가장 많았고 '음담패설 및 성적농담'(3.0%), '회식에서 술을 따르거나 옆에 앉도록 강요하는 행위'(2.5%) 순이었다. 특히 피해자의 78.4%는 성희롱 피해에 대처하지 않고 '참고 넘어갔다.'고 응답했다. 이유는 여자의 경우 '문제를 제기해도 해결될 것 같지 않아서'가 50.6%로 가장 많았고, '큰 문제라고 생각하지 않아서'라고 답한 경우도 45.5%에 달했다. 남자는 '큰 문제라고 생각하지 않아서'(72.1%)가 압도적으로 많았다.

Q 주제2 돌발퀴즈

괄호 안에 들어갈 용어는?

어떤 행위가 성희롱이냐 아니냐를 구분하는 법률적인 기준의 특징은 (㉮)가 '의도적으로 성희롱을 했느냐'를 중시하는 것이 아니라, (㉯)가 '성적 수치심이나 굴욕감을 느꼈느냐 아니냐'를 중요한 기준으로 삼기 때문이다.

〈주제2 돌발퀴즈〉 [정답] ㉮ 가해자 ㉯ 피해자

3. 성폭행과 성희롱

1) 성폭행과 성희롱의 정의

직장 내에서 성희롱이란 말이 많이 사용되고 있지만 법에서 규정하는 개념이 어떻게 다른지를 살펴볼 필요가 있다(이하는 한국산업인력공단, 2008:150의 내용을 참조).

① 성폭력

상대방의 의사에 반하여 폭행이나 협박, 위계, 위력 등을 사용하여 상대방의 성적 자기결정권을 침해하는 모든 성적인 행위를 말한다. 성희롱이나 성추행, 성폭행 등은 모두 성폭력의 개념에 포함된다. 이 밖에 인터넷을 통해 음란물을 보내는 등의 사이버 성폭력과 일방적으로 전화를 하거나 쫓아다니는 스토킹 등을 넓은 의미에 성폭력에 포함시키기도 한다.

② 성희롱

성희롱의 개념은 '남녀고용평등법'과 '남녀차별금지법'에서 최초로 명문화했다. 두 법은 표현에서 약간의 차이는 있으나 성희롱을 '업무와 관련해 성적 언어나 행동 등으로 굴욕감을 느끼게 하거나 성적 언동 등을 조건으로 고용상 불이익을 주는 행위'라고 정의한다. 성희롱은 피해자가 사업주에게 가해자에 대한 부서전환과 징계 등의 조치를 요구할 수 있으나 형사처벌 대상은 아니다. 여기서 중요한 점은, 성폭력과 성희롱은 피해자의 관점에서 판단하여 개인의 성적자기결정권을 침해하는 행위라는 점이다.

③ 성추행

성폭력의 하나로써 강제추행을 의미한다. 일방적인 성적 만족을 얻기 위해 물리적으로 신체 접촉을 가함으로써 상대방에게 성적 수치심을 불러일으키는 행위이다. 성폭력의 정도가 성희롱을 넘어 범죄로 처벌되는 것이다. 강제추행(성추행)과 강간(성폭행)을 말한다. 강제추행은 통상 성추행이라고 말하며 성희롱과의 차이는 '폭행이나 협박'을 수단으로 '추행'을 하는 것이다. 폭행협박에 대해 대법원은 '상대방의 의사에 반하는 물리력의 행사인 한 그 힘의 대소 강약을 불문한다.'고 밝히고 있다. 간음 이외의 비정상적 성행위 강요 등을 모두 강제추행이라고 본다. 강간은 폭행 또는 협박을 가해 부녀와 교접행위를 하는 것을 말한다. 일반적으로 성폭행은 강간과 강간 미수를 말한다.

④ 사이버 성폭력

성폭력특별법은 성범죄에 관한 가중처벌과 고소제한 완화, 고소기간 연장 등을 규정하고 있다. 특별법은 이와 함께 제 14조에서 '전화, 우편, 컴퓨터, 기타 통신매체를 통해 성적 수치심이나 혐오감을 일으키는 말과 음향, 글, 그림, 영상 등을 보내는 자는 5년 이하의 징역에 처한다.'고 함으로써 사이버 성폭력의 처벌 근거를 마련했다.

2) 성희롱에 대한 잘못된 통념

① 직장 내 성희롱은 개인적인 사소한 문제다

어떤 사람들은 성희롱이 지극히 개인적인 문제에 지나지 않는다고 생각하기도 한다. 그러나 성희롱은 개인의 감정과 의사를 무시하고 행해지는 인격적인 모독이며, 한 개인의 장난기로 치부하기에는 폐해가 너무 심각하다.

피해자의 인격을 침해할 뿐 아니라 수치심, 모욕감을 느끼게 하고 정상적인 업무 수행을 불가능하게 하며 정신장애, 두통, 위장병, 스트레스 등 질병을 가져온다. 직원들의 사기는 떨어지고 회사의 이미지도 추락하게 되며 직장 내 근무환경을 저해한다. 또한 가해자는 직장, 재산, 명예를 잃게 된다. 이렇게 볼 때, 직장 내 성희롱이 개인적 차원의 문제만은 아니란 것을 알 수 있다. 직장 내 성희롱은 조직과 개인에게 말할 수 없는 큰 악 영향을 미치게 되므로 개인의 문제가 아닌 조직의 문제인 것이다.

② 성적 농담, 가벼운 접촉은 직장생활의 활력소다

직장의 활력소가 아니라 직장분위기를 망치고 업무환경을 악화시키며, 인간관계를 적대적으로 만든다. 특히 여직원들은 남자들의 성적 농담으로 수치심과 모욕감을 느끼게 된다. 성희롱 행위가 반복되면 업무 수행에 지장을 받게 되고 능력을 제대로 발휘할 수가 없게 된다.

③ 직장 내 성희롱은 무시해 버리면 그만이다

직장 내에서 이런 문제를 제기하는 것이 오히려 자신의 이미지를 실추시킬 수 있다는 생각에 성희롱을 대수롭지 않은 것으로 받아들여 문제해결을 기피하는 경우가 많다. 그러나 모른 척 지나가 버리거나 아무 일도 없었던 것처럼 태연하게 행동하는 것은 문제해결에 도움이 되지 않는다. 자신의 의사를 적극적으로 표현하지 못하는 피해자들의 태도는 오히려 가해자들로 하여금 피해자 역시 성희롱을 즐긴다고 오해하기 쉽다. 오히려 가해자의 행위를 인정하는 것으로 받아들여지고 성희롱이 지속되는 결과를 가져온다. 일부 남성들은 여성의 반응 없는 태도를 '동의' 또는 '소극적 허락'으로 해석하면서 보다 과감하게 행동하기 때문에 성희롱에 대한 단호한 의사를 표시해야 한다.

④ 성희롱은 피해자가 원인을 제공했다

성희롱이나 한발 더 나아가 성폭력 피해가 발생하면 어떤 사람들은 피해자가 원인을 제공한 책임이 있다고 생각하기도 한다. 예를 들어, '피해자가 강력하게 거부하거나 저항하지 않았다' 혹은 '피해자가 노출이 심한 옷을 입었다' '밤늦게 돌아다녔다' 등의 이유를 들어 피해자에게 책임을 전가할 수도 있다.

그러나 이러한 오해와 편견으로 피해자에게 책임을 전가하는 것을 성폭력을 사회적으로 용인하여 또 다른 성폭력의 원인이 된다는 점을 인식해야 한다.

3) 성희롱 성립요건

먼저 직장 내 성희롱 사례(이하는 한국산업인력공단, 2008:146-155에서 인용)를 들어보자.

〈이러지 마시라니깐요!〉

모 협동조합중앙회는 요즘 분위기가 뒤숭숭하다. 강도 높은 구조조정 때문이기도 하지만 지점 여직원들이 지점장으로부터 수차례에 걸쳐 성희롱을 당했다는 사실이 직원들의 입에 오르내리고 있기 때문이다. 회식자리에서 술을 마시며 성추행 당한 여직원들이 진정서에 진술한 내용을 보면 지점장의 행위가 심각한 지경에 이르렀음을 짐작케 하고 있다.

지점장이 직원들이 함께 하는 회식자리에서 여직원들을 한 명 한 명 부르며, 옆자리에 앉혀놓고 손을 만지며 음담패설을 늘어놓기도 하였다는 것이다. 직원들은 회식 장소에서 지점장은 마치 자기가 삼천 궁녀를 거느린 것처럼 여직원들을 양쪽에 끼고 앉아서 술을 따르기를 요구하거나 술을 강제로 권한다고 말했다. "이런 회식 자리가 한 두 번이 아니었고, 매번 회식을 할 때마다 반복됐다."는 것이다.

"창구에서 일에 열중하고 있을 때나, 혹은 옆에서 좁은 통로를 지날 때, 슬쩍 손으로 어깨나 등을 만지기도 한다."고 하며, 또한 여직원 모씨는 거래처 접대자리까지 불려 나가 술 시중을 들었으나, "당신 말이야, 아기도 낳아 봤고 결혼도 해 보았으면서 뭐가 부끄러워서 제대로 하지 못하냐."고 막말까지 했다고 한다.

위의 사례는 직장 내 성희롱이 성립되기 위한 조건을 모두 갖추고 있다고 할 수 있다. 일반적으로 직장 내 성희롱이 성립되기 위해서는 다음의 네 가지 요건이 요구된다. 첫째, 성희롱의 당사자 요건, 둘째, 지위를 이용하거나 업무와의 관련성이 있을 것, 셋째, 성적인 언어나 행동 또는 이를 조건으로 하는 행위일 것, 넷째, 고용상의 불이익을 초래하거나 성적 굴욕감을 유발하여 고용환경을 악화시키는 경우일 것을 들 수 있다.

(1) 성희롱의 당사자 요건

① 가해자

남녀고용평등법상 가해자는 고용 및 근로조건에 관한 결정권한을 가지고 있는 사업주나 직장상사를 비롯하여 동료 근로자와 부하직원까지 포함되지만, 거래처 관계자나 고객 등 제 삼자는 가해자의 범위에서 제외되고 있다.

한편, 남녀차별금지 및 구제에 관한 법률에서는 '성희롱'의 가해자의 범위에 대하여 공공기관 종사자 (예: 학교나 정부 각 부처 및 그 산하기관, 지방 행정기관의 공무원 및 일반 직원 등) 뿐만 아니라 남녀고용평등법상 '직장 내 성희롱'의 가해자 범위에 포함될 수 없는 거래처 관계자나 고객도 '성희롱'의 가해자가 될 수 있다. 그리고 가해자 성별이 대부분 남성이지만 여성이 가해자가 될 수도 있다.

② 피해자

모든 남녀 근로자는 직장 내 성희롱의 피해자가 될 수 있다. 대부분의 피해자는 여성근로자가 주요 대상이 되지만 남녀근로자(협력업체 및 파견근로자 포함) 모두 해당되며 현재 고용관계가 이루어지지 않았더라도 장래 고용관계를 예정하고 있는 모집 채용과정의 채용희망자(구직자)도 성희롱 피해자의 범위에 포함된다고 보고 있다. 그러나 고객과 거래처 직원은 '직장 내 성희롱' 피해자 범위에서 제외한다.

(2) 지위를 이용하거나 업무와의 관련성이 있을 것

'지위를 이용하거나 업무와 관련성이 있을 것'이란 요건 때문에 성희롱 또는 직장 내 성희롱이 단지 '직장 내'라는 장소에서 일어나야 한다는 것을 의미하는 것은 아니다. 예를 들어, 업무와 관련한 출장으로 차 안에 있을 때, 전체 회식장소 등에서 발생하는 성희롱도 업무관련성이 있다고 볼 수 있다. 심지어 사적인 만남이라고 할지라도 업무를 빙자하여 상대방을 불러내는 등 업무와 관련성이 있다고 판단할 만한 요소가 있다면 '직장 내 성희롱' 또는 '성희롱'이라고 볼 수 있다.

물론 사업장 안이었거나 근무시간 중이었다면 업무와의 관련성이 있다는 것을 쉽게 추정할 수 있을 것이다. 한편, 남녀 직원들의 사교 애정에 의한 성적 언동이나 '서로의 동의에 의한 것'은 직장 내 성희롱에 들어가지 않는다.

(3) 성적인 언어나 행동, 또는 이를 조건으로 하는 행위일 것

직장 내 성희롱은 성적인 언어나 행동에 의하거나 이를 조건으로 하는 행동이다. 여기에는 육체적 유형, 언어적 유형, 시각적 유형, 기타 사회 통념상 성적 굴욕감을 유발하는 것으로 인정되는 언어나 행동, 성역할에 기반을 둔 성희롱으로 나눌 수 있다. 또한 이를 조건으로 하는 행위란 이런 다양한 유형의 성적 행위를 피해자인 상대방이 적극적으로 하여줄 것을 요구하거나 또는 소극적으로 참아줄 것을 바라는 것이라 할 수 있다.

(4) 고용상의 불이익을 초래하거나 성적 굴욕감을 유발하여 고용환경을 악화시키는 경우일 것

남녀고용평등법에서는 직장 내 성희롱이 성립하기 위해서는 고용조건이나 고용환경에 관하여 성을 이유로 한 차별적 취급이 있어야 한다고 규정한다.

그러나 남녀차별금지 및 규제에 관한 법률의 경우 '성적 굴욕감 또는 혐오감을 느끼게 하는 것'이라고 정의함으로써 고용조건상의 불이익 또는 고용환경의 악화를 초래하지 않더라도 성적 굴욕감 또는 혐오감을 느끼게 하는 것만으로도 인격권의 침해 행위로서 직장 내 성희롱이 성립한다고 판단할 여지가 있다.

남녀고용평등법 시행규칙에서 고용조건 및 고용환경에 미치는 영향을 감안하여 직장 내 성희롱을 고용조건형과 노동환경형의 두 가지 형태로 구분하고 있다. 특히 고용환경에 미치는 영향과 관련하여 성희롱 여부를 판단하여야 할 경우 고용조건상의 불이익처럼 객관적으로 명확한 판단근거가 없기 때문에 판단기준의 설정이 모호해지는데 남녀고용평등법 시행규칙의 비고에서는 '피해자의 주관적 사정을 고려하되 사회통념상 합리적인 사람이 피해자의 입장이라면 문제가 되는 행동에 대하여 어떻게 판단하고 대응하였을 것인가를 함께 고려해야 한다.'라고 규정하고 있다.

Q 주제3 돌발퀴즈

괄호 안에 들어갈 성과 관련된 범죄 용어는?

(   )은 상대방의 의사에 반하여 폭행이나 협박, 위계, 위력 등을 사용하여 상대방의 성적 자기결정권을 침해하는 모든 성적인 행위를 말한다. 강간이나 강제추행, 공중 밀집장소에서의 추행, 카메라 등을 이용한 촬영 등이 포함된다. 이 밖에 인터넷을 통해 음란물을 보내는 등의 사이버 (   )과 일방적으로 전화를 하거나 쫓아다니는 스토킹 등을 넓은 의미에 (   )에 포함시키기도 한다.

〈주제3 돌발퀴즈〉 [정답] 성폭력

평가문제

1. 괄호 안에 들어갈 용어는?

칸트에 따르면, 인간의 존엄성을 존중한다는 것은 인간을 ( )으로 취급한다는 뜻이다. 따라서 칸트는 도덕의 중요한 법칙으로 "인간을 ( )으로 대하라!"(정언명령 II)라고 선언한다. "나 자신이든 다른 어떤 사람이든, 인간을 절대 단순한 수단으로 다루지 말고, 언제나 한결같이 ( )으로 다루도록 행동하라!"고 강조한다. 칸트에게 인간이란 그 자체가 ( )이면서 존재만으로도 절대적 가치를 지니는 존재다. 칸트의 관점에서 볼 때, 직장에서의 성희롱이나 성폭력이 비도덕적인 또 다른 이유는 바로 타인을 ( )이 아닌 자신의 쾌락을 위한 수단으로 대하는 것이기 때문이다. 상대를 존중해야 할 ( )으로 대하지 않고, 자신의 성적 혹은 심리적 욕구를 해결할 수단으로 이용하는 것이기 때문이다.

2. 직장에서의 성예절과 관련된 설명 중 옳은 것은 ?

1) 동료에 대한 친밀감의 표시일 경우는 성희롱이 되지 않는다.
2) 가해자가 성희롱을 할 의사가 없었을 경우는 성희롱이 되지 않는다.
3) 성희롱은 피해자가 성적 수치심이나 굴욕감을 느꼈느냐의 여부가 기준이 된다.
4) 업무와 관련된 성희롱은 용인될 수 있다.
5) 남성이 여성에게 행했을 경우에만 성희롱이 성립된다.

3. 직장 내 성희롱에 대한 설명으로 옳은 것은?

1) 직장 내 성희롱은 개인적인 사소한 문제다.
2) 성적 농담, 가벼운 접촉은 직장생활의 활력소다.
3) 직장 내 성희롱은 무시해 버리면 그만이다.
4) 피해자에게 책임을 전가하는 것은 성폭력을 사회적으로 용인하는 결과를 낳게 된다.

4. 직장 내 성희롱이 성립되기 위한 요건끼리 묶어 놓은 것은?

가. 성희롱의 당사자 요건

나. 지위를 이용하거나 업무와의 관련성이 있을 것

다. 남녀 직원들의 사교 애정에 의한 성적언동

라. 성적인 언어나 행동 또는 이를 조건으로 하는 행위일 것

마. 업무와 관련하여 직장 내의 장소에서만 행한 행위일 것

1) 가, 나, 다　　2) 나, 다, 라　　3) 가, 나, 라　　4) 다, 라, 마

평가문제 [정답] 및 해설

1. [정답] 목적

[해설] 인간을 목적으로 대하라는 칸트의 정언명법에 관한 설명이다.

2. [정답] 3)

[해설] 1) 친밀감의 표시라 해도 성희롱이 된다.

2) 성희롱의 의사가 없었다 해도 성희롱이 된다.

4) 업무와 관련된 성희롱은 용인될 수 없다.

5) 여성이 남성에게 행했을 경우에도 성희롱이 성립된다.

3. [정답] 4)

[해설] 1), 2), 3)의 내용은 직장 내 성희롱에 대한 잘못된 통념이다.

4. [정답] 3)

[해설] 다. 남녀 직원들의 사교 애정에 의한 성적언동은 성희롱이 아니다.

마. 업무와 관련될 경우 직장 밖의 장소도 성희롱이 성립된다.

정리하기

1. 성 예절의 윤리학적 기초
   - 윤리적 관점에서 성적인 언어나 행위를 내가 받아들일 수 있느냐 없느냐를 결정하는 기준은 '대상'이 아닌 '자유'에 있다.
   - 가까운 연인의 성적 언어나 행동이라 할지라도 나에게 심한 불쾌감이나 모멸감을 줄 수 있는 이유는 나의 소중한 '자유'가 침해되었음을 느끼기 때문이다.
   - 사르트르는 인간은 곧 자유이며, 사랑은 자유에 기초해 개인의 본질을 구축해가는 행위라고 주장한다.
   - 따라서 성적 행위는 필연적으로 개인의 자유로운 선택이 수반되어야 한다는 것이다.
   - 칸트는 인간의 윤리적 행위는 인간이 자유로울 때에만 비로소 의미가 있다고 주장한다.
   - 인간의 자율적 선택이 중요한 이유는 인간은 이성을 갖춘 존엄한 존재이기 때문이다.
   - 칸트에 따르면, 인간의 존엄성을 존중한다는 것은 인간을 목적으로 취급한다는 뜻이다.
   - 성폭력이 비도덕적인 이유는 바로 타인을 목적이 아닌 자신의 쾌락을 위한 수단으로 대하는 것이기 때문이다.

2. 성 예절의 의미와 중요성
   - 성 예절이란 말 그대로 성에 대한 예의범절, 특히 남녀의 육체적 행위와 관련된 예의 및 범절을 의미한다.
   - 직장에서 성에 대한 예절을 지키지 않을 경우, 상대에 대한 결례를 넘어 성희롱과 같은 법적인 문제로 비화될 수가 있다.
   - 성희롱 구분의 법률적 기준은 피해자가 '성적 수치심이나 굴욕감을 느꼈느냐의 여부'다.

- 직장 내에서 성 예절을 지키기 위해서는, 첫째, 직장 내 직원들은 성적인 언어, 모욕적이고 타인을 비하하는 언어 등 부적절한 언어와 행동을 피해야 한다. 둘째, 성에 대한 인식 차이가 크다는 점을 새롭게 인식해야 한다. 셋째, 권위주의적인 조직 문화에 대한 반성이 선행되어야 한다.

3. 성폭행과 성희롱

- 성폭력은 상대방의 의사에 반하여 폭행이나 협박, 위계, 위력 등을 사용하여 상대방의 성적 자기결정권을 침해하는 모든 성적인 행위를 말한다.
- 성희롱은 '업무와 관련해 성적 언어나 행동 등으로 굴욕감을 느끼게 하거나 성적 언동 등을 조건으로 고용상 불이익을 주는 행위'라고 정의한다.
- 성추행은 성폭력의 하나로써 폭력이나 협박을 동원한 강제추행을 의미한다. 성추행은 강제추행(성추행)과 강간(성폭행)으로 구분한다.
- 성희롱의 성립요건으로는 당사자 요건, 지위를 이용하거나 업무와의 관련성이 있을 것, 성적인 언어나 행동, 또는 이를 조건으로 하는 행위일 것, 고용상의 불이익을 초래하거나 성적 굴욕감을 유발하여 고용환경을 악화시키는 경우일 것 등이 있다.

참고하기

이관춘(2013). 직업은 직업이고 윤리는 윤리인가(3판). 서울: 학지사.

이관춘(2012). 호모키비쿠스. 서울: 학지사.

여성가족부(2015). 2015년 성희롱 실태조사. 연구보고2015-10. 여성가족부.

한국경제신문, 1996. 4. 10. 미쓰비시자동차 미법인 근로자 성희롱 피소.

한국산업인력공단(2008). 직업윤리 교수자용 워크북.

Sartre, J. P. (2008). 존재와 무(정소정 역). 서울: 동서문화사

Smith, K., & Johnson, P. (1996). *Business ethics and business behavior*. London: Thomson Business Press.

[부 록] 문제해결능력의 사후평가 체크리스트

평가영역 (능력단위 요소)	문항	자가진단				
		매우 미흡	미흡	보통	우수	매우 우수
J-1 직업윤리	1. 나는 윤리적 인간이란 어떠한 사람을 말하는지 설명할 수 있다.	1	2	3	4	5
	2. 나는 윤리적 규범이 어떻게 형성되는지 설명할 수 있다.	1	2	3	4	5
	3. 나는 윤리의 의미를 설명할 수 있다.	1	2	3	4	5
	4. 나는 일과 인간의 삶의 관계를 설명할 수 있다.	1	2	3	4	5
	5. 나는 직업의 의미를 설명할 수 있다.	1	2	3	4	5
	6. 나는 우리의 입신출세론의 문제점을 설명할 수 있다.	1	2	3	4	5
	7. 나는 개인윤리와 직업윤리의 관계를 설명할 수 있다.	1	2	3	4	5
	8. 나는 직업윤리의 의미를 설명할 수 있다.	1	2	3	4	5
	9. 나는 개인윤리와 직업윤리는 어떻게 조화되는지 설명할 수 있다.	1	2	3	4	5
J-2-가 근로윤리	1. 나는 근면의 의미를 설명할 수 있다.	1	2	3	4	5
	2. 나는 근면의 종류를 설명할 수 있다.	1	2	3	4	5
	3.나는 근면에서는 어떠한 자세가 필요한지 설명할 수 있다.	1	2	3	4	5
	4.나는 정직의 의미를 설명할 수 있다.	1	2	3	4	5
	5.나는 우리사회의 정직성 수준을 설명할 수 있다.	1	2	3	4	5
	6.나는 정직과 신용 구축을 위한 네 가지 지침을 설명할 수 있다.	1	2	3	4	5
	7.나는 성실의 중요성을 설명할 수 있다.	1	2	3	4	5
	8.나는 성실의 의미를 설명할 수 있다.	1	2	3	4	5
	9.나는 돈벌이에 있어서 성실한 사람과 그렇지 않은 사람의 차이를 설명할 수 있다.	1	2	3	4	5

J-2-나 공동체 윤리	1.나는 봉사의 의미를 설명할 수 있다.	1	2	3	4	5
	2.나는 SERVICE의 7가지 의미를 설명할 수 있다.	1	2	3	4	5
	3.나는 책임의 의미를 설명할 수 있다.	1	2	3	4	5
	4.나는 제조물 책임의 의미를 설명할 수 있다.	1	2	3	4	5
	5.나는 준법의 의미를 설명할 수 있다.	1	2	3	4	5
	6.나는 예절의 의미를 설명할 수 있다.	1	2	3	4	5
	7.나는 직장에서의 예절을 설명할 수 있다.	1	2	3	4	5
	8.나는 성예절의 의미를 설명할 수 있다.	1	2	3	4	5
	9.나는 직장내 성희롱 성립요건을 설명할 수 있다.	1	2	3	4	5

출처: 한국산업인력공단, 2008:26.

저자 소개

이관춘(Lee, Kwan Chun)
eekc92@hotmail.com

연세대학교 학부대학 4년 연속(2012, 2013, 2014, 2015년) (최)우수 강의상을 수상하였다.

호주 연방정부 장학생으로 The University of Sydney 교육사회정책학과 및 동 대학원을 졸업하고 국립 Macquarie 대학교에서 교육학 우등석사 및 박사학위(최우수 박사논문상)를 받았다.

호주한국유학생연합회장 시절, 5공 군사정권에 의해 호주로 정치 망명하였다. 이후 Macquarie대학 연구소 조교수로 재직하면서 국제기능올림픽, 제31차 세계광고회의 등에서 영어동시통역사 및 호주 SBS 라디오 방송 아나운서로 활동하였다.

한국정부 대표로 APEC 회원국 공동연구(HRD부문) 총책임 교수로 활동하였으며, 한국청소년정책연구원 연구위원, 명지학원(명지대, 명지전문대) 기획위원 교수직을 거쳐 현재 청소년교육복지과 교수로 있으며, 연세대학교 및 동 대학원에서 강의를 담당하고 있다.

현재 국제 저명 학술지 'Educational Psychology: An International Journal of Experimental Educational Psychology'의 논문심사위원 및 편집자문위원(consulting editor)을 맡고 있다. 학생으로는 드물게 '국제심리학 학술지(IJP)'에 '가치이론'을 발표하였으며, SSCI 논문들을 포함해 100여 편의 논문을 발표하였다. 대한민국 사회연구 학술 논문상(2005년), 대한민국학술원 선정 우수도서상(2012년)을 수상하였다.

KBS 방송을 비롯해 KBS Media, CITIBANK, CHANEL, 대우조선해양, 동원그룹 등의 윤리경영 및 인문학 강의, 고용노동부와 한국방송통신대학 등의 직업윤리 콘텐츠 개발 및 강의를 담당하고 있다.

NCS 직업기초능력

직업윤리,
경쟁의 새로운 패러다임

2016년 8월 30일 1판 1쇄 인쇄
2016년 9월 5일 1판 1쇄 발행

지은이 • 이관춘
펴낸이 • 김진환
펴낸곳 • (주) 학지사
04031 서울특별시 마포구 양화로 15길 20 마인드월드빌딩
대표전화 • 02-330-5114 팩스 • 02-324-2345
등록번호 • 제313-2006-000265호

홈페이지 • http://www.hakjisa.co.kr
페이스북 • https://www.facebook.com/hakjisa

ISBN 978-89-997-1063-6 93370

정가 17,000원

저자와의 협약으로 인지는 생략합니다.
파본은 구입처에서 교환해 드립니다.

이 도서의 국립중앙도서관 출판시도서목록(CIP)은 서지정보유통지원시스템 홈페이지(http://seoji.nl.go.kr)와 국가자료공동목록시스템(http://www.nl.go.kr/kolisnet)에서 이용하실 수 있습니다.
(CIP 제어번호: CIP2016019415)